炭素排出ゼロ時代の地域分散型エネルギーシステム

大島堅一 **編著**

日本評論社

はじめに：本書の課題と構成

2021年は、東日本大震災、東京電力福島第一原子力発電所事故（以下、福島原発事故）が発生して10年目にあたる。福島原発事故は、周辺地域だけでなく日本社会全体にも大きなインパクトを与えた。特に、福島原発事故後に開始されたエネルギー政策転換（再生可能エネルギーの大量導入と電力システム改革）は、この10年で大きく進展した。発送電一貫の地域独占型の電力会社（一般電気事業者）が電力供給の大部分を担っていた電力供給体制から多数のアクターが参加するシステムへと移行しつつある。

福島原発事故後の10年間で気候変動問題に関する国際的枠組みづくりも進んだ。2015年12月にパリ協定が採択され、2018年には IPCC によって「1.5度特別報告書」が発表された。これらによって世界各国が気候危機に対応するために動き出すようになった。炭素排出ゼロに向けてビジネス界の動きも加速している。環境からの要請によりエネルギー政策転換が進むようになったことは、政府関係者、産業界、環境保護団体をはじめとする全ての主体に共通する認識であろう。

電力供給における変化は明白である。日本国内の2010年度の電源構成が水力838億 kWh（7.3％）、石炭3199億 kWh（27.8％）、LNG3339億 kWh（29.0％）、石油等983億 kWh（8.6％）、原子力2882億 kWh（25.1％）、新エネ等253億 kWh（2.2％）であったのに対し、2018年度に水力810億 kWh（7.7％）、石炭3324億 kWh（31.6％）、LNG4029億 kWh（38.3％）、石油等737億 kWh（7.0％）、原子力649億 kWh（6.2％）、新エネ等963億 kWh（9.2％）になった。その後さらに再生可能エネルギーは伸張し、2020年（暦年）の再生可能エネルギーの割合は20.8％となっている[1]。原子力が主要電源からマイナー電源と化す一方で、再生可能エネルギーは社会にとって無くてはならない主力電源になった。

再生可能エネルギーが成長したとはいえ、現状のままでは炭素排出ゼロを実現できないのもまた確かである。本書では炭素排出ゼロ時代の地域分散型エネルギ

1）2018年度までの発電電力量のデータは「エネルギー白書2020」（HTML 版、https://www.enecho.meti.go.jp/about/whitepaper/2020html/index.html）
2020年（暦年）の電源構成は環境エネルギー政策研究所（https://www.isep.or.jp/archives/library/13188）による。

炭素排出ゼロ時代の地域分散型エネルギーシステムに向けた課題と政策

		物的インフラ			
		系統	エネルギー源		
			再生可能エネルギー	石炭火力	原子力
課題と政策	個別の課題と対策	系統整備・増強、運用ルール（2章、3章）	経済評価（4章）	経済・経営評価（8章、9章）	
	横断的課題と対策	環境政策（1章）、地域づくり（5章）、経済効果（6章）、省エネルギー（7章）、電力市場整備（10章）、セクターカップリング（11章）			

ーシステム転換に向けた課題と政策を立体的に明らかにすることにしたい。

　課題と政策の概略は表のようにまとめられる。基本的に、炭素排出ゼロを実現するには物的インフラ（系統、エネルギー源［再生可能エネルギー、石炭火力、原子力］）を入れ替える必要がある。とはいえ、政策的措置を講じなければ物的インフラの入れ替えは進まない。各物的インフラに固有の課題に応じた対策をとるのに加え、横断的課題にも適切に対処しなければならない。エネルギー政策においては、しばしば縦割り的に実行され全体目標の達成が妨げられている。炭素排出ゼロを目指した社会転換のためには、個別の政策を分断させず、大きな枠組みのもとに構成しなければならないであろう。

　本書は、まず、現代のエネルギー転換が環境危機に対応するために必須であるという視点にたっている。第1章では、環境破壊を二度と引き起こさないためにエネルギー転換が必要であることを述べ、日本政府の「カーボンニュートラル」を批判的に検討する。

　次に、エネルギー転換を進めるには、系統（送電・配電システム）の整備・増強が必須である。第2章においては、分散型電源を大量導入する際の系統連系問題について論じる。第3章では、2030年に再エネを大量導入した場合の電力需給バランスの分析結果を示す。これらを通じて、地域分散型エネルギーシステムに適合した系統のありようについて明らかにする。

　一方、エネルギー源の転換にあたっては、再生可能エネルギー、火力（石炭火力、LNG火力、石油火力）、原子力の利用のあり方に変更を加えなければならな

い。特に環境保全型社会を目指す上では、再生可能エネルギーの拡大は必要不可欠である。そこで、4章において、再生可能エネルギー普及の便益とコストの評価、日本において再生可能エネルギーのコストが高い要因について考察を行う。また、石炭火力と原子力のコストについては8章で述べる。加えて、実際に原子力発電所を全て廃止した場合の電力会計への影響について9章で詳しく分析する。

エネルギーシステム転換の実現には、エネルギー消費量そのものの大幅削減も求められる。エネルギー消費量が大幅に減れば、大規模集中型エネルギーシステムが不要となる上に、エネルギー供給を再生可能エネルギーのみにするのも一層容易となる。7章では現時点で商業化されている技術を前提とした省エネルギーの効果を詳しく検討する。また、再生可能エネルギーは、地域的に分散しているという特徴をもつため、必然的に地域づくりのありようも変化させる。この点については、5章において、再生可能エネルギー普及と気候変動対策にとって重要な中間支援組織の役割について論じる。

石炭火力や原子力を縮小・廃止し、再生可能エネルギーに転換する際にしばしば論点となるのは、地域経済への影響である。本書では、第6章において再生可能エネルギーと大規模集中型エネルギーとの間でどの程度地域経済効果に違いがあるのか検討する。対象地域は、2011年以降、エネルギー転換が劇的に進んだ福島県とした。福島県ほど一気にエネルギー転換が進んだ地域はない。今後、その他の地域にとっての参考事例ともなるであろう。

電力市場形成は、近年急速に進んでいるものの、日本においては分散型電源に十分に対応しきれてない。地域分散型エネルギーを導入する場合の電力市場のあり方については第10章で扱う。また、電力部門を超えてエネルギー全体を再エネ化しようとすれば、電力部門と他部門の連結（セクターカップリング）が不可欠となる。近い将来日本でも、この動きが生じ、産業構造そのものが変わる可能性が高い。そこで、第11章では、セクターカップリングを前提としたエネルギー政策がどうあるべきかについて論じる。

以上が本書の構成である。エネルギー利用にかかわる物的インフラは大規模であり、かつ広範な地域に及ぶため、その入れ替えには数十年単位の時間を要する。本書で示した個別的課題や対策、横断的課題や対策も、物的インフラの変化に応じて段階的に変わりうる。したがって、現在適切である対策であっても、将来には変更されうる。2050年までに炭素排出ゼロ社会を実現するためには、不断の見

直しと政策の再構築を行わなければならない。エネルギー転換は、これまで以上にダイナミックに進むと考えられ、より一層の研究が求められている。

　最後に、当研究グループの研究姿勢について述べておく。当研究グループは、福島原発事故後、元京都大学大学院経済学研究科教授の植田和弘先生のリーダーシップの下に結成し、福島原発事故後の日本のエネルギーをどのようにすべきか、これまで真剣に議論を積み重ねてきた。植田先生のエネルギー政策転換への思いは、福島原発事故後に出版された『緑のエネルギー原論』（岩波書店、2013年）で次のように表わされている。

　「環境経済学研究者としての自分のこれまでの研究が福島原発事故によって鋭く問い直され、原発事故を防げなかった自分の研究にどれほどの価値があるのか、自問することとなった。福島原発事故という大規模な環境災害はなぜ生じたのか、そうした大災害を二度と起こさない経済や社会はできるのか、その社会科学的分析を行うまでは、私の研究は完結しないし、完結できないと考えた。」（同書、p. vi)。

　植田先生がこれを書かれたのは、2013年である。それから8年経過し、日本社会は、気候変動危機への対応も同時に行わなければならなくなった。本書が植田先生の思いに応え切れたとは言えないかもしれない。今後とも、植田先生の思いを念頭に、環境保全型社会の実現に向けて微力を尽くしたい。

　研究にあたっては、科学研究費補助金（研究課題：システム改革の下での地域分散型エネルギーシステムへの移行戦略に関する政策研究、課題番号１６H01800）の助成を受けた。研究助成をしていただいたことに心より感謝申し上げる。加えて、コロナ禍にあって、本書のとりまとめが滞りがちになり、日本評論社の斎藤 博氏には大変なご迷惑をおかけした。斎藤氏のご理解と粘り強い励まし、ご尽力がなければ、本書を社会に送り出すことができなかった。編者として、斎藤氏に深くお礼申し上げたい。

2021年6月

コロナ禍が終息することを願って

編者

目　次

第8章　大規模集中型電源（原子力、石炭火力、LNG火力）のコスト問題

　大島堅一───────────────────────181

第9章　2019年3月期に全原発を廃止した場合の財務的影響

　金森絵里───────────────────────205

第1章 **炭素排出ゼロ時代の エネルギー政策の課題**

大島堅一

■ねらい

2011年以来、10年間でエネルギー政策の変更が進んでいる。それは、2011年3月11日に引き起こされた東京電力福島第一原子力発電所事故に端を発している。今日では、福島原発事故による環境危機に加え、気候変動危機にも同時に対応するエネルギー政策転換が求められるようになった。本章では、長期的に求められる炭素排出ゼロ時代のエネルギー政策の課題について素描する。

1 環境危機の時代

1.1 現実化した原発事故

現代社会において、エネルギー利用は経済活動の基礎となっている。同時に、エネルギー利用は環境危機をもたらしている。今後のエネルギー政策は、環境危機に対応するものにしなければならない。

日本にとって深刻な環境危機は、東京電力福島第一原子力発電所事故（以下、福島原発事故）によってもたらされた。福島原発事故後、政府、東京電力、国会、IAEA、学会、民間団体から、原発事故についての調査報告書がまとめられた。特に、国会事故調査会による報告書は、東京電力を筆頭とする電気事業者と日本政府が原子力が安全であり事故など起こらないとして推進し、さらに規制当局が規制される側の「虜」になっていたと指摘している（東京電力福島原子力発電所事故調査委員会（国会事故調）、2012）。

福島原発事故による環境破壊の規模は日本史上最大であり、なお継続中である。福島原発事故10年を過ぎ、エネルギーシステムについて検討するにあたり、改め

てその被害を踏まえる必要がある。

　福島原発事故は、東京電力が過酷事故対策を講じなかったために起こった。東日本大震災による地震・津波で福島第一原子力発電所内の１～３号機で原子炉がメルトダウンを同時に起こし、大量の放射性物質が放出された。４号機は停止中であったものの、建屋内にあった核燃料プールが冷却できなくなり、東日本一帯に壊滅的な被害がもたらされる寸前にまでいたった。当時の原子力委員会委員長の近藤駿介氏が2011年３月25日に政府に対して行った報告では、１号機の格納容器内で水素爆発が発生し、作業員全員が待避、さらに２、３号機原子炉、４号機使用済燃料プールへの注水が不可能になった場合、170キロ圏内で強制移転、250キロ圏内で任意移転の措置が必要となり、それが数十年にわたる可能性があるとされていた（近藤、2011）。日本が福島原発事故直後の危機的状況から脱したのは、作業員の努力と偶然とが重なった結果にすぎない。

　福島原発事故による被害は大規模かつ不可逆的である。急性放射線障害による死亡者がいなかったとはいえ、福島第一原発周辺に住む約16万人（ないしそれ以上）の人々が避難を余儀なくされた。広大な面積が放射性物質で汚染され、不可逆的な変化が起きた。被害地域では、人々が長く住み続けてきた生活基盤そのものが失われるという「ふるさと喪失」をはじめとする被害がもたらされた（植田編、2016）。賠償を求める集団訴訟で東京電力は「ふるさと喪失」損害を認めず、賠償や被害回復が十分には進んでいない。福島県を中心とする被害地では、事故発生後10年たっても原発事故被害の影響が色濃く残っている。

　事故処理は終わるどころか、むしろ深刻な課題が現れている。福島第一原発敷地外では、汚染廃棄物処分、除染によって生じた除去土壌の処分は、全く目処がたっていない（大島、2020）。福島第一原発敷地内においては、政府と東京電力が一体となって事故処理を続けている。その中で、2021年４月14日に、福島県、宮城県をはじめとする関係者、一般市民からの反対がある中、ALPS処理水を海洋に放出するという決定が政府によってされた。その理由は、30～40年で廃炉を完了するためであるという。だが、事故を起こしていない原子炉でさえ廃炉に30～40年かかる。したがって現行の廃炉計画は実現不可能であるとみてよく（筒井・滝谷、2021）、福島原発事故処理を再構成するべきである（大島、2021）。

　2020年７月に、日本原子力学会によって、福島第一原発敷地内で発生し、処理しなければならなくなる放射性廃棄物量の試算例が示された。これによれば、発

生した、ないし、今後発生する放射性廃棄物量は桁違いに多い。一例を示すと、事故を起こしていない通常の原子炉（例えば加圧水型原子炉）を1基廃炉した場合と比較して、L1廃棄物は重量ベースで約1400倍に達する（日本原子力学会福島第一原子力発電所廃炉検討委員会、2020）。2016年12月に、東京電力改革・1F問題委員会が示した福島原発事故費用は総額21.5兆円であった。このとき、「廃炉・汚染水対策」は説得力ある根拠なく8兆円とされた。この8兆円には放射性廃棄物処分費用は入っていない。これまでの放射性廃棄物処分費用からすれば、比較にならないほどの費用が将来発生するとみてよく、費用負担制度もいずれ限界に達する（大坂・大島・金森・松久・除本、2021）。原子力発電によってもたらされた被害は不可逆的かつ世代をまたぐものとなった。

1.2　気候変動危機の顕在化

気候変動もまた、エネルギー利用に起因する環境危機である。IPCC（Intergovernmental Panel on Climate Change、気候変動に関する政府間パネル）が、気候変動がどの程度になるか、どの程度の排出削減が必要かを初めて示したのは30年前の1990年である。以来、5次におよぶ評価報告書、特別レポート等がIPCCによって公表されている。なかでも現在最も影響を持つ報告書は、2018年に発表された「1.5℃特別報告書」（*Special Report on Global Warming of 1.5℃*、以下SR15）で、ここでは破局的な気候変動がまさに間近に迫っていることがはっきりと示されている（IPCC, 2018）。

2015年12月に採択されたパリ協定では、世界全体の平均気温の上昇を工業化以前よりも摂氏2度高い水準を十分に下回るものに抑えること（「2度目標」）、ならびに世界全体の平均気温の上昇を工業化以前よりも摂氏1.5度高い水準までのものに制限するための努力（「1.5度目標」）を継続して行うとされている（パリ協定第2条）。この目標を満たすために、今世紀後半に温室効果ガスの純排出量をゼロにすることもパリ協定には含まれている（パリ協定第4条）。

エネルギー政策を立案するにあたり、SR15がもつ重要な点は3つある。第1に、パリ協定を受け、「1.5度目標」「2.0度目標」を満たすために必要な世界の排出経路を示している点である。第2に、気温上昇1.5度の場合と、2.0度の場合の環境に与える影響の違いをわかりやすく示している。これによれば、1.5度より

も2.0度のほうが、環境に与える影響は圧倒的に大きく、パリ協定に定められたより「1.5度目標」の達成が望ましい。第3に、2030〜2050年の間に、1.5度の上限を超える可能性が高いとしている（IPCC, 2018）。これは、2030年までの排出削減行動の重要性を示している。

　SR15の影響は大きい。CO_2排出ゼロ目標を掲げるのは珍しくなくなり、その目標をいつの時点で達成するのかが焦点になっている。国連環境計画（UNEP）は、世界各国の温室効果ガス排出削減目標についてとりまとめている。これによれば、世界の温室効果ガス排出量の51％をしめる126カ国が、炭素の純排出量をゼロにする目標を掲げるようになった。また、アメリカのバイデン政権誕生によりアメリカがゼロ目標を掲げるようになると、その割合が63％に達する。新型コロナ感染拡大がもたらした影響についても UNEP は報告している。新型コロナの感染拡大は、CO_2排出量の増大のペースを僅かに減らしたにすぎない。具体的には、2030年までに 2 〜 4 Gt- CO_2 が削減されるのみで、従来の対策のままであれば2020年以前のトレンドにそった排出量にもどってしまう（UNEP, 2020）。

　パリ協定は、各国に対し、5 年ごとに NDC（Nationally Determined Contributions、「国が決定する貢献」）の提出を義務づけ、「2.0度目標」「1.5度目標」の達成を促している。大規模な被害が間近に迫り、目標は明確になっている。肝心なのは、これまでの政策を大きく変えることである。現代社会は大量のエネルギー消費を前提にしている。温室効果ガス排出量を、最終的にゼロにまで削減するためには、エネルギー利用を革命的に変更する必要がある。

2　カーボンニュートラルへの政策転換

2.1　首相によるカーボンニュートラル宣言

　2020年10月26日に開催された第203回国会衆議院本会議で、菅義偉首相は、日本社会が今後「カーボンニュートラル」に向かうと宣言した。この宣言は、「パリ協定」と SR15を受けてとりまとめられた「パリ協定に基づく成長戦略としての長期戦略」（2019年 6 月11日閣議決定）よりも踏み込む内容となった。同戦略では、「今世紀後半のできるだけ早期に（筆者注：「脱炭素社会」を）実現していくことを目指す。それにむけて2050年までに80％の温室効果ガス削減」としてい

た。

　菅首相のカーボンニュートラル宣言は、突如としてこれを超えるものであり国内で驚きをもって受け止められた。なぜなら、2019年度の温室効果ガス排出量に占めるCO_2排出量は91.4％を占め、エネルギー起源だけで84.9％を占めているからである[1]。本書の中心となる電力部門の排出量（直接排出）は、2019年度に４億3920億トンで、エネルギー起源CO_2排出量の43％に相当する。カーボンニュートラルを達成しようとすれば、電力部門では、2050年までに全ての電源をCO_2排出ゼロ電源にしなければならない。これは、電力設備を大幅に入れ替えなければならないことを意味する。

　電力部門は、他部門とは異なる特徴がある。それは、一つ一つの設備が大きく、数十年にわたって利用されるというものである。火力発電所や原子力発電所の建設には巨額の投資を必要とし、長期間利用されて初めて利潤がえられる。そのため、一旦設置されてしまうと、停止も廃止も容易にできない。このような性質は、大規模集中型発電設備に顕著である。例えば石炭火力発電所は一旦設置されると約50年間にわたって利用される。発電設備以上に送配電システムも長期の投資を要する。というのは、国土においてどのような発電設備がどこに設置されるかによって、系統の配置の仕方が異なってくるからである。

　2050年にカーボンニュートラルを達成すると宣言したことは、産業界に対する大きなシグナルになったのは間違いない。電力部門のようなエネルギー転換部門だけでなく、運輸部門を含むエネルギー消費部門全体の長期的見通しが示されたといえる。その意味で、菅首相のカーボンニュートラル宣言は、大いに評価できる。

　しかしながら、カーボンニュートラル宣言は、日本社会が2050年に到達する目標地点に過ぎない。目標地点に至るまでの道筋を明確にし、エネルギー利用のあ

---

1 ）CO_2排出量は、環境省「温室効果ガス排出・吸収量算定結果」（https://www.env.go.jp/earth/ondanka/ghg-mrv/emissions/）および「総合エネルギー統計」（各年度版）に基づく。なお、事業用発電のCO_2排出量について、「温室効果ガス排出・吸収量算定結果」と「総合エネルギー統計」の間には若干の差異がある。その差異は、前者が事業用発電の自家消費分を計上しているのに対し、後者は自家消費分が加えられていないことからくる。後者では自家消費分が別記されているので、後者の事業用発電におけるCO_2排出量に自家消費分のCO_2排出量を加えれば、前者の値になる。ここでは、後者のデータに基づきながら、自家消費分を加えて、事業用発電からのCO_2排出量として、前者と同じ値になるようにしている。

り方のグランドデザインを作り、問題が発生した場合は対策を的確に変更しなければならない。電力供給面について述べれば２つの対策を早急にとるべきである。

　第１に、CO_2を排出する電源の計画的廃止である。主な対象は石炭火力とLNG火力である。特に、CO_2を大量に排出する石炭火力は、廃止による削減効果が大きく、できるだけ早く全廃に向けた政策をとる必要がある。石炭火力は、瞬時の起動ができないため、変動性再生可能エネルギー（VRE: Variable Renewable Energy）が増えた場合の負荷追従が難しいという特徴をもつ。再生可能エネルギー（以下、再エネ）の普及拡大の面でも、できるだけ早い廃止が望ましい。

　第２に、再エネの大量導入である。2020年度の総発電電力量に占める再エネによる発電電力量の割合（以下、再エネ比率）は、水力も含めて19.1％である。福島原発事故を引き起こした原子力は2050年の電源として期待できない。残りの30年で100％を目指すとすると、線形的に考えれば、2030年には46％程度、2040年には73％程度に引き上げなければならない。これは大規模なエネルギー転換を意味する。

2.2　カーボンニュートラルに向けた政策形成

　2020年前半のエネルギー政策、環境政策をみると、カーボンニュートラル宣言に向けた政策形成も具体的に進展していた。この中身を検討すれば、現時点でのエネルギー政策の到達点が把握できる。

　第１に、2020年４月に、環境省で、国外における石炭火力発電輸出に関する論点整理が行われ、「石炭火力発電輸出ファクト集2020」（以下、ファクト集）がまとめられた。これは、国内のエネルギー政策にかかわるものではなく、あくまで海外輸出にかかわるものとされている。とはいえ、その内容は、「パリ協定の目標達成に向けて」「エネルギー情勢の変化等」「ビジネス・金融の動向」「技術」「環境・社会配慮」「公的支援」「補足：コロナ禍によるエネルギー需要とCO_2排出への影響」と非常に幅広い。石炭火力発電という、本来、資源エネルギー庁が管轄する分野について、環境省がファクト集をとりまとめたのは異例である。

　興味深いのは、海外輸出だけに限らない「ファクト」が示されている点である。例えば「既存の石炭火力発電に関する対策オプション」では、石炭火力の「廃炉」が、CO_2排出削減効果、排出量削減の確かさが最も高く、追加投資を要せず

経済的であると明記されている。また、「脱炭素社会への移行に伴う石炭火力発電のリスク」の項目では、収益と費用の双方で石炭火力にリスクがあることも示されている。再エネ導入量増加や天然ガスへの切り替えによる石炭火力発電所の稼働率の低下、市場価格の低下や、カーボンプライシングの導入、CCS 導入によるコスト増加、銀行や機関投資家の石炭火力に対する投融資姿勢の厳格化などは、国内の石炭火力にも共通する現実のリスクである。また、どんなに高効率化したとしても、LNG 火力に比べて 1 kWh あたりの CO_2 排出量が LNG 火力に劣るとも述べられている（環境省、2020）。

　第 2 は、経済産業省によって2020年 7 月に打ち出された石炭火力の「フェードアウト」である。この「フェードアウト」とは、段階的廃止を意味する「フェイズアウト」とは異なり、古く効率の悪い石炭火力発電所が徐々に消えゆく（フェードアウト）よう促すものにすぎず、日本にしか存在しない政策用語である。とはいえ、これまで一貫して利用拡大を進めてきた石炭火力に対して環境保全の観点から制度改革を行おうとするものではあった。

　石炭火力の「フェードアウト」のための政策は総合資源エネルギー調査会電力ガス基本政策小委員会（およびその下の石炭火力検討ワーキンググループ）で検討された。その結果、主な政策手法として、省エネルギー法の枠内で、石炭火力発電所を持つ事業者に対して2030年に向けた「フェードアウト」に関する計画の策定、提出を求めることになった。策定が義務づけられるのは、旧一般電気事業者（大手電力）と大規模石炭火力発電所をもつ事業者である。計画の策定は、電力供給計画の補足資料として提出が義務づけられるものの、各事業者単位での計画公表がされず、全事業者を統合したものにとどまる。

　これらからすれば、計画達成を裏付ける政策的措置は非常に弱いと言ってよい。さらに問題は、バイオマス混焼、副生物混焼、熱利用、さらにはアンモニア混焼、水素混焼、調整力稼働による発電効率低下にいたるまで、「補正措置」が設けられていることである（石炭火力検討ワーキンググループ、2021）。多少の措置をとれば石炭火力発電所を延命できるものとなっている。

　対象事業者が提出したフェードアウト計画のまとめは、総合資源エネルギー調査会電力ガス検討小委員会のスライド 1 枚で示された（第32回総合資源エネルギー調査会電力・ガス基本政策小委員会資料 9 、p.37）。これによると、石炭火力「フェードアウト」で、Sub-C、SC の大手電力の設備容量が1610万 kW（39基）

から900万 kW（20基）に減少、それにともない発電量は884億 kWh から約300億 kWh へと減少する。同じく、そのほかの事業者についても914万 kW（80基）、817億 kWh から約1200万 kW、約700億 kWh へと減少する。しかし、一方で大手電力においては USC・IGCC 等は、2267万 kW（30基）、1366億 kWh から約2700万 kW（約35基）、約1600億 kWh へと増大する。その結果、2030年度には、石炭は3067億 kWh から2600億 kWh になる。これは2030年度の総需要見通しの26％に相当する。

　つまり、石炭火力「フェードアウト」は、第5次エネルギー基本計画における2030年のエネルギーミックスを満たすためのものであって、カーボンニュートラルとは直接関係がない。

3　政府のグリーン成長戦略でカーボンニュートラルを達成できるか

　日本政府の「カーボンニュートラル」政策は、今後いかなるものになるのか。その概要は、2020年12月25日に発表された「2050年カーボンニュートラルに伴うグリーン成長戦略」（以下、「グリーン成長戦略」）と、その後の改訂版（2021年6月18日）をみれば把握できる。グリーン成長戦略には、カーボンプライシングについての言及など、注目すべき内容も含まれてはいる。しかし全体としては、重大な問題が多数含まれていると言わざるをえない。特に、火力発電や原子力発電については次のような政策をとるとされている点で問題である。

1）「火力については、CO_2回収を前提とした利用を、選択肢として最大限追求」
2）「原子力については、確立した脱炭素技術である。可能な限り依存度を低減
　　しつつも、安全向上を図り、引き続き最大限活用」「安全最優先での再稼働を
　　進めるとともに、安全性に優れた次世代炉の開発を行っていく」
3）脱炭素電源として原子力、火力＋CCS/ カーボンリサイクルを位置づけ、
　　2050年の電源の30〜40％を担う。

　これまでみてきたように不可逆的環境破壊を防止するという観点に立てば、火力と原子力は全廃の方向で議論しなければならない。火力発電を利用し続けるとすれば必ず CO_2 が発生する。原子力発電については、依存度低減をしつつ最大

限に活用するという、論理矛盾すら犯している。2050年の電源の30〜40％を原子力、火力が担うというのは、環境破壊を長期にわたって継続するのに等しい。

4　炭素ゼロ時代の地域分散型エネルギーシステムに向けて

4.1　エネルギー基本計画の論点

　日本のエネルギー政策の目標や政策手段等は、数年おきに策定される「エネルギー基本計画」で定められる。本稿執筆時点での最新のエネルギー基本計画は2018年の第5次エネルギー基本計画で、2021年には、第6次エネルギー基本計画が閣議決定される。そのための審議は、2020年10月から総源エネルギー調査会基本政策分科会において始まっている。審議内容をみれば、第6次エネルギー基本計画の概要は把握できる。

　電源の脱炭素化について議論が行われたのは、基本政策分科会第35回会合（2020年12月21日）であった。この会合では、資源エネルギー庁から「2050年カーボンニュートラルの実現に向けた検討」という資料（以下、検討資料）が示された（資源エネルギー庁、2020）。

　論点は2つある。第1は、原子力発電に対する事実認識と方針、第2に、「脱炭素火力」である。

4.2　原子力発電に関する論点

　検討資料によれば、原子力エネルギーは、福島原発事故を経た今も「安定供給」「経済効率性」「環境適合」の点で優れているという。これは、第4次（2014年）、第5次（2018年）のエネルギー基本計画と共通した認識である。

　検討資料では、さらに「災害時のレジリエンス向上への貢献」という項目も付け加えられている。すなわち、「小規模／大規模電源も含め電源を日本全体で分散化させ…（中略）、日本全体でレジリエンスを向上させていく必要」がある。「首都圏・近畿圏で直下型地震等が発生したとしても、日本海側に電源が十分に整備されていれば、供給力不足を回避できる可能性が高まる」。そこで、原子力発電は日本海側に「分散化」しているため災害に強いという。

以上の問題のある認識にたち「安全性確保を大前提に、活用できる既設炉を最大限活用しているとの方針の下、原子力規制委員会による運転期間延長の認可を受けた原子力発電所について、40年を超える運転を進めていく」としている。これは、第5次エネルギー基本計画に定められた「原発依存度のできる限りの低減」を反転させるものである。

　現実には、原子力発電所は災害に対して最も脆弱であり、東日本大震災後も首都圏に大停電がもたらされた。最悪の場合過酷事故が起こり、大量の放射性廃棄物が将来に残される。誤った認識のまま議論を続けたとしても、現実を踏まえたエネルギー政策は形成できない。

4.3 「脱炭素火力」に関する論点

　次に、火力発電について述べる。ここでは「カーボンニュートラル」を目指すとしながらも、火力発電全廃の道筋が示されていない。検討資料で示されているのは「脱炭素火力」である。「脱炭素火力」とは、CCS（Carbon Capture and Storage、炭素回収貯留）と組み合わせた火力発電である。もともと「脱炭素火力」なる用語は世界的には存在しない日本独自の用語である。

　CCS（Carbon Capture and Storage、炭素回収貯留）そのものは、石油や天然ガス採掘との組み合わせで、1970年代から実施してきた国もある。例えば、石油にかかわるCCSについては、主に石油採掘効率を上げるために油井にCO_2を注入するという方法がとられてきた（EOR［Enhanced Oil Recovery］、石油増進回収法）。天然ガスについては、CO_2含有率が高い天然ガスから取り除いたCO_2が石油採掘のために再利用されているという事例がある。産業規模のCCS事業としてしばしば紹介されるノルウェーのSleipnerプロジェクト（1996年より開始）はこの手のものである（IEA, 2016）。

　石油や天然ガス資源を持たない日本は、資源採掘のためにCO_2を再利用するという手段を取りえない。そもそも、仮にCO_2を再利用したとしても、化石燃料利用を促進するのであるから効果は限定的である。あくまで、CO_2を回収し単に地中に注入するか、あるいは工業プロセスで再利用するしかない。しかしながら、産業部門でのCCS利用についての研究成果からすれば、大規模工業プロセスにおけるCO_2再利用はコストが高く採算性がない（Garðarsdóttir et al., 2018）。

　環境政策上重要な点は、産業部門に対する厳しいCO_2排出規制があったところで CCS 利用が進んだということである。例えば Sleipner プロジェクトの場合、ノルウェー政府により1991年にCO_2排出税が課されるようになっていた。そのため事業主体がCO_2を大気中に放出せず、地下深くの砂岩層に貯留するようになった。カナダのサスカチュワン州のバウンダリーダム石炭火力発電所におけるCCS プロジェクトも、カナダ政府がCO_2排出量規制を行ったために成立した事業である。このケースでは、石炭火力発電所で排出されるCO_2がパイプラインで運ばれ、サスカチュワン州南部の油田に売却されて、再利用されている（IEA, 2016）。

　つまり、産業部門において CCS を進めるには、CO_2排出規制を強化しなければならない。実際、CCS の可能性に関する報告書や研究論文においては環境規制の強化の必要性が指摘されている。化石資源をほとんどもたない日本において、大規模火力発電に CCS を利用すれば、追加的費用がかかり、1 kWh 当たりのコストが上昇する。CCS は、経済的にみても不合理かつ実行不可能である。

　以上のような諸問題からすれば、環境危機に適合しない第 6 次エネルギー基本計画が作られる可能性がある。まずは、原子力発電とCO_2を大量に放出する石炭火力の全廃に向けたロードマップを含むものにしなければならない。

5　再エネ100%の地域分散型エネルギーへの移行に向けて

　全ての科学技術は、その利用によるリスクや悪影響をゼロにできない。これは科学技術の一般的性格である。したがって、ゼロリスクを求めるのは非科学的であり環境破壊は容認せざるをえない、とする考え方がある。

　例えば、原子力規制委員会の安全規制は、この考え方を基礎に構築されている。しかし、科学技術に共通する一般的性格があるからといって、原子力発電や石炭火力が社会的に許容されうるわけではない。なぜなら、原子力発電や石炭火力は、一般的性格に加えて、不可逆的悪影響をもたらすという固有の性格を同時に持つからである。ある技術が社会で許容されうるのは、悪影響が小規模・個別的なものにとどまったり、悪影響が世代を超えたりしない場合に限られる。原子力も火力も、いずれもが不可逆的悪影響をもたらし超長期の被害を社会全体に及ぼす。宮本（1989）が述べた、環境破壊の「絶対的不可逆的損失」をもたらす以上、こ

れらの技術を継続して利用する考え方に合理性はない。

　原発事故や気候変動危機に対応するためにはエネルギー転換が欠かせない。現実的解は、本書に貫く、再エネ100％の地域分散型エネルギーシステムへの移行である。それは、徹底した省エネルギーと同時に、再エネを中心とするインフラを新たに形成することを必要とする。環境危機下にある現代において、そのための政策体系の形成が求められている。

参考文献

植田和弘編（2016）『大震災に学ぶ社会科学第 5 巻　被害・費用の包括的把握』東洋経済新報社。

大坂恵里・大島堅一・金森絵里・松久保肇・除本理史（2021）「『東電改革』で原発事故の責任は果たされるのか」『科学』Vol.91 No.7，714-721頁。

大島堅一（2020）「除去土壌の再生利用をめぐる諸問題」『科学』90巻 3 号、263-270頁。

大島堅一（2021）「東京電力福島第一原子力発電所事故後にとられた放射能汚染対策の構造と課題」『環境経済・政策研究』14巻 2 号。

環境省（2020）「石炭火力発電所輸出ファクト集2020」5 月。

近藤駿介（2011）「福島第一原子力発電所の不測事態シナリオの素描」3 月25日。

資源エネルギー庁（2020）「2050年カーボンニュートラルの実現に向けた検討」12月21日、総合資源エネルギー調査会基本政策分科会第35回会合、資料 4 。

石炭火力検討ワーキンググループ（2021）「中間とりまとめ」

筒井哲郎・滝谷紘一（2021）「福島第一原発廃炉計画の批判的検討：燃料デブリ長期遮蔽管理方式の提唱」『環境と公害』50巻 3 号、45－50頁。

東京電力福島原子力発電所事故調査委員会（国会事故調）（2012）「報告書」

日本原子力学会　福島第一原子力発電所廃炉検討委員会（2020）「国際標準からみた廃棄物管理—廃棄物検討分科会中間報告」7 月

宮本憲一（1989）『環境経済学』岩波書店。

Garðarsdóttir, S. O., Normann F., Skagestad R. and F. Johnsson（2018）"Investment costs and CO_2 reduction potential of carbon capture from industrial plants – A Swedish case study, *International Journal of Greenhouse Gas Control*, Volume 76, pp. 111-124.

IEA（2016）*20 Years of Carbon Capture and Storage, Accelerating Future Deployment.*

IPCC（2018）*Special Report on Global Warming of 1.5℃.*

UNEP（2020）*Emissions Gap Report 2020.*

第2章 地域分散型エネルギーと系統連系問題

安田陽

本章では、地域分散型エネルギーシステムを支える**分散型電源**（DG: Distributed Generation）や**分散型エネルギー源**（DER: Distributed Energy Resource）とその系統連系（電力システムへの接続）の問題について基礎理論と国際動向を概観する。また、そこから得られる知見から、日本での議論において示唆となる情報をまとめる。

1 系統連系問題

分散型電源や分散型エネルギー源とは何か、という定義に関する議論は第2節で後述するとして、本節ではまず、**系統連系問題**（Grid Integration Issue）について概観する。何故ならば、現在の日本では風力発電や太陽光発電といった**変動性再生可能エネルギー**（VRE: Variable Renewable Energy）に代表される分散型電源の導入に対してさまざまな障壁があり、その中の最大のものとして「系統連系問題」の存在がしばしば指摘されるからである。

1.1 系統連系問題に関する国際的議論

そもそも「系統連系問題」とは何だろうか？　系統連系とは、端的に言うと再生可能エネルギーや分散型電源に関わらず、発電設備を電力系統（電力システム）に接続することである。しかし、発電設備は単に物理的・電気的に接続するだけでなく、電力の安定供給に必要な電力品質を維持するための一定の基準を満たす必要がある。したがって「系統連系問題」とは電力の安定供給や電力品質が維持できるか？という問題に大きく関わっており、その問題に対するアプローチ

は大きく分けて①電源側が解決すべき問題、と②系統側が解決すべき問題、の2つに分類することができる。

日本における「系統連系問題」というと、多くの言説において再生可能エネルギー（特に風力および太陽光発電）は「不安定だ」「予測できない」「電力系統に迷惑をかける」「停電になる」などの指摘が挙げられる傾向にあり、上記の分類でいえば①に相当する技術的問題が山積しているかのように語られることが多い。しかしながら、ここ10〜20年ほどの国際的議論では、系統連系問題はむしろ②の系統側で解決できることの方が多く、特に技術的問題だけでなく制度設計の改善にも多くの議論が割かれる傾向にある（例えば2010年代初頭までの系統連系問題の国際動向に関しては安田（2013）を参照のこと）。

系統連系問題に関する国際的議論としては、例えば以下のような言説を挙げることができる。

- 欧州の電力系統に連系できる風力発電の量を決めるのは、技術的・実務的制約よりも、むしろ経済的・法制的枠組みである。（EWEA, 2010）
- VRE の低いシェアにおいて（5〜10%）、電力システムの運用は、大きな技術的課題ではない。（IEA, 2014）
- 現在の電力システムの柔軟性の水準を仮定すると、技術的観点から年間発電電力量の25〜40%の VRE シェアを達成できる。（IEA, 2014）
- 従来の見方では、電力システムが持ち得る全ての対策を考慮せずに、風力発電と太陽光発電を増加させようとしてきた。この"伝統的"な考え方では、重要な点を見落とす可能性がある。（IEA, 2014）
- VRE の統合についての議論は、誤解、通説、更には誤った情報によって依然として歪められている。（IEA, 2018）
- VRE の統合には電力貯蔵が前提条件であるとか、従来の発電機は VRE 導入の拡大に伴い非常に大きなコスト増を強いられるなどと主張されることが多い。このような主張は、現実ではあるが、最終的には管理可能な問題から意思決定者の注意を逸らす可能性があり、これを放置すれば、VRE の導入を中断させることにもなる。（IEA, 2018）

ここで、**国際エネルギー機関**（IEA: International Energy Agency）のような必ずしも研究者だけでなく各国の政策決定者同士の複雑な合意形成も必要な組織が、「"伝統的"な考え方では、重要な点を見落とす可能性」「管理可能な問題か

ら意思決定者の注意を逸らす可能性」を警告していることは興味深い。日本において①の電源側が解決すべき問題ばかりが喧伝され、②の系統側が解決すべき問題（特に法制度の改善）があまり進んでいないとしたら、まさに日本における「系統連系問題」の問題の根源は、IEAがいみじくも警告している「伝統的な考え方」が十分払拭できていない可能性があるということをまず疑ってもよいだろう。

1.2　国際エネルギー機関によるVRE連系の6つの段階

IEAの最新の報告書では、表2-1に示すようなVREの系統連系に関して6つの段階が提唱され、各段階に適した対策や課題解決の推奨が提案されている。また、このIEAの分類に従って現在VREが導入されている主な国や地域のVRE導入率（発電電力量ベース）を列挙すると図2-1のようになる。

このように、VREを代表とする分散型電源の系統連系を段階ごとに整理し、次の段階に移行するためにはどのような課題があり何を優先して解決すべきかという点に関する指針が、IEA（2019）には示されている。

表2-1　IEAによるVRE連系の6段階

段階	説明	移行への主な課題
1	VREは電力システムに顕著な影響を及ぼさない	
2	VREは電力システムの運用に僅かなもしくは中程度の影響を及ぼす	既存の電力系統の運用パターンの僅かな変更
3	電力システムの運用方法はVRE電源によって決まる	正味負荷および潮流パターン変化の変動がより大きくなる
4	電力システムの中でVREの発電が殆ど全てとなる時間帯が多くなる	VRE出力が高い時間帯での電力供給の堅牢性
5	VREの発電超過（日単位～週単位）が多くなる	発電超過および不足の時間帯がより長くなる
6	VRE供給の季節間あるいは年を超えた超過または不足が起こる	季節間貯蔵や燃料生成あるいは水素の利用

出所：IEA（2019）より筆者翻訳してまとめ。

図2-1　IEAの分類により整理した世界のVRE導入率

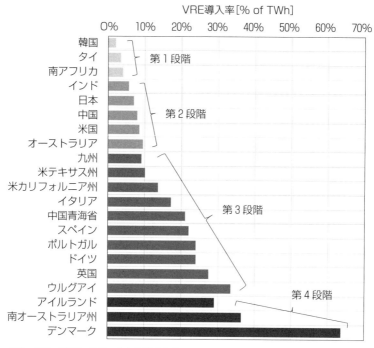

VRE導入率[% of TWh]

出所：IEA（2019）のデータより筆者作成。

　ここで世界における日本の立ち位置を見てみると、IEAの分類に従うと日本はまだ第2段階に突入したばかりであり、日本の中でも太陽光発電の導入が先行している九州が第3段階に差し掛かったところである。第2段階は「VREは電力システムの運用に僅かなもしくは中程度の影響を及ぼす」段階に過ぎず、日本で盛んに喧伝される「電力系統に迷惑をかける」「停電になる」という言説はこのような国際的な指標と大きく乖離していることがわかる。一方、VRE導入が先行するデンマークや南オーストラリア州、アイルランドは第4段階に突入しているが、「水素の利用」が必要となる第6段階まで到達した国や地域はまだ地球上には存在していないこともわかる。

　このような国際動向の俯瞰図により日本の立ち位置を知ることは、科学的・合理的な問題認識と課題解決に役に立つ。裏を返せば、国際動向やその中での日本の立ち位置に無頓着であればあるほど、科学的・合理的な問題認識と課題解決か

ら遠ざかる可能性があるといえる。

1.3　系統柔軟性という新しい概念

　IEA では、VRE 導入を推進してきた国や地域の10〜20年に亘る知見と経験を元に、**系統柔軟性**（flexibility）という概念を提唱し、その有効活用を推奨している（IEA, 2011；IEA, 2014；IEA, 2018；IEA, 2019）。例えば IEA（2011）の分類によると、柔軟性は、

（1）**ディスパッチ**（dispatch）[1]可能な電源

（2）エネルギー貯蔵

（3）連系線

（4）デマンドサイド

の４つに分類できる。ここで従来「バックアップ電源」と呼ばれていた火力発電（ディスパッチ可能な電源）だけでなく、水力発電や**コジェネレーション（熱電併給）**（CHP: Combined Heat and Power, 以下 CHP）、さらには（3）や（4）のような、従来の概念では調整力を供給するとはあまり考えられていなかった電力構成要素が取り上げられている点に着目すべきである。

　さらに、上記の柔軟性供給源の選択の優先順位として、**図2-2**のような手順を踏むことが推奨されている。すなわち、

- **ステップ１**：対象となる国や地域の電力系統の中で、柔軟性を供給可能な電力設備がどこにどれくらいあるかを把握する。

1）英語の "dispatch" は従来、「給電指令」と日本語に翻訳されることが多かったが、近年は電力自由化によりその意味が変遷しており、海外文献を読む際は注意が必要である。例えば、分散型電源などの市場参加者が市場で約定し受渡することを "self-dispatch" と呼ぶ。
　一方、市場で約定したにも関わらず送電混雑などの理由で中給から指令が出され出力抑制されることは "dispatch-down" とも呼ばれる。また、あるエリアで出力抑制された電源（VRE など）の代わりに別エリアで待機していた電源（火力など）が出力上昇を指令されることは re-dispatch（日本語で「再給電」とも）と呼ばれる。
　さらに、"dispatchable"（ディスパッチ可能な）という形容詞は、従来は中央給電指令所からの給電指令で出力の制御が可能な大規模集中電源の能力を意味していたが、欧州や北米では分散型電源や VRE も実供給直前（例えば５分前）でも市場取引を通じて需給調整に参加できるため、欧米では「VRE ももはや dispatchable な電源である」（Tuohy *et al.*, 2016）という言説も見られている。

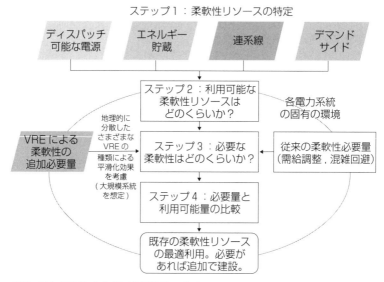

図2-2　IEA による柔軟性の選択肢の手順

ステップ1：柔軟性リソースの特定

ディスパッチ可能な電源　　エネルギー貯蔵　　連系線　　デマンドサイド

ステップ2：利用可能な柔軟性リソースはどのくらいか？

各電力系統の固有の環境

VRE による柔軟性の追加必要量

地理的に分散したさまざまなVRE の種類による平滑化効果を考慮（大規模系統を想定）

ステップ3：必要な柔軟性はどのくらいか？

従来の柔軟性必要量（需給調整，混雑回避）

ステップ4：必要量と利用可能量の比較

既存の柔軟性リソースの最適利用。必要があれば追加で建設。

出所：IEA（2011）を参考に筆者翻訳して作成。

- **ステップ2**：当該系統における利用可能な柔軟性がどれくらい存在するかを計上する。
- **ステップ3**：今後その地域にどのくらいの VRE が導入されるかを予測する。
- **ステップ4**：必要となる量と利用可能な量を比較する。

のような手続で合理的な柔軟性供給源の選択をすることにより、既存のよりコストの安い設備から順番に柔軟性を選択することができる。

　ここでは、将来の VRE の大量導入を見越して現在そのエリアに柔軟性供給源がどれだけあるかを把握し、それをコストが安い順に使い、足りなくなったらコストが安い順に新規設備を建設することが推奨されている。特に、CHP のような**セクターカップリング**（sector coupling）も可能な分散型電源が柔軟性供給源の選択肢のひとつとして国際機関の報告書で盛り込まれているということは（しかも日本の原発事故と同じ年の2011年に既に公表されているということは）、日本の今後のエネルギー政策の見直しにも注目すべき点であろう。

　一方、日本では、この柔軟性の概念が十分浸透せず、送電線の利用率が低いのに系統接続が制約されたり（安田、2019a）、本来第4～6段階で取られるべき対

策である蓄電池や水素が推奨されるなど、図 2 - 2 に示されるような国際的知見や推奨から大きく乖離した不合理な方策が依然として続いているのが現状である。もちろん、VRE を始めとする分散型電源が大量導入されるとそれに相当した技術的課題も発生するが（第 3 節で後述）、それらは第 3 ～ 4 段階になって顕在化する問題であり、第 1 ～ 2 段階で「VRE の導入を中断させる」（IEA, 2018）理由に使われてはならない。

　日本で現在議論されている「系統連系問題」はまさに国全体で「誤解、通説、更には誤った情報によって依然として歪められている」（IEA, 2018）ことに原因があるといえる。日本で発生している「系統連系問題」のほとんどが、表 2 - 1 で示した VRE 連系の諸段階や図 2 - 2 で示した柔軟性のリソースの選択の手順が誤っていることから発生している、と言えるだろう。このことは、日本の「系統連系問題」を議論する上でまず認識しなければならない出発点となる。系統連系問題の現状分析と解決法の提案に関しては、安田（2019b）も参照のこと。

2　分散型電源および分散型エネルギー源

　本書全体のテーマである地域分散型エネルギーシステムにおいては、これまで大規模集中型電源と呼ばれていた原子力発電、大型火力発電、大規模水力発電に対して、分散型電源や分散型エネルギー源が主要な役割を担うことになる。では、分散型電源や分散型エネルギー源とは一体何を指すのだろうか？　そしてそれはどのような特徴を持ち、地域のエネルギーシステムに対してどのような効果をもたらすのだろうか？

2.1　分散型電源の定義

　分散型電源（分散形電源、分散電源と表記されることがある）は、現在、エネルギー問題を語る上で無視できない重要なキーワードとしての地位を占めつつあるが、十分に合意形成され統一された日本語の定義を見つけることは意外に難しい。表 2 - 2 に示す通り、現在の電気関係の法令文書では分散型電源の定義や用例を見い出すことはできず、いくつかの民間規程に短く定義されているのみである。また、電気関係の専門辞典やハンドブックにも定義がないまま分散型電源と

表2-2　分散型電源の定義と用例

文献名	定義	用例	定義（説明）文	参考文献
電気事業法	×	×	———	日本国 (2020)
電気事業法施行規則	×	×	———	経済産業省 (2017a)
電気設備に関する技術基準を定める省令	×	×	———	経済産業省 (2017b)
電気設備の技術基準の解釈	×	×	———	———
電気設備の技術基準の解釈の解説	×	×	———	———
電力品質確保に係る系統連系技術要件ガイドライン	×	○	———	経済産業省 (2019)
JEC-2470:2017分散形電源系統連系用電力変換装置	○	○	**分散（形）電源（システム）** 　中規模で、需要家の近くに設置する発電システム及び電気エネルギー貯蔵システム	電気学会 (2017)
JEAC 9701-2019 系統連系規程	△	○	電気事業法（昭和39年法律第170号）第38条第4項四号に掲げる事業を営むもの以外のものが設置する発電設備の総称を分散型電源として扱う。	日本電気協会 (2019)
IEEE電気・電子用語辞典	×	×	———	———
電気工学ハンドブック第7版	×	○	———	電気学会 (2013)
電気事業事典	○	○	従来より電力供給の中心的役割を果たしてきた大規模集中型電源に対して、需要地に近接して分散配置される小規模電源の総称	電気事業講座編集幹事会 (2008)
電力エネルギー時事用語事典 2012年版	○	○	電源需要地近傍に分散して配置される小規模な電源のこと。	電気新聞 (2012)
分散型電源システムの最新動向と将来展望	×	○		柏木他 (2001)
分散型電源導入系統の電力品質安定化技術	×	○		大山他 (2013)

注：国内文献、2019年末時点。

いう用語が用いられることが多い。

　民間規程である JEAC 9701-2019「系統連系規程」には、第1章「総則」第1節「通則」1-1「目的」の中で

● 電気事業法（昭和39年法律第170号）第38条第4項四号に掲げる事業を営むも

の以外のものが設置する発電設備の総称を分散型電源として扱う。

と定義らしき説明文章が見られる（日本電気協会、2019）。ここで電気事業法第38条第4項には、

- 4　この法律において「自家用電気工作物」とは、次に掲げる事業の用に供する電気工作物及び一般用電気工作物以外の電気工作物をいう。

一～三　（略）

四　発電事業であって、その事業の用に供する発電用の電気工作物が主務省令で定める要件に該当するもの

とある。この「系統連系規程」の目的にある定義（説明）からは「以外のもの」という表現が使われている通り、分散型電源が排他的な扱いを受けている印象が否めない。また、同じく民間規程である JEC-2470：2017「分散形電源系統連系用電力変換装置」では、第3章「定義」の中で

- **分散（形）電源（システム）**

中小規模で、需要家の近くに設置する発電システム及び電気エネルギー貯蔵システム

と短く定義している。そのほか、『電気事業事典』（電気事業講座編集幹事会、2008）や『電力エネルギー時事用語事典 2012年版』（電気新聞、2012）といった専門用語辞典でも「小規模」「需要地に近い」などのキーワードが見られる。

この「小規模」という定義に従うと、太陽光発電、風力発電、小水力発電、バイオマス発電、バイナリ発電方式の地熱発電などの再生可能エネルギー電源が、典型的な分散型電源として挙げられるであろう。また一般的には、再生可能エネルギー資源でなくとも、天然ガスを燃料に用いる小型ガスタービンや燃料電池、廃棄物発電（ゴミ処理発電）も分散型電源の一種として分類されることもある。一方、再生可能エネルギー電源の中でも、大規模水力発電や地熱発電（バイナリ発電方式を除く）、さらには将来日本でも建設が予定される大規模洋上風力発電などは、一般にあまり分散型電源とは認識されない。

また、上掲の定義の中の「需要地に近接」だけに注目すると、大規模陸上風力発電所（ウィンドファーム）やメガソーラーなども需要中心地から遠いものがほとんどで、分散型電源の範疇に入るのかどうか議論が分かれるところである。何より従来型集中電源に分類されるガス火力や石炭火力は都市部湾岸地域に建設される需要近接電源の典型例であるため、「需要地に近接」という特徴が分散型電

表 2 − 3　分散型電源の定義と用例（海外文献）

文献名	定義	用例	定義文	参考文献
IRENA：Rethinking Energy	○	○	Distributed Generation：Electricity generating facilities that are small（typically less than 1 MW）and located close to where the electricity is consumed.	IRENA（2017a）
IEC60050-617	○	×	Distributed Generation：generation of electric energy by multiple sources which are connected to the power distribution system	IEC（2009）
Directive（EU）2019/944	○	○	'distributed generation' means generation plants connected to the distribution system	EU（2019）
EIA Glossary	○	×	Distributed generator：A generator that is located close to the particular load that it is intended to serve. General, but non-exclusive, characteristics of these generators include: an operating strategy that supports the served load; and interconnection to a distribution or sub-transmission system（138kV or less）.	EIA（n.a.）

源の必要十分条件であるかは疑わしい。

　一方、海外文献に目を移すと、表 2 − 3 の通りさまざまな国際機関や国・地域の政府系文書からシンプルな定義が定められている。

　例えば、国際再生可能エネルギー機関（IRENA）によると、分散型電源は

- 小規模（典型的には 1 MW 未満）で電気が消費される場所の近くに配置される発電設備

と定義される（筆者仮訳）（IRENA, 2017）。また国際電気標準会議（IEC）の用語を規定する IEC60050 によると、

- 配電系統に接続されるさまざまな資源による電気エネルギーの発生

と定義され（筆者仮訳）（IEC, 2009）、欧州連合（EU）の法律文書である Directive（EU）2019/944などでもほぼ同様の定義が見られる（EU, 2019）。一方、米国ではエネルギー情報局（EIA）によって

- 特定の供給対象となる負荷の近くに配置された発電機

と定義され（筆者仮訳）、一般的には配電系統および138kV 未満の電圧階級（Voltage level）の低い送電系統に接続されることが示されている（EIA, n. a.）。このように国際機関や国の公式文書で定義が明記されているということは、それらに属するステークホルダー間でその用語の持つ意味やイメージが十分合意形成されていると解釈することができる。

　このように IEC や EU では「配電系統に接続される」という分散型電源の定義が行われているが、ここで一口に**配電系統**（distribution system）と言っても国によって法令等で定められる**電圧階級**はさまざまであることに留意が必要である。

　例えば日本では『電気事業法施行規則』によって「送電線路」は「変電所相互間、発電所と変電所との間の電線路」、「配電線路」は「変電所と需要家設備との間の電線路」と定義されている（経済産業省、2017a）。また、日本の電圧階級は「電気設備の技術基準を定める省令」（いわゆる「電技」）によって交流線路では**低圧**が600V 以下、**高圧**が600V を超え 7 kV 以下、**特別高圧**が 7 kV を超えるもの、と定義されている（経済産業省、2017b）。また、民間規程である JEAC 9701-2019「系統連系規程」では、低圧配電線、高圧配電線、特別高圧配電線路を以下のように解説している（日本電気協会、2019）。

- **低圧配電線**　不特定多数の低圧需要家に電力を供給する低圧の配電線のこと。一般に、単相 2 線式：100V、単相 3 線式：100/200V、三相 3 線式：200V、及び三相 4 線式：100/200V の方式がある。
- **高圧配電線**　高圧需要家に電力を供給する役割と配電用変電所から柱上変圧器等を介して低圧需要家に電力を供給するまでの送電を行う役割を兼ねた高圧の配電線のこと。方式としては三相 3 線式：6,600V が一般的である。（後略）
- **特別高圧配電線路**　特別高圧需要家に電力を供給する役割と変電所まで電気を送電する役割を兼ね備えた 7 kV を超える特別高圧電線路のこと。なお、電圧が35kV 以下の場合は、配電線扱いとすることもある。（後略）

　一方、欧州では国ごとに法令や規制が異なるため、一概に配電線や電圧階級の

定義をすることは難しいが、国際規格 IEC60038：2009では三相交流線路の電圧
階級に100V〜1000V、 1 kV 超〜35Kv、35kV 超〜230kV、245kV 超の４つのカ
テゴリーが規定されており（IEC, 2009a）, これらが一般に、それぞれ低圧（LV:
Low Voltage）、**中圧**（MV: Medium Voltage）、高圧（HV: High Voltage）、超高
圧（UHV: Ultra High Voltage）と呼ばれている（但し、細かい定義は各国の法
令・規制によって異なる）。ここで、欧米では日本の法令にはない「中圧」とい
う電圧階級の区分があることに注意が必要である。表 2 - 4 に日本と欧米の電圧
階級の違いを示す。

　また、日本の一般送配電事業者とは異なり、欧州では**送電系統運用者**（TSO:
Transmission System Operator）と**配電系統運用者**（DSO: Distribution System
Operator）が分離しており、DSO が管理する電圧階級も国によって異なる点に
注意が必要である。欧州電気事業者連合会 Eurelectric がまとめた資料
（Eurelectric, 2013）によると、DSO が運用する線路の電圧階級は、例えばフラ
ンスが20kV まで、ドイツが110kV まで、スペインおよび英国が132kV までなど
と国によってさまざまであり、多くの国で日本の送電線に相当する電圧階級の線
路までが DSO の運用管轄内とされていることがわかる。表 2 - 5 に欧州主要国
の DSO が管轄する電圧階級を示す。

　表 2 - 3 中の米国 EIA の定義に戻ると、分散型電源は138kV 未満の送電線に接
続されるものも含まれるため、欧州および米国では概ね140kV 未満の電圧階級
の線路に接続される電源、と理解することができよう。日本の電力系統にこれを

表 2 - 4　日本と欧米の電圧階級の違い

電圧階級	日本 （経済産業省、2017b）	欧米 （IEC、2009a）[††]
低圧LV	600V以下	100〜1000V
中圧MV	——	1 kV 超〜35 kV
高圧HV	600V超〜 7 kV	35kV 超〜230kV
特別高圧	7 kV 超	——
超高圧UHV	（170kV以上）[†]	245kV 超

[†]　経済産業省（2017b）では規定されていない。カッコ内の数値は電気事業講座
　　編集幹事会（2018）での定義。
[††]　IEC（2009a）では電圧階級の区分が規定されているだけで、LV, MV, HV,
　　UHV の呼称は用いられていない。

表2-5　欧州主要国の DSO が管轄する電圧階級

電圧階級[kV]	低圧 LV	中圧MV							高圧HV						
		6	10	11	15	20	30	33	38	45	60	66	110	132	150
ドイツ	○		○		○	○							○		
デンマーク	○										○				
スペイン	○			○	○	○				○		○	○	○	
フランス	○					○									
アイルランド	○		○			○			○				○		
イタリア	○					○									*
ポルトガル	○	○	○		○						○				
英国	○			○				○						○	

＊150kV 変電所内の遮断器高圧線路のみ管轄
出所：Eurelectric（2013）の表より抜粋して筆者作成。

当てはめるとすると、メガソーラーやウィンドファームでも66〜77kV 級の電圧階級の送電線路に接続するものがこれに相当する。

　以上概観した通り、分散型電源が具体的に何を指すのかという定義は各国・各地域によってさまざまであり一概に定めることは難しいが、本章では諸外国の事例や各国・各地域の諸定義を参考にしながら緩やかな概念として「概ね140kV 未満の電圧階級の線路（日本では66〜77kV 級以下の電圧階級の線路）に接続される電源」を分散型電源とみなすこととする。

2.2　分散型エネルギー源の定義

　分散型電源に対して、分散型エネルギー源という用語も存在する。分散型電源はその名の通り発電所を指すものであるが、分散型エネルギー源は電力に加え、電力以外のエネルギー利用（すなわち熱や運輸）の供給源も含む。広義の意味では、家庭内や地域の熱供給・ガス供給、水素製造・貯蔵、バイオディーゼルなどの運輸燃料の生産がこれにあたる（伝統的な粉挽き用水車や揚水用風車などの直接動力利用もこれに相当するが、現時点で大量生産・大量利用は必ずしも見込まれないのでここでは対象外とする）。

　電力系統の運用という観点から分散型エネルギー源を見ると、分散型エネルギー源は柔軟性（1.3項参照）の豊富な供給源になり得る可能性を秘めている。例

えば、前掲の IEA による再生可能エネルギーのシステム統合（系統連系）に関する報告書（IEA, 2018）によると、分散型エネルギー源は以下のように説明される。

- 一般に DER はモジュール形式を取ることがある小規模資源であり、地域の配電網に接続され、エネルギーまたはシステムサービスを提供する能力を持つ。DER には、分散電源、柔軟性を持つ需要、貯蔵およびその他の資源が含まれる。

また、IRENA の分散型エネルギー源に関する最新の報告書（IRENA, 2019）では以下のように説明されている（筆者仮訳）。

- 分散型エネルギー源は、配電網に接続された小規模および中規模の電源であり、それらは電力系統にさまざまなサービスを提供できる能力を有している。

これらの報告書は分散型エネルギー源の持つ柔軟性に着目したものであるため、あくまで電力系統における利用が主眼となっているが（本書もその観点で書かれている章が多いが）、分散型エネルギー源の目的や特徴は電気エネルギーを供給することだけが目的ではない。電気エネルギーとその他のエネルギーの利用形態の融合は**セクターカップリング**や**エネルギーシステム統合**（energy system integration）と呼ばれ、近年多くの国や国際機関で議論が進んでいる。

セクターカップリングとエネルギーシステム統合は似た言葉であるが、例えば欧州委員会の域内政策部 Directorate-General for Internal Policies の委託研究報告書（Van Nuffel *et al.*, 2018）によると、以下のように整理される（筆者仮訳、下線部筆者）。

- 元々セクターカップリングは一義的には、熱や輸送といった最終消費部門の電化を意味しており、（電力供給のほとんどが再生可能エネルギーによるものとなり得るという仮定の下で）これらの部門における再生可能エネルギーのシェア増大や電力部門への需給調整サービスの供給を目的としていた。
- 最近ではセクターカップリングの概念は供給側部門のセクターカップリングにも広がっており、供給側の統合はパワー・トゥー・ガス（P2G）のような技術を通じて電力およびガス部門の統合に焦点が当てられている。
- 欧州委員会は、セクターカップリングのこの広義の解釈を用い、「<u>よりコスト効率の高い方法で脱炭素化を達成するために、エネルギーシステムによって大きな柔軟性を提供するための戦略</u>」と理解している。

- セクターカップリングの広義の定義はエネルギーシステム統合に極めて近く、「複数の方法及び／又は地理的スケールを通じて環境影響を最小にしながら信頼性のあるコスト効率の良いエネルギーサービスを供給するためのエネルギーシステムの計画・運用の協調プロセス」と定義されている。

　日本ではとりわけ熱供給に関する政策が十分でなく、例えば、寒冷地域で地域熱供給システムがほとんど発達していない、再生可能エネルギーの固定価格買取制度（FIT）は電気エネルギーに対しては適用されるが熱FITは存在しない。このセクターカップリングやエネルギーシステム統合の観点から地域分散型エネルギーシステムを考えることは極めて重要である。セクターカップリングに関して第10章および第11章も参照のこと。

2.3　分散型エネルギー源の派生語

　分散型エネルギー源に関連する言葉としては「地域分散型エネルギーシステム」や「分散型電力システム」「コミュニティパワー」といった派生的な用語も生まれ、それぞれの定義や意義が提唱されている。

　高橋（2016）では、「地域分散型エネルギーシステム」について、

- 地域分散型エネルギーシステムを一文で表現すれば、①分散型エネルギーを主要な構成要素とし、②それ自体が分散型の特徴を有し、③地域との親和性が高い、エネルギー需給の仕組みとなる
- このような地域分散型エネルギーでは、経済性に配慮しつつ、エネルギー自給が高まり、温室効果ガスの排出を抑えた上で、エネルギーの安定供給と市民の安全が確保される

と定義、解説している。

　また、諸富（2015）では、「分散型電力システム」の概念を、

(1) 無数の小規模電源から成り立っている。その典型例は再エネ電源である。

(2) 分散した電源を、情報通信技術（ICT）を用いてネットワーク化し、電力需給調整を成り立たせるシステムである。

(3) 「電気」、「ガス」、「熱」といった、これまで相互に分離され、物理的に異なるネットワークに属していたエネルギーシステム間の壁が将来的に崩れていき、地域レベルで相互にエネルギーを融通し、ネットワーク化が図ら

れる動きが強まると予想される。

(4) 「コージェネレーション（熱電併給：以下「コジェネ」と略す）」と親和性を持つ。

(5) 電力を生産し、消費する主体が無数に分散するために、システム全体の意思決定やガバナンスの仕組みを分散的／分権的なものに移行せざるを得なくなる。

と定義している。

さらに、世界風力エネルギー協会（WWEA）では、「コミュニティパワー」を以下のように定義している（WWEA, 2011）。

①地域の主要な関係者が、その自然エネルギー事業の大半もしくはすべてを所有している

②地域コミュニティは、その自然エネルギー事業の意思決定にあたって過半数以上の投票権を持っている

③その自然エネルギー事業からの社会的・経済的な便益のほとんどまたはすべてが地域コミュニティに分配される

なお、上記の日本語訳は飯田他（2014）による。

3　電力系統から見た分散型電源の特徴

分散型電源は、他に小規模であるとか地理的に分散しているといった表面上の特徴とは別に、従来の大規模集中型電源とは全く異なった電気的特徴を持つ。前節で示した「配電線（日本では66〜77kV以下の電圧階級の送電線も含む）に接続される」という適用範囲もそのうちの一つである。そのため、電力系統の設計や運用にあたっては従来蓄積されてきた理論やノウハウが必ずしも通用しない場合があり、分散型電源が将来大量に導入された場合の電力系統のあり方が現在さまざまに議論されている。本節では、分散型電源の電気的特徴とそこから発生する課題について概観する。

3.1　非同期発電機としての分散型電源

従来の大規模集中型電源とは異なる分散型電源の大きな特徴として、分散型電

表2-6　分散型電源の種類と系統連系の形態

エネルギー源	発電形態	系統連系装置
自然エネルギー	太陽光発電（直流）	インバータ[2]
	風力発電（交流）	回転機（インバータ）
	小水力発電（交流）	回転機（小形はインバータ）
化石燃料 （ガス、石油）	燃料電池発電（直流）	インバータ
	回転機コージェネ（交流）	回転機（小形はインバータ）
廃棄物	ごみ処理発電（交流）	回転機

出所：電気学会（2013）

源の多くが**インバーター**（invertor）を介して電力系統と接続されるという点が挙げられる。電気学会では（分散型電源の定義こそないが）**表2-6**のような形で分散型電源の種類と系統連系の形態をまとめている。

　インバーターとはパワーエレクトロニクス機器の一種であり、トランジスターなどの半導体素子のオンオフを高度に組み合わせることによって、回転機から出力されるのと同じような正弦波状の交流電流を発生させることが可能な電力変換装置である。一般にこのような電力変換装置は**コンバーター**（converter）と呼ばれ、その中でも交流から直流に変換するものが順変換装置、直流から交流に変換するものが逆変換装置＝インバーターと呼ばれている。太陽光パネルや電池の出力は直流であるが、**図2-3**に示すようにインバーターを介すことにより交流系統に接続が可能となる（それ故、太陽光の分野では「インバーター」の呼称が好まれる）。また、風車の発電機の出力は交流であるが、時々刻々と変化する風速によって回転数や周波数が変化しないようにするために、一旦直流に変換して再び系統周波数と同期した交流に変換し直すなどの動作をコンバーターで行なっている（それ故、風力発電の分野では「コンバーター」が主に用いられる）。

　インバーターを介して接続する電源は、従来の**同期発電機**（synchronous

2）JIS Z 8301：2011『規格票の様式及び作成方法』附属書Gでは外来語の表記について、語尾の "-er"、"-or" には「長音記号をつけない」との原則が示されていたため、工学系書籍・論文では「インバータ」などと語尾の "-er"、"-or" の長音記号を省略して表記されることも多い。したがって、本章でも引用図表内の表記は引用元の表記方法に従うこととする。ただし、同規格は2019年に改定され、現行規格（日本産業規格、2019）ではこの長音記号に関する原則は削除されている。

図2-3　インバーターを介した太陽光発電の系統連系の例

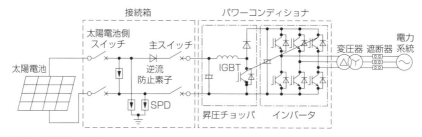

出所：伊与田他（2015）

generator）とは電気的に異なるという点から、誘導発電機などのその他の発電機とともにしばしば**非同期発電機**（asynchronous generator）とも呼ばれる。

　大規模水力発電、火力発電、原子力発電といった従来型電源はすべて同期発電機によって流体エネルギー（水、蒸気、ガスなど）を電気エネルギーにエネルギー変換しており、同期発電機が電力系統に直接接続され、これらの発電機の周波数（回転数の逆数）が系統周波数を決定している。翻っていえば、あるエリアの電力系統に並列（parallel on, 発電設備等を系統に接続すること）されている同期発電機は、正常時には全て同一周波数で回転していることを示している。例えば系統周波数は西日本では60Hz（東日本では50Hz）と定められているが、それは標準周波数にすぎず、実際には60.01Hz であったり59.98Hz であったりと時々刻々変動しており、各時刻における周波数は長野県にある水力発電所の発電機でも鹿児島県にある原子力発電所の発電機でも全く同一となる。この関係は**図2-4**に示すような回転する巨大軸（電力系統の周波数に相当）とそこに堅牢なチェーンでつながれた発電機をイメージすると理解しやすい。

　一般に電力系統では需給の**同時同量**（balancing）が要求されるが、現実には需要（全ての負荷の消費電力）と供給（全ての発電機の出力電力）は完璧にぴったり一致することは難しく、わずかにずれる場合が多い。需要が急激に増して供給が追いつかなくなると周波数が低下し、需要が急激に減少して供給がそのままであれば周波数は上昇する。周波数の変動がわずか（通常は±0.2Hz 程度）であれば、前述の同期発電機がもつ**慣性**（inertia）（詳細は4.1項で後述）やガバナーフリーと呼ばれる自律調整機能によってある程度自動修復可能である。前述の通り系統周波数が常時わずかに揺らいでいても大きな問題がないのはそのためで

図2-4　電力系統における同期機と非同期機の関係

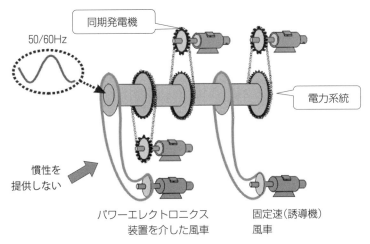

出所：IEA Wind Task 25（2020）。

図2-5　需給バランスと周波数制御のイメージ

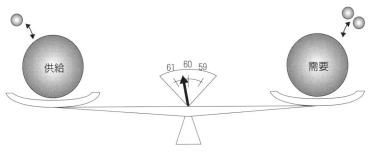

出所：筆者作成。

ある。この関係は**図2-5**に示すような需要と供給を天秤のアナロジーでイメージすると理解しやすい。

　しかし、周波数の変動幅や変化速度が大きいと、発電機とタービンを連結する回転軸に過剰な負荷がかかり、軸が破断して発電機が数ヶ月に亘り供給支障となる可能性があるため、発電所側の遮断器で自動解列（parallel off）したり、変電所の開閉器が動作して一部のエリアを負荷遮断することになる。これらの解列や負荷遮断は電力系統全体の機能維持のために必要な動作であり、通常であれば数

分内に復帰することが殆どである。しかしこの動作が間に合わなかったり過剰であったりすると、さらに需給バランスを崩して次々と複数の発電機の解列や負荷遮断が連鎖的におこり、2018年9月の北海道で経験したような**ブラックアウト**（blackout）というエリア内全停電に至る。それ故、需給バランスを管理すること、すなわちさまざまな発電所に**給電指令**（dispatch）を出して**周波数制御**（frequency control）を行うことが、電力系統の運用の中でも大きな役割を占めることになる。

3.2　パワーエレクトロニクス電源大量導入時の電力系統

　近年、再生可能エネルギーの急速な拡大と共に増えてきた分散型電源はインバーターやコンバーターを介した非同期発電機であるため、図2-4のイメージで見る通り、堅牢なチェーンではなくゴムベルトで繋がっているようなもので、系統全体の周波数の変動には柔軟に対応できるものの、系統周波数の急変を緩和するように電力系統に貢献することは難しい。それゆえ、従来の電力系統の運用の観点から見ると、「分散型電源はパラサイト」（飯島、2003）といった批判も出るほど、分散型電源は電力系統の運用に悪影響を及ぼすものと捉えられていた。

　再生可能エネルギー（実質的には殆どが分散型電源）が大量に導入されつつある欧州では、この問題にいち早く対応し、問題の解決を図ってきた。例えば欧州委員会が出資する MIGRATE プロジェクトは、正式名称を the Massive Integration of Power Electronic Devices（パワーエレクトロニクス機器の大規模連系）と名付けられた研究プロジェクトであり、2016～2020年の期間で実施された総予算約1,800万ユーロ（約22億円）の大規模プロジェクトである（MIGRATE, ca2016）。

　このプロジェクトの研究代表者はドイツの TSO である TenneT であり、プロジェクト参加者の中にはデンマークの Amprion、スペインの REE、フィンランドの Fingrid、フランスの RTE、アイルランドの EirGrid、イタリアの Terna、英国の Scottish Power など欧州各国の TSO や、ドイツのベルリン工科大学、アイルランドのダブリン大学、オランダのデルフト工科大学、英国のマンチェスター大学などの大学・研究機関が名を連ねている。

　このプロジェクトの目的は、正式名称が示すとおり、パワーエレクトロニクス

図2-6　パワーエレクトロニクス電源大規模導入時の電力系統の安定度の概念図

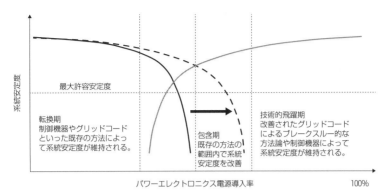

出所：MIGRAGE（2018）の図を元に筆者翻訳して作成。

電源（そのほとんどが VRE）が大量導入された電力系統の技術的課題を解決することにある。

　MIGRATE の公開する資料によると、**図2-6**に示す通りパワーエレクトロニクス電源（すなわち分散型電源）の導入率が増えると相対的に同期発電機が減るため電力系統の**安定度**（stability）[3]が徐々に低下し、ある閾値を超えると系統安定度の許容範囲を下回ることが予想される。そこで図中点線のように既存の技術でも適用できる枠組み（改善策）によりこの閾値を右方に移動させ、より高いパワーエレクトロニクス電源導入率でも系統安定度を維持することが可能となる。このような改善策は、MIGRATE プロジェクトだけでなく世界各国で研究が盛んに進められており、特にグリッドフォーミングインバーター（GFI: grid forming inverter）と呼ばれる同期発電機とほぼ同等の電気的性能を有する新しい機器・概念が議論されている（Unruh *et al.*, 2020; 餘利野他、2021）。

　もちろん、このような改善策を取ったとしても既存技術の改善だけでは限界があるため、抜本的な技術革新も将来には必要となる（MIGRATE プロジェクト

3）電力系統の負荷変化や、故障等の擾乱に対して、各発電機電圧が一定の相差角を保ち、同期回転を維持できる度合いを安定度と呼ぶ。安定度の分類としては、緩やかな負荷変化が生じても安定に送電できる度合いを「定態安定度」といい、系統事故等のような急激な擾乱に際してもなお同期を保って送電できる度合いを「過渡安定度」と呼んでいる。（電気事業講座編集幹事会、2018）

はこの段階を対象とするものではないが、例えば潜在的な技術的飛躍の候補としては日本のデジタルグリッド（デジタルグリッド、na）などが挙げられよう）。

3.3　小規模孤立系統における VRE 大量導入

　地球上には、完全に他地域と電気的に接続されていない離島などの小規模電力系統も多数存在する。一般に他地域と連系線を通じて電気的に接続されていない、もしくは連系線容量が乏しい系統のことを**孤立系統**（isolated system）と呼ぶが、離島のような完全孤立した小規模系統は、**オフグリッド**（off-grid）とも呼ばれる。

　オフグリッド系統では、従来ディーゼル発電が主流であり電気料金も本土より高額であることが多い（例えば、EIA（2019）によると、2018年の電力小売価格全米平均が10.53セント /kWh（約11.6円 /kWh）に対してハワイ州のそれは29.18セント /kWh（約32.1円 /kWh）と約3倍）。そのような状況では、再生可能エネルギー（特に VRE）は**グリッドパリティ**（grid parity）（電力小売料金よりも発電コストが安くなること）を達成しやすいため、十分競争力を持ち本土より先に大量導入が進む傾向にある。

　また、オフグリッドの完全孤立系統では、VRE による余剰電力を他の地域に輸送する手段がないため、蓄電池によるエネルギー貯蔵も選択肢の一つである。上記の通り、離島では元々ディーゼル発電などを用いており電力料金が高いため、VRE ＋蓄電池のグリッドパリティを達成しやすい傾向にある。

　米国再生可能エネルギー研究所（NREL: National Renewable Energy Laboratory）では、世界各国で進む離島の VRE 大量導入に関する調査研究や実証研究が行われており、**図2‒7**に示すような国際的な動向をまとめている。図では横軸に系統容量（ピーク電力）を対数で取り、縦軸に VRE（すなわち分散型電源）の年間発電電力量ベースの導入率が取られている。図に示す通り、すでに VRE100％を達成しているタウ島（アメリカ領サモア）や60％程度にまで達しているキング島（オーストラリア、タスマニア州）などが最先端の実証実験の成果として世界的に注目されている。

　世界の離島での VRE の大量導入の研究開発動向については、Baring-Gould *et al.*（2012）および Kroposki（2017）などを参照のこと。また、日本でも離島に

図 2-7　世界の小規模および大規模系統における VRE 大量導入

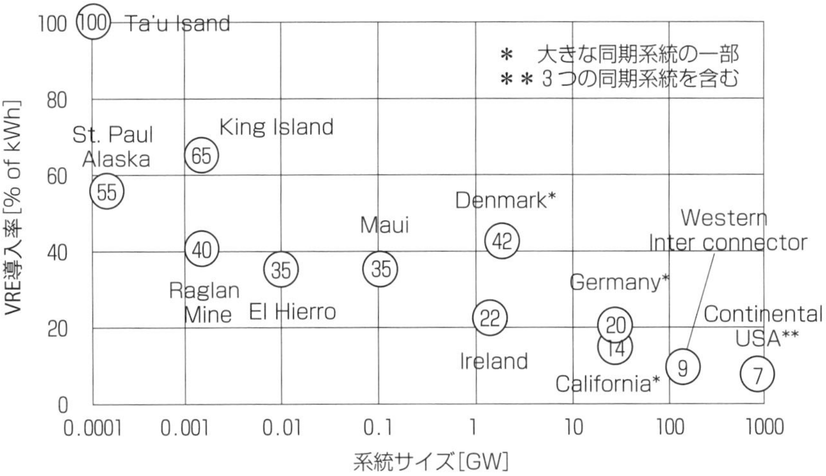

出所：Kroposki（2017）の図を参考に筆者作成。

おいていくつか再エネ大量導入の実証事業や調査が進んでおり、そのプロジェクト詳細に関しては、東京市町村自治調査会（2013）、沖縄県（2017）、馬場他（2018）などを参照のこと。

　なお、ここまでの議論の通り、オフグリッドは主に離島の完全孤立系統で世界的に先進的な研究開発が進んでいるが、離島での再生可能エネルギー大量導入事例の成功が直ちに本土の大規模系統に適用できるわけではないということは留意が必要である。なぜなら、本土の大規模系統では既存の送配電線がすぐ近くまで敷設されている場合が多く、また蓄電池より低コストで既存設備として存在している揚水発電や他エリアへの連系線など柔軟性の選択肢があるからである。同様に、蓄電池という新規デバイスの導入も、コストが下がってきたとはいえ、1.3項図 2-2 に示した柔軟性の選択肢の考え方に基づくと既存のアセットの利用拡大の方が技術的・経済的優先順位が高いということも認識する必要がある。現代の日本の本土でオフグリッドが経済的・技術的に合理性があるかどうかは全く未知数である。

　現在では「地産地消」や「防災（停電対策）」の名の下に各地の自治体で蓄電池に対する補助金が交付されるなど、オフグリッド化が進められているように見

えるが、本来これらは**費用便益分析**（CBA: Cost-Benefit Analysis）など定量評価をすることにより導入可否が判断されることが望ましい。むしろ、簡易的な費用便益分析すら行わず、「地産地消」や「防災（停電対策)」、「安心安全」などの美辞麗句の下、なし崩し的に分散型電源や蓄電池導入しようとする試みは、地域経済に負の便益をもたらす可能性すらある。特に停電対策や防災に関してこそリスクマネジメントの考え方に基づいてリスクとその対策を定量評価しないと、無駄な対策に無駄なコストをかけてしまう可能性があるばかりか、いざというときにその対策が役に立たず、最悪の場合、地域の人々の生命・財産に深刻な影響を与える可能性すらあるということは十分留意すべきであろう。

　同様に、既存の送配電網から独立した閉じた地域配電網を構築しようとしても、メンテナンスや運用の如何によってはその地域だけ電力料金が高騰したり停電率が上昇したりといったリスクをもたらし、栄光ある独立の代償が高くつく可能性もある。安田（2019c）および安田（2019d）では、そのような定量評価に基づかない分散型電源（および蓄電池）の不透明な導入を「バッドな地産地消」と呼び、警鐘を鳴らしている。

4　電力系統から見た分散型電源の課題

　VRE を始めとする分散型電源の導入は、1.2項の表2−1で示したように第3段階までは顕著な問題は発生しないが、第4段階以降になるとさまざまな課題が上がり、技術的な解決も必要となってくる。本節では、その中から特に重要視される慣性問題と電圧問題について紹介し、その解決方法を探る。

4.1　慣性問題

　3.2項で示した図2−6のようなパワーエレクトロニクス電源が大量に導入された電力系統で、現在、安定度が問題になっているエリアとして、アイルランド島と南オーストラリアが挙げられる。

　アイルランド共和国と英国・北アイルランドからなるアイルランド島は、日本の北海道とほぼ同じような面積・人口・消費電力量を持ち、他のエリアとはわずかな容量の直流連系線でのみ接続されている**孤立系統**であるが、2018年時点で風

図 2-8　系統非同期率（SNSP）と安定度の概念図

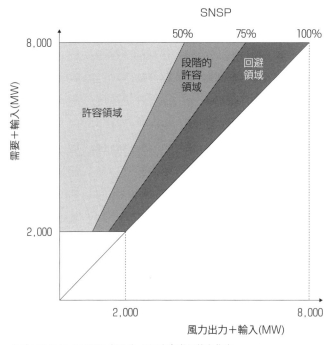

出所：EirGrid & SONI（2010）の図を参考に筆者作成。
注：各領域の名称は筆者が読者の理解のために付けたもので、EirGrid & SONI（2010）の呼称ではない。

力発電の発電電力量ベースの導入率が29.3％に達している（EirGrid & SONI, 2019）。このような状況では、風力発電など非同期発電機が一時的に出力を増加することが多く、アイルランド特有の指標として**系統非同期率**（SNSP: System Non-Synchronous Penetration）が設定されている。SNSP とは、各時刻における総発電出力（直流連系線による隣接エリアへの輸入も含む）に対する非同期発電機（風力発電と直流連系線による輸出の和）線の比率であり、アイルランドのTSO である EirGrid および北アイルランドの TSO である SONI では、図 2-8 のように SNSP が一定の比率（従来は50％）を超えないような運用ルールが設定されている。風力発電の出力が多く需要が低い時など SNSP の比率が大きくなる時間帯では、系統内の慣性不足を回避するために、風力発電を**出力抑制**（curtailment）することが系統運用ルールで定められている（O'Sullivan, 2012）。

これは、需要が少ない時間帯に非同期機の出力が多くなると相対的に同期発電機の出力や並列台数が減り、その時間帯に系統故障（雷や嵐によって比較的容易に発生する）が発生し需給バランスが突発的に大きく崩れた場合には、従来型電源が持つ同期機の自己修復能力が十分期待できなくなるからである。

　この慣性不足の問題は、分散型電源が大量に導入される電力系統では解決しなければならない大きな問題として世界中で認識されている。特に電力系統の規模が小さい**同期エリア**（Synchronous Area）でその問題が顕在化することが知られており、現在、世界では2018年の風力発電導入率が29.3％のアイルランド島、および同39.5％の南オーストリア（AEMO, 2019）で慣性問題が顕在化している。一方、デンマークの風力発電導入率は41％、ポルトガルは24％に達しているが（WindEurope, 2019）、これらの国のTSOが管轄するエリアは巨大な同期エリアである北欧系統や欧州大陸系統の一部を構成している制御エリアの一つに過ぎないので、慣性不足の問題はまだ顕在化はしていない。日本でも本州と直流連系線を介して接続している北海道や、本州と交流連系線で繋がっているものの関門連系線に万一の事故があった際の九州において、今後問題が顕著になるものと予想される。

　アイルランド共和国および北アイルランドのTSOであるEirGrid Groupは、さらなる風力発電の導入に備えこの慣性不足の問題を緩和するために、DS3（Delivering a Secure, Sustainable electricity System）という名前のプロジェクトを立ち上げた。2020年までに風力発電の導入率を40％に引き上げるという目標を達成するために、慣性問題をはじめとするVRE大量導入時に発生しうるさまざまな技術的課題について積極的に取り組んでいる（EirGrid & SONI, 2018）。

　例えば、周波数急変の際、**周波数変化率リレー**（RoCoF: Relay of Change of Frequency）が過剰動作して従来型発電所の遮断器が過剰に動作する可能性を防ぐために、RoCoF設定値の緩和を行うことも対策の一つである。また、万一の周波数急変の際も慣性を持つ同期発電機と同等の動作を行い系統安定化に貢献するために、本来慣性を持たないインバーター電源に**擬似慣性**（virtual inertia）という機能を持たせるという対策もある。

　擬似慣性は、風力発電や太陽光発電のようなインバーター電源によるVREに慣性を持たせることではなく、**図2-9**に示す通り周波数急変時に非同期機が「あたかも慣性がある同期発電機のように振る舞う」機能である。具体的には系

図2-9　擬似慣性による系統周波数急変の緩和

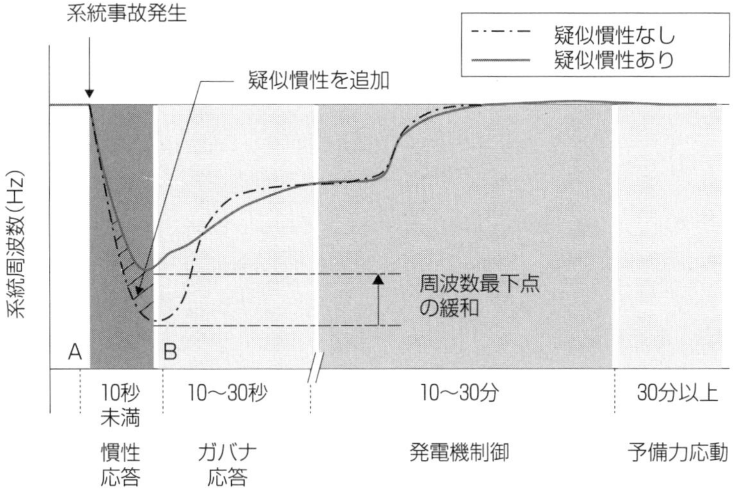

出所：Tamrakar *et al.*（2017）の図に筆者が図中文字翻訳。

統事故により周波数が急変（通常は急激な低下）した際に速やかに周波数変化率を検出して数秒以内に瞬間的に出力を増加させるような制御プログラムを風車に実装することである。これにより、周波数変化および周波数低下が緩和され、他の同期発電機の解列を防ぎ、連鎖停電によるブラックアウトのリスクを軽減することが可能となる。

　風力発電の場合には、風車のピッチ角を制御して（風車の安全性や寿命を損なわない範囲で）数秒程度の短時間に一時的に過負荷運転を行い出力を増加させることで、従来の同期機の慣性と同じような擬似慣性の動作が可能である。この機能は既に商用化されており、現在ほとんどの風車メーカーで技術的に実装が可能である。太陽光発電の場合はそれ自体では擬似慣性の能力を持たないが、小容量の蓄電池や電気二重層コンデンサー（キャパシター）と併用することにより、将来的に実現が可能である（Waffenschmidt *et al.*, 2016）。

　これらの対策を順次行っていくことで、2015年の段階では上述のSNSPが50％に達した時間帯には風力発電を出力抑制するという系統運用ルールであったものが、その制限値を2021年までには75％にまで段階的に引き上げることが予定されている（EirGrid & SONI, 2018）。アイルランドの慣性問題の詳細に関して、

日本語で読める文献としては、O'Sullivan（2012）を参照されたい。

　また、南オーストラリアにおいては、テスラ社が現時点で世界最大の100MW/129MWh大容量蓄電池システムを導入した事例があり、日本語のメディアでも紹介されたため日本でも注目された（エネルギー経済研究所、2018；Gigazin, 2018）。ただしこの事例は、風力発電導入率が39.5％に達し慣性不足が懸念されているエリアにおける慣性問題緩和ための選択肢であることに留意が必要である。南オーストラリアでは2016年9月に発生したブラックアウト（AEMO, 2017）後、孤立系統での慣性不足の喫緊の対応の必要性から、周波数の急変に対する応答速度が極めて早く、かつ最も短期間に建設ができる電力設備という点で蓄電池が選ばれた。しかし、南オーストラリアの蓄電池導入の事例は世界に先駆けて第4段階に突入した孤立系統の最先端の事例であり、日本で安易に考えられている「再エネは不安定だから蓄電池」「停電対策には蓄電池」という文脈ではないことを念頭に置く必要がある。

4.2　電圧上昇問題

　2.1項で述べた通り、分散型電源の特徴は配電線（日本では送電線レベルも含む）に接続されることである。そのため、配電線に分散型電源が大量導入されると、従来の系統運用では想定しなかった現象も発生し、何らかの対策が必要となる。その顕著な例が電圧上昇問題である。

　一般に、従来の送配電網は、超々高圧の大規模集中型発電所からいくつかの変電所を通じて徐々に電圧階級が下がり、配電線から一般需要家へと一方通行で**電力潮流**（power flow）が流れることを想定して全体システムが設計されている。例えば、電気事業法の第26条第1項では「一般送配電事業者は、その供給する電気の電圧及び周波数の値を経済産業省令で定める値に維持するように努めなければならない」と規定されており（日本国、2020）、高圧系統の電圧については、電気供給地点で許容される低圧電圧、需要の状況などを考慮しながら変動幅が概ね5〜10％以内となるように運用・管理されている（小澤、2005）。

　配電用変電所からの距離が長かったり需要家軒数が多かったりすると、**図2-10**に示すように電圧は配電線末端に行くほど低下するため、配電用変電所での送出電圧は公称電圧より高めに設定することが多い。しかしながら、その配電線

図2-10　配電線の電圧上昇問題

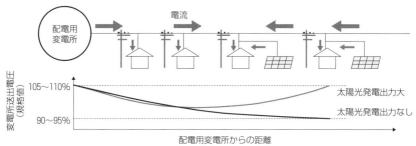

出所：筆者作成。

　の末端に太陽光発電などの分散型電源が接続され、配電用変電所に向かって逆潮流が起こると、従来想定していた電圧降下が起こらず、むしろ適正電圧を越えてしまう恐れがある。また、この電圧上昇は接続された分散型電源の電源種によって時々刻々と変化する可能性がある。したがって、分散型電源が大量に連系された配電線における**電圧制御**（voltage control）の問題は、喫緊の課題であるとみなされている。

　配電線の電圧制御の問題は、再生可能エネルギーや分散型電源の導入に限った話ではなく、古くから議論されている問題であり、**図2-11**に示すような複数の技術的解決策が用意されている。例えば変圧器タップ（特に**負荷時タップ切替器**（OLTC: On-load Tap Changer））による電圧調整や**自動電圧調整器**（SVR: Step Voltage Regulator）や**静止形無効電力補償装置**（SVC: Static VAR Compensator）などの設置が従来より提案されている。

　このうち、SVCは3.1項で登場したパワーエレクトロニクス機器の一種であり、力率（無効電力）を制御することにより電圧を調整できる機能を有するが[4]、本

――――――――――

4）力率とは、皮相電力（有効電力と無効電力の二乗和の平方根）に対する有効電力の割合であり、0〜1の間を取り、無効電力が0（有効電力のみ）のとき力率は1となる。無効電力は線路や機器にインダクタンス成分（コイルなど）やキャパシタンス成分（コンデンサーなど）があると発生し、実際の電力輸送に電力機器の動作に必要な有効電力とは異なり、電力輸送に貢献しないばかりか、線路や機器で無駄な損失を発生させる。力率が小さくなると電圧も低下するため、力率を制御する（すなわち無効電力を制御する）ことにより電圧制御を行うことが可能である。電圧制御・力率制御・無効電力制御の詳細については、例えば石亀（2013）など電力工学の大学教科書を参照のこと。

図2-11　配電線の電圧制御方法

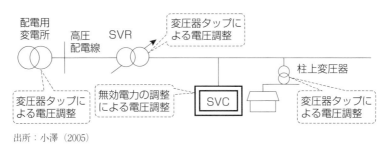

出所：小澤（2005）

来SVCと同じ機能を太陽光発電のコンディショナー（いわゆるパワコン）や風力発電のコンバーターに具備することは技術的には難しくない。風力発電の場合は基本的に市販されている殆どの風車がこの無効電力補償能力を持っており、無風状態でも無効電力を供給して電圧を制御することは可能である（Matevosyan, 2012）。

　太陽光発電のコンバーターも技術的には無効電力制御は可能だが、廉価なパワーコンディショナーの場合はこの機能が付いていないものがある。現在の日本の法令では義務化されていないこともあって小規模事業者の多くがこの機能をもつパワーコンディショナーを選択しないため、電圧上昇問題が一般送配電事業者の負担になっているという現状がある。したがって、電圧上昇問題は克服困難な技術的課題というよりは、問題の解決にあたって誰が責務を負い誰が（一時的に）対策費用を負担するのかという**費用配分**（cost allocation）の問題であるといえる。配電線の総延長距離は膨大で、対策が施されていない既設の太陽光発電所も多く、この問題を一朝一夕に解決することは容易ではない。この対策を個々の発電事業者に負担させるか、一般送配電事業者が一括して管理して制御するか、どちらにしても発電コストまたはネットワークコスト（託送料金）で最終的に電力消費者に転嫁されるため、どの方法が最も経済効率性が高く、かつ外部性（違反による事故やフリーライダー、過剰規制など）が少ないかを定量的に分析して政策決定をすることが望ましい。したがって、電圧上昇問題は規制のありかたの問題であるともいえる。

5　まとめと日本への示唆

　本章では、国際動向と世界の中の日本の立ち位置を紹介しながら日本の「系統連系問題」について述べ（1節）、分散型電源および分散型エネルギーの定義を確認し（2節）、電力工学の観点から分散型電源の持つ特徴を整理した（3節）。また、分散型電源の主要課題として慣性問題と電圧上昇問題を挙げ、技術的課題とその解決方法について海外情報も含め紹介した（4節）。

　本節では本章を締めくくるにあたって、これまでの節で議論した海外の事例も踏まえ、日本において今後分散型電源が大量導入された場合の電力系統のあり方を議論するために示唆となる情報を整理すると以下のようになる。

- 分散型電源を導入するにあたって、その導入に懸念を覚えたり懐疑的に感じる者は、分散型電源の導入による問題の顕在化がどの程度か、国際動向や国際的知見に基づきながら、適切な段階における適切な優先順位で合理的に解決手段を議論することが望ましい。特にVREの系統連系に当たっては1.2項で述べたとおり日本はまだ第2段階（九州は第3段階に入ったばかり）であり、第4～6段階で解決すべき課題を理由にVREや分散型電源の導入を制限してはならない。

- 分散型電源を推進しようとする立場にある者は、分散型電源の課題を過小評価したり分散型電源ができることを過大評価して幻想を抱いてはならない。特に4.1項および4.2項で述べた技術的課題は第3～4段階以降に顕在化するものであるものの、将来その課題に直面する日は確実にやって来ることになり、その課題に直面してから問題解決を図ろうとしても遅すぎるからである。

　分散型の電源やエネルギー源は、従来型の大規模電源による垂直統合システムから見ると、現在既に完成されたシステムを改悪するもの（まさに「パラサイト」）として映るかもしれない。それは工学や技術という限られた範囲で見る限り、そのような解釈も成立してしまう可能性もある。しかし、経済や制度設計という社会システム全体という広い範囲で見ると、一見改悪のように見える新規技術も新しいパラダイムで全体的により最適な解に到達することもある。

　このことは、図2-12に示すような理工系や経済学ではお馴染みの最適化問題を考えれば直感的かつ論理的に容易に理解できよう。現在我々が恩恵を受けてい

図 2 -12　最適化問題の考え方

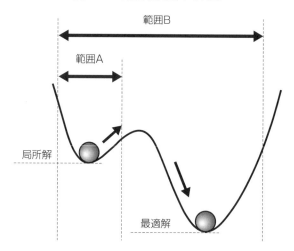

る電力システムは、工学的な観点（範囲 A）からは殆ど改善の余地がないほどにシステムが完成されているように見えるが、その実態は負の外部性が高い従来型電源によって成り立っており**市場の失敗**（market failure）の状態にある、という点も忘れてはならない（従来型電源の負の外部性と市場の失敗については、高橋（2017）および安田（2019e）を参照のこと）。よりよい未来を構築するためには「より広い」観点（範囲 B）からの議論も必要であり、それ故に世界中で再生可能エネルギーを中心とする分散型電源・分散型エネルギー源の導入が進められている。現在の局所解（数学的には不適切解）に座して留まるのではなく最適解に進むためには、技術革新や制度変更やそれに対する投資も必要である。それは一見「改悪」や「国民負担」に見えてしまうかもしれないが、その壁を乗り越えない限り、より良い最適解には進まないということが図 2 -12から理解できる。

　分散型電源および分散型エネルギーの導入を推進しようとするプレーヤーは、分散型電源の課題を過小評価せず、それらの課題を解決する適切な技術的・制度的方法論を提案しながら、分散型のエネルギーシステム導入の便益を定量的に評価し、それを提示し続ける必要がある。分散型電源・分散型エネルギーの導入を進めようと思う者がその意義を説得する相手は、それらを手放しで持て囃し礼賛する人々ではなく、その新技術を懐疑的に思って慎重になっている人々であり、そのような人々を説得するためには、最新の科学技術の成果に基づく冷静で定量

的な議論こそが必要なのだから。

参考文献

餘利野直人他（2021）「グリッドフォーミングインバータ」電力50編集委員会監修、オーム社編『電力・エネルギー産業を変革する50の技術』オーム社、14-17頁

飯島昭彦（2003）『分散型電源はパラサイト―電力系統からの警告』エネルギーフォーラム。

飯田哲也・環境エネルギー政策研究所（ISEP）編著（2013）『コミュニティパワー〜エネルギーで地域を豊かにする』学芸出版社、35頁。

石亀篤司編著（2013）『OHM大学テキスト　電力システム工学』オーム社。

伊与田功編著（2013）『OHM大学テキスト　電力発生・輸送工学』オーム社。

エネルギー経済研究所（2018）「豪州：再エネ+エネ貯蔵の導入が拡大、蓄電池価格の低下も追い風」https://eneken.ieej.or.jp/data/7509.pdf

大山力他（2013）『分散型電源導入系統の電力品質安定化技術』S&T出版。

沖縄県（2017）極小規模離島再生可能エネルギー100%　自活実証事業委託業務

小澤知弘（2005）「配電線における電圧変動」『電気設備学会論文誌』第25巻第10号、781-783頁。

柏木孝夫他（2001）『分散型電源システムの最新動向と将来展望』エヌ・ティー・エス。

経済産業省（2017a）電気事業法施行規則、平成7年通商産業省令第77号（最終改正：平成29年3月31日経済産業省令第32号）

経済産業省（2017b）電気設備に関する技術基準を定める省令、平成9年通商産業省令第52号（最終改正：平成29年3月31日経済産業省令第32号）

経済産業省（2019）電力品質確保に係る系統連系技術要件ガイドライン、令和元年10月7日。

高橋洋（2016）「地域分散型エネルギーシステムを定義する」植田和弘監修、大島堅一・高橋洋編著『地域分散型エネルギーシステム』第2章、日本評論社、17頁。

高橋洋（2017）『エネルギー政策論』岩波書店。

デジタルグリッド（na），デジタルグリッドとは（2020年1月15日確認）http://www.digitalgrid.org/jp/technology/

電気学会編（2013）『電気工学ハンドブック　第7版』電気学会。

電気学会電気規格調査会編（2018）『JEC-2470 分散形電源系統連係用電力変換装置』電気書院。

電気事業講座編集幹事会（2008）『電気事業事典』エネルギーフォーラム。

電気新聞（2012）『電力エネルギー時事用語事典　2012年版』日本電気協会新聞部。

東京市町村自治調査会（2013）『島しょ地域における再生可能エネルギーを活用した地域づくりに関する調査報告書』

日本国（2020）電気事業法、昭和39年法律第170号、最終改正：令和２年法律第49号。

日本産業規格（2019）JIS Z8301：2019規格票の様式及び作成方法

日本電気協会（2019）「系統連系規程 JEAC 9701-2019」日本電気技術規格委員会 電気技術規程系統連系編 JESC E0019（2019）

馬場旬平他（2018）「将来の電力システム改革を見据えた離島系統における再エネ導入実証試験（新島プロジェクト）」『電気学会誌』第138巻第11号、746-749頁。

諸富徹（2015）「電力系統の再構築とその費用負担原理」諸富徹編著『電力システム改革と再生可能エネルギー』第６章、日本評論社、158頁。

安田陽（2013）「風力発電系統連系研究の系譜」『日本風力発電協会誌 JWPA』第９号、33-40頁。http://jwpa.jp/2013_pdf/88-29tokushu.pdf

安田陽（2019a）「送電線空容量問題の深層」諸富徹編著『入門 再生可能エネルギーと電力システム―再エネ大量導入時代の次世代ネットワーク』第５章、日本評論社。

安田陽（2019b）『世界の再生可能エネルギーと電力システム〜系統連系編』インプレス R&D。

安田陽（2019c）「地方分散型エネルギーと地産地消」『日本経済新聞』「やさしい経済学」コラム連載（2019年１月４日〜15日）

安田陽（2019d）「グッドな地産地消とバッドな地産地消」『光発電』42号、58-65頁。

安田陽（2019e）『世界の再生可能エネルギーと電力システム〜経済・政策編』インプレス R&D。

AEMO（2017）Black System South Australia 28 September 2016.

AEMO（2019）South Australian Electricity Report, Australian energy Market Operator, November 2019.

Baring-Gould, E. et al.（2012）Isolated Systems with Wind Power, Chapt. 31 in "WIND POWER IN POWER SYSTEMS, 2ND EDITION" ed. by T. Ackermann, Wiley.
日本語訳：T. アッカーマン編著（2013）『風力発電導入のための電力系統工学』第31章「孤立系における風力発電」オーム社。

EIA（n.a.）Glossary, U.S. Energy Information Administration（2020年１月15日確認）https://www.eia.gov/tools/glossary/

EIA（2019）State Electricity Profiles, Data for 2018, Release date: December 31, 2019 https://www.eia.gov/electricity/state/

EirGrid & SONI（2010）All Island TSO Facilitation of Renewables Studies.

EirGrid & SONI（2018）DS3 Programme Transition Plan, Q4 2018 - Q4 2020.

EirGrid & SONI（2019）Annual Renewable Energy Constraint and Curtailment Report 2018.

EU（2019）Directive（EU）2019/944 of the European Parliament and of the council of 5 June 2019 on common rules for the internal market for electricity and amending Directive 2012/27/EU.

Eurelectric（2013）Power Distribution in Europe Facts & Figures, a EURELECTRIC paper.

EWEA（2010）Powering Europe - wind energy and the power grid, European Wind Energy Association.
http://www.ewea.org/grids2010/fileadmin/documents/reports/grids_report.pdf
日本語訳：「風力発電の系統連系〜欧州の最前線〜」日本風力エネルギー学会（2012）
http://www.jwea.or.jp/publication/PoweringEuropeJP.pdf

Gigazin（2018）「テスラによる世界最大規模の蓄電システムが約45億円もの節約に貢献し大成功を収める」2018年12月7日。
https://gigazine.net/news/20181207-hornsdale-power-reserve/

IEA（2011）Harnessing Variable Renewables ─ A Guide to the Balancing Challenge, International Energy Agency.

IEA（2014）The Power of Transformation - Wind, Sun, and the Economic of flexible Power Resources.
https://www.iea.org/publications/freepublications/publication/The_power_of_Transformation.pdf
日本語訳：「電力の変革〜風力、太陽光、そして柔軟性のある電力系統の経済的価値」国立研究開発法人 新エネルギー・産業技術総合開発機構（NEDO）（2015）
https://www.nedo.go.jp/content/100643823.pdf

IEA（2018）System Integration of Renewables - An update on Best Practice.
日本語訳：「再生可能エネルギーのシステム統合〜ベストプラクティスの最新情報」国立研究開発法人 新エネルギー・産業技術総合開発機構（NEDO）（2018）
https://www.nedo.go.jp/content/100879811.pdf

IEA（2019）Status of Power System Transformation 2019 - Power system flexibility.
https://www.iea.org/reports/status-of-power-system-transformation-2019

IEA（2019）Electricity Information, web database version.

IEA Wind Task 25（2020）Fact Sheet: Impacts of wind（and solar）power on Power System Stability

日本語訳：「ファクトシート No. 6　風力・太陽光発電の系統安全度への影響」http://www.nedo.go.jp/content/100923376.pdf

IEC（2009a）IEC 60038： 2009 Edition 7.0 "IEC standard voltages".

IEC（2009b）IEC 60050-617 "International Electrotechnical Vocabulary（IEV）- Part 617： Organization/Market of electricity", International Electrotechnical Commission.

IRENA（2017）Rethinking Energy 2017, International Renewable Energy Agency.

IRENA（2019）Market Integration of Distributed Energy Resources - Innovation Landscape Belief.

Kroposki, B.（2017）Integrating High Levels of Variable Renewable Energy into Electric Power Systems, NREL/PR-5D00-68349, National Renewable Energy Laboratory, Revised December 2018.

Matevosyan, J., et al.（2012）Technical Regulations for the interconnection of Wind Power Plants to the Power System, Chapt. 11 in "WIND POWER IN POWER SYSTEMS, 2ND EDITION" ed. by T. Ackermann, Wiley.

日本語訳：T. アッカーマン編著（2013）『風力発電導入のための電力系統工学』第11章「風力発電所の系統連系技術要件」オーム社。

MIGRATE（ca2016）The MIGRATE Project（2020年 1 月15日確認）
https://www.h2020-migrate.eu

MIGRATE（2018）MIGRATE - Massive Integration of Power Electronic Devices, Stakeholder Workshop.
https://www.h2020-migrate.eu/_Resources/Persistent/74052ce0f8d46313f0e08390066c07580ea0f020/MIGRATE _Stakeholder_Workshop.pdf

O'Sullivan, J.（2012）Maximizing Renewable Generation on the Power System of Ireland and Northern Ireland, Chapt. 27 in "WIND POWER IN POWER SYSTEMS, 2ND EDITION" ed. by T. Ackermann, Wiley.

日本語訳：T. アッカーマン編著（2013）『風力発電導入のための電力系統工学』第27章「アイルランドの電力系統における風力発電」オーム社。

Tamrakar, U. et al. （2017）Virtual Inertia: Current Trends and Future Directions, Applied Sciences, Vol. 7, No. 7, pp. 654-683.

Tuohy, A. et al. （2016）"Power System Operational Flexibility Assessment - Methods and Case Studies from US Power Systems", Proc. of *17 th Wind Integration Workshop*, WIW16-156

Unruh, P. et al.（2020）Overview on Grid-Forming Inverter Control Methods, *Energies*, Vol.13, No.10, 2589; doi.org/10.3390/en13102589

Van Nuffel, L. *et al.* （2018）Sector coupling: how can it be enhanced in the EU to foster grid stability and decarbonise?, Study requested by the ITRE committee, PE 626.091, Policy Department for Economic, Scientific and Quality of Life Policies, Directorate-General for Internal Policies.

Waffenschmidt, E. *et al.* （2016）Virtual inertia with PV inverters using DC-link capacitors, *18 th European Conference on Power Electronics and Applications*（EPE'16 ECCE Europe）

Wind Europe（2019）Wind energy in Europe in 2018 - Trends and statistics.

WWEA（2011）WWEA defines Community Power, World Wind Energy Association, May 23, 2011, https://wwindea.org/blog/2011/05/23/communitypowerdefinition/

第3章　東日本における2030年の電力需給バランス、再生可能エネルギー45%の検証

竹濱朝美・歌川学

1　目的と背景

　本章は、2030年の東日本地域において、電力部門に占める再生可能エネルギー電力の比率で45%を達成する可能性と電力需給バランスについて、考察する（以下、再生可能エネルギーを、再エネと略記する）。風力・太陽光を大量に連系する（電力網に接続・給電すること）場合、風力・太陽光出力による電力過剰の規模と対策を検討する必要がある。さらに、原子力発電（以下、原子力）や石炭火力発電（以下、石炭火力）の長期削減が供給不足に与える影響、地域間送電線の拡張や家庭用ヒートポンプ（ヒートポンプ式給湯器）、電気自動車（Electric Vehicles: EV、以下 EV）の充電が需給バランスに貢献する度合いを評価する必要がある。

　このような問題意識に基づいて、本章は、東日本に、風力・太陽光を大量連系した場合の2030年の電力需給バランスについて、(a) 原子力の稼働停止及び廃止と石炭火力の長期削減の影響、(b) 地域間送電線の容量拡張、(c) 炭素税課税、(d) デマンドレスポンス（Demand Response: 需要応答）として、家庭用ヒートポンプと EV の充電活用の効果を推計する。

2　日本の再エネ電力の現状と世界の再エネ目標

　図3-1は、各国の発電量の電源構成割合である。日本の電力部門は、総発電量の約80%を火力発電に依存しており、化石燃料の依存度が顕著に高い。日本の再エネ電力比率（対発電量比）は17%であるが、水力を除く再エネ電力の比率は、

図 3 - 1　主要各国の総発電量に占める電源種別割合 (2019年)

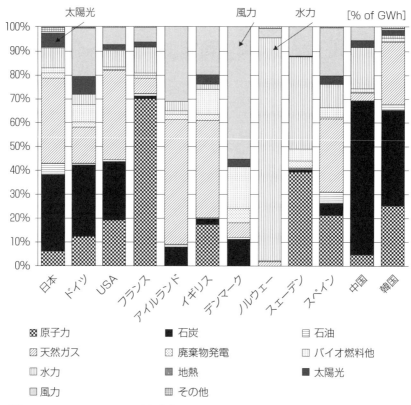

出所：IEA data, Electricity 2019より作成。

９％に過ぎない。とりわけ、風力発電の比率（対発電量比）はわずかに0.7％で、諸外国から大きく立ち遅れている。

　国際的動向を見るとパリ協定は、IPCC 報告書を受けて、人為的起源炭素排出量と地球システムの炭素吸収量のバランスを、今世紀後半に均衡させることを目指している[1]。気候変動対策として、EU は再エネの導入に積極的に取り組んでおり、2018年には EU27カ国で、再エネ電力比率（総発電量比）を32.9％まで高めた[2]。それでも EU の研究レポートよれば、最終エネルギー消費に対する再エ

1) UNFCCC, The Paris Agreement, Article 4, Para.1.（2015）
　https://unfccc.int/sites/default/files/english_paris_agreement.pdf

ネ比率で、2030年に30%を達成するには、電力部門は、総発電量に対する再エネ電力の比率を、2030年に54%にする必要があるという[3]。IEA のサステナブル開発シナリオ（sustainable development scenario）は、2030年に、再エネ電力の比率を総発電量に対して49%にする必要があるとしている[4]。

　再エネ電力比率の目標値をどの水準に設定するかは、試算条件により変化するが、パリ協定の目標や EU の状況を考慮すれば、原子力発電を非稼働にする場合、日本は、2030年頃には、再エネ電源で発電量の45%以上を賄う必要があるだろう。これら文献に基づき、本章は、電力部門の暫定目標として、2030年に再エネ電力比率を45%と設定している[5]。

3　2030年シナリオにおける再エネ導入目標

　2030年の再エネ電源の導入目標を、表3-1に示す。2030年までに、東日本に、風力44GW（北海道 4 GW、東北21GW、東京18GW）、太陽光43GW（北海道 3 GW、東北 9 GW、東京30GW）を導入する。導入目標は、再エネ電力比率45%を意図して、あえて挑戦的水準に設定しており、風力発電協会の2050年の中位目標値を、2030年に前倒しで導入するものとして設定している[6]。

---

2 ）EU（European Union）: EU energy in figures, Statistical pocketbook 2020.（2020）
　https://www.euneighbours.eu/sites/default/files/publications/2020-09/pocketbook_energy_2020_pdf-080920.pdf

3 ）Joint Research Centre（JRC）EU: Renewable technologies in the EU electricity sector: trends and projections: Analysis in the framework of the EU 2030 climate and energy strategy.（JRC science for policy report by the Joint Research Centre, EU）2017.
　https: //ec. europa. eu/jrc/en/publication/eur-scientific-and-technical-research-reports/renewable-technologies-eu-electricity-sector-trends-and-projections-analysis-framework-eu

4 ）IEA（2020）Renewable Power, IEA.
　IEA, Share of renewables in power generation in the Sustainable Development Scenario, 2000-2030.
　https://www.iea.org/reports/renewable-power
　https://www.iea.org/data-and-statistics/charts/share-of-renewables-in-power-generation-in-the-sustainable-development-scenario-2000-2030

5 ）再生可能エネルギー比率は、燃料を含めるか、電力のみを対象とするかで、目標数値が異なってくる。本章は、電力部門における再エネ電力の目標値として、45%を設定する。

表3-1　2030年の再エネ電源の導入目標

	需要2016[GW]		再エネ電源導入目標2030[GW]			
	最大需要	最小需要	太陽光	風力	電気自動車充電(EV)	ヒートポンプ
北海道	5	2	3.4	4.5	0.3	1.0
東北	14	6	9.7	21.3	0.7	2.3
東京	53	22	30.5	18.2	2.0	3.8
東日本エリア計	-	-	43.6	44.0	3.0	7.1

注：風力、太陽光の導入量は、風力発電協会の導入目標（中位）を2030年に前倒しで導入する想定とした。EV およびヒートポンプの導入目標は、EV 充電およびヒートポンプ加温稼働をそれぞれ8時間行う場合の1時間当たり平均負荷［GWh/h］を示す。例えば、東北管区では、EV 充電は、0.7GW × 8時間、ヒートポンプ加温は、2.3GW × 8時間という意味である。したがって、EV 充電およびヒートポンプ加温稼働の時間数が8時間より長くなる場合は、1時間当たりの負荷は、表3-1の数値より小さくなる。
出所：筆者作成。

　バイオマスと地熱発電の導入目標は、2016年の設備容量の1.2倍とし、ヒートポンプの導入目標は、2016年と同水準とした。EV は、2018年の各電力管区の乗用車保有台数の20％（営業用 / 貨物車両除く）が、2030年までに EV に移行すると想定した（本章では、EV は、蓄電池とモータで駆動する Battery Electric Vehicle のみ対象とする。ガソリン・エンジンを搭載するプラグイン・ハイブリッド（Plug-in Hybrid Electric Vehicle）は、ここでは、EV に含めない）。2018年の乗用車保有台数は、北海道281万台、東北670万台、関東1755万台である。試算には、2016年の各電力管区の発電機設備容量と電力需要の実績値を用いた。

4　風力・太陽光発電の出力変動と火力発電の技術的制約

　電力システムは、特殊な技術的制約を持つため、変動性再エネ（variable renewable energies: VRE）の出力変動と火力発電機の運用に関する技術的制約について、あらかじめ要約しておく。

6）斉藤哲夫・占部干由・荻本和彦（2017）「2050年に向けた日本のエネルギー需給検討：風力発電の導入量推定（その2）」エネルギー資源学会第36回エネルギー・資源学会研究発表会、8-2、165-168頁、2017.6.7-8

図3-2　風力・太陽光発電の出力変動と火力発電機の出力変化速度の関係

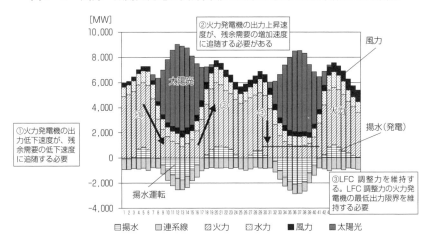

出所：著者作成。

（a）変動性再エネ電源と残余需要

　風力・太陽光は、気象状況によって、瞬間瞬間の出力（発電電力）が大きく変動する特性があり、**変動性再エネ電源**と呼ばれる。図3-2は、変動性再エネ電源の出力パターンと火力発電機の運用を示している。需要から再エネ出力を差し引いた残りの需要を、**残余需要**と呼ぶ。

　　　　残余需要＝電力需要−再エネ出力　　（単位は［MW］）

　再エネ出力と電力需要との差分（＝残余需要）は、火力、水力などの在来電源の供給力から充足する。送電会社（一般送配電事業者）[7]は、風力・太陽光の出力予測に基づいて、電力市場から在来電源の供給力を調達し、火力発電事業者は、火力発電機の出力を上昇・低下させて、必要な供給力を給電する。

7）2020年以降の発電送電分離により、電力供給網（送電網、配電網）の運用は、一般送配電事業者が担当している。一般送配電事業者は、北海道電力ネットワーク、東北電力ネットワーク、東京電力パワーグリッド、中部電力パワーグリッド、北陸電力送配電、関西電力送配電、中国電力ネットワーク、四国電力送配電、九州電力送配電、沖縄電力である。

(b) 火力発電機の出力上昇・低下速度、最低出力下限

　火力発電機（石炭、石油、天然ガス汽力、天然ガス・コンバインド・サイクルなど）には、燃料種類と発電技術に応じて、**出力上昇速度・低下速度**や、**最低出力下限**に技術的の制約がある。**出力上昇速度・低下速度**とは、一定の時間内に、発電機の出力を増加・減少できる適応力のことで、ガス・コンバインドサイクルは、**発電機定格出力**（フルパワーでの発電の大きさ）の１％〜５％／分、石炭火力は、１％〜３％／分の速度で出力増加できる。発電機の最低出力下限とは、火力発電機が安定的な出力を維持するのに必要な最低限の出力で、発電機定格出力（発電機の大きさ）に対して、概ね15％〜30％などの水準に、最低出力下限がある。

　風力・太陽光が電力網に連系する容量（連系容量）が増加すると、風力・太陽光発電の時間当たり出力変動規模（15分単位、30分単位、１時間単位などの出力増加・出力減少の規模［MW］）も大きくなる。このため、「風力・太陽光の出力変動の速度に、火力発電機の出力上昇／下降速度が追随できないリスク」が出てくる。これは、図３−２の①、②の時に該当する。特に、太陽光が大量に連系されると、夕方、太陽光出力が低下するタイミングと、夕方（おもに夕食の時間帯）の電力需要が急増するタイミングに、火力発電機の出力上昇速度が追随できるか、精査する必要がある。

(c) 風力・太陽光出力の予測誤差と LFC 調整力
発電即消費、同時同量の原則

　電力では、発電と消費が、瞬時に、同時に行われるという特性（＝**発電即消費**）があり、消費するその瞬間に、同量の電力が発電機から供給される必要がある。かつ、電力システムでは、需要と供給は、瞬間瞬間に同時同量でなければ、周波数を基準値（東日本は50Hz、西日本は60Hz）に維持することができない（**同時同量の原則**）。送電会社は、絶えず変動する需要と、絶えず変動する供給を同時同量に維持するために、特別な供給力として「調整力」を用いる[8)9)]。

---

8) 調整力には、GF（ガバナーフリー、数秒から数分程度の負荷変動に対応するもの）、LFC調整力（数分から十数分程度の変動に対応するもの）などがある。2030年の長期シナリオで考慮すべき調整力は、風力・太陽光の出力変動と予測誤差に対応する LFC 調整力となる。電力広域的運営推進機関（OCCTO）：第19回　需給調整市場検討小委員会、2020年９月、［GFおよびLFC運用の現状について］、［需給調整市場検討小委員会　用語集］。

LFC 調整力と予測誤差

　風力・太陽光の出力は絶えず変動している。風力・太陽光出力を、24時間前、6時間前、1時間前などに、予測することは可能であるが、予測しても、**リアルタイム出力**と**予測出力**の間には**予測誤差**が残る。このため、風力・太陽光を大量連系する場合、送電会社は、ガス火力や水力発電機の出力能力の一部を**LFC 調整力**（LFC: Load Frequency Control、負荷周波数制御用調整力）として供給力を予め取り分けておき、風力・太陽光出力の予測誤差を LFC 調整力で補てんする。LFC 調整力は、需要の予測誤差、風力・太陽光出力の予測誤差を、リアルタイムで補てんするために不可欠で、送電会社が周波数を維持するために用いる極めて重要な供給力である。

　風力・太陽光が大量連系されると、送電会社は、需要の予測誤差に加えて、風力・太陽光の予測誤差も補てんが必要になる。風力・太陽光の連系容量が多くなると、予測の誤差率が一定でも、誤差の規模は大きくなってしまう。太陽光出力の1時間前予測の誤差率が、定格出力に対して10％である場合、太陽光設備容量が1 GW（＝1,000MW）なら、誤差規模は±0.1GW であるが、太陽光が10GW 連系されれば、予測誤差の規模は±1 GW になってしまう。つまり、風力・太陽光の連系容量が増大すると、送電会社は、より多くの LFC 調整力を供給可能状態で、常に維持しなければならない。

（d）火力発電機の最低出力下限

　再エネ出力が多い時には、残余需要が減少するため、火力発電機は出力抑制が必要になる。再エネ出力が非常に多い時、一部の火力発電機は、出力抑制によって最低出力下限を維持できなくなり、稼働停止が必要になる（「**下げ代不足**」と呼ばれる）。しかし、風力・太陽光の予測誤差を補てんし、周波数を維持するために、LFC 調整力を担う火力発電機は停止させることができない。LFC 調整力用の火力発電機は、常に供給可能状態を維持する必要があり、（最低出力＋ LFC 調整力用出力）を確保する必要がある。送電会社は、LFC 調整力用発電機（主に、LNG 汽力、ガス・コンバインドサイクル、石油火力など）に対して、（最低出力下限＋ LFC 調整力分）を確保して発電を継続させながら、再エネ電力を給

9）電力広域的運営推進機関（OCCTO）：需給調整市場検討小委員会、第11回、2019年4月、［需給調整市場について］。

電する（前述、図3-2の③）。

　電力供給システムは、多数の同期発電機（大型の水力発電機や火力発電機など、同じ回転速度で回転する発電機のこと）と電力網が一体となって構成しているので、電力網の電気品質（周波数、電圧、位相など）を維持するために、残余需要を担う火力発電機の出力上昇／下降速度の条件、LFC調整力を担う火力発電機の最低出力下限などの制約条件を満たしつつ、風力・太陽光電力を給電する必要がある。

5　在来電源発電機の経済的運用法

　電力需給解析のために、在来電源発電機の起動停止・経済的運用（Unit Commitment with Economic Load Dispatching. 以下、**経済的運用法**と略す）の方法により、簡易なモデルを作成した。経済的運用法は、在来電源発電機の制約条件を満たしながら、燃料費最小化を計算する方法で、発電機の経済的運用に用いられる手法である[10)11)12)13)]。

（a）外生変数、目的関数
　表3-2に、需給解析モデルの電源種類と外生変数を示した。在来電源発電機は、燃料種類、発電技術、出力上昇・下降速度、最低出力下限、LFC調整力を担当するか否かの条件に応じて、22種類の電源グループに区分した。
　外生変数として、在来電源発電機の出力上昇・下降速度、発電機最大出力、最

10) 高尾康太・原祥太郎・桐山毅・橋本彰・金子祥三・泉聡志・酒井信介（2014）「電源構成モデルによる再生可能エネルギー大量導入時の電力需給運用評価」、日本機械学会論文集、Vol. 80、No.820、1-18頁、DOI: 10.1299/transjsme.2014tep0366

11) Kato, Takeyoshi, Kawai, K., Suzuoki, Y. (2013) 'Evaluation of Forecast Accuracy of Aggregated Photovoltaic Power Generation by Unit Commitment', IEEE Power & Energy Society General Meeting, 2013, DOI: 10.1109/PESMG.2013.6672455

12) R. Komiyama, Y. Fujii (2017) 'Assessment of post-Fukushima renewable energy policy in Japan's nation-wide power grid', *Energy Policy*, 101, pp.594-611.

13) 荻本和彦・岩船由美子・片岡和人・斉藤哲夫・東仁・福留潔・礒永彰・松岡綾子・山口容平・下田吉之・黒沢厚志・加藤悦史・松川洋（2017）「2050年に向けた日本のエネルギー需給検討：電力需給モデルによる分析（Ⅱ）」エネルギー・資源学会。第36回エネルギー・資源学会研究発表会、8-4、175-180頁、2017.6.7-8.

表 3 - 2　試算において考慮した条件、主な外生変数

発電機サブグループ	外生変数 (需要と供給)	外生変数 (発電機)
石炭 1、2、3	管区別電力需要	発電機定格出力
重油／原油 1、2、3	風力出力 (優先給電)	出力上昇速度, 出力低下速度
LNG1、2、3	太陽光発電出力 (優先給電)	発電機最大出力, 最低出力
ガス・コンバインドサイクル 1、2、3	バイオマス／地熱の出力 (優先給電)	揚水発電：揚水運転と発電の運転時間プログラム
独立発電事業者 1、2、3	流れ込み水力 (優先給電)	燃料費 (1 時間当たり)
原子力	太陽光発電出力予測 (1 時間前)	LFC 調整力の設備容量
揚水発電	風力出力予測 (1 時間前)	地域間送電線の運用容量
貯水池水力	ヒートポンプ保温稼働の負荷	
地域間連系線 (域外送電 1、2／域外受電 1、2)	電気自動車 (乗用車) の充電負荷	

出所：筆者作成。

低出力、LFC 調整力の設備容量および配分量、ヒートポンプ設備容量、電気自動車 EV（乗用車のみ）の台数、揚水発電の設備容量、揚水発電機の揚水運転と発電の運転時間スケジュールなどを考慮した。

　需給解析モデルの目的関数は、燃料費の最小化である。簡易計算にするため、燃料費の安い電源から順に投入し、1 時間ごとの燃料費を最小化するように計算した。解析には、Matlab の optimization tool box の線形計画法を使用し、燃料費は経産省データを参照した[14)15)]。電力需要、風力出力、太陽光出力は、各管区の2016年の実績 1 時間値を使用した。

（b）モデルの制約条件

　需給解析では、次の制約条件を考慮した[16)17)]。①在来電源発電機は、出力上

14）経済産業省、発電コスト検証ワーキンググループ（2015）「各電源の諸元一覧」
　　http://www.enecho.meti.go.jp/committee/council/basic_policy_subcommittee/mitoshi/cost_
　　wg/pdf/cost_wg_03.pdf
15）経済産業省、発電コスト検証ワーキンググループ（2015）「長期エネルギー需給見通し小委員会に対する発電コスト等の検証に関する報告」
　　http://www.enecho.meti.go.jp/committee/council/basic_policy_subcommittee/mitoshi/cost_
　　wg/pdf/cost_wg_02.pdf

限・下限を守って運転する。発電機の1時間ランプ変動（出力上昇／下降幅）は、電源グループの出力変化速度の制限内で運転する。火力発電機の出力上昇・下降速度、最低出力下限は、総合資源エネルギー調査会に提示されたデータを参照した[18]。②火力発電機は、燃料費の安価な電源から順に投入する[19]。③LFC調整力には、各電源グループの5％以上を配分した[20]。石炭火力はLFC調整力には使用しない。④電力需要の予測誤差はゼロと仮定し、LFC調整力は、風力出力と太陽光出力の予測誤差のみを補てんする。⑤LFC調整力は、地域間連系線運用容量の10％を上限に、域外からも融通させる。ただしLFC調整力は、1時間値MWhのみを考慮する簡易計算である。⑥風力・太陽光の出力予測は、気象庁アメダスの風速と日射1時間値から、簡易予測を作成した。

（c）揚水発電、EV充電、ヒートポンプの時間プログラム

図3-3は、揚水発電と家庭用電気式給湯器（ヒートポンプと電気温水器）の加温稼働、電気自動車EVの充電の時間プログラムである。揚水発電は、太陽光出力を考慮して、昼間に揚水運転、夕方から夜間に水力発電を行う。太陽光出力による電力過剰に対応できるように、昼間に、ヒートポンプを加温稼働させ、

16) 竹濱朝美・歌川学・斎藤哲夫（2019）「東日本における電力需給の簡易解析、風力大量導入と2030年の再生可能エネルギー電力比率45％の検証」第41回風力エネルギー利用シンポジウム、245-248頁。

17) 竹濱朝美・歌川学・斎藤哲夫（2018）「西日本における2030年の風力／太陽光発電導入と電力需給バランス、地域間送電と柔軟な需給運用の効果」第40回風力エネルギー利用シンポジウム、219-222頁。

18) 総合資源エネルギー調査会、省エネルギー・新エネルギー分科会、新エネルギー小委員会系統ワーキンググループ（第12回）、（2017）電力各社の説明資料。2017年10月17日。
http://www.meti.go.jp/committee/sougouenergy/shoene_shinene/shin_ene/keitou_wg/012_haifu.html
総合資源エネルギー調査会基本政策分科会、電力需給検証小委員会（第14回）（2016）、各電力会社提出資料（報告徴収資料）、2016年4月8日。

19) 経済産業省、発電コスト検証ワーキンググループ（第8回）（2015）「長期エネルギー需給見通し小委員会に関する発電コスト等の検証に関する報告、参考資料」。2015年5月26日。
http://www.enecho.meti.go.jp/committee/council/basic_policy_subcommittee/mitoshi/cost_wg/pdf/cost_wg_02.pdf

20) Kato, Takeyoshi, Kawai, K., Suzuoki, Y. (2013) 'Evaluation of Forecast Accuracy of Aggregated Photovoltaic Power Generation by Unit Commitment', 2013 IEEE Power & Energy Society General Meeting, DOI: 10.1109/PESMG. 2013.6672455.

図3-3　太陽光出力に応じた揚水運転モードと従来型の揚水運転モードの一例

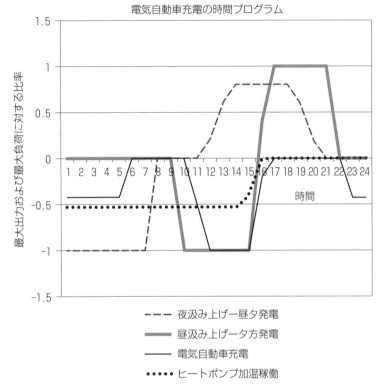

揚水発電、ヒートポンプ加温、
電気自動車充電の時間プログラム

- - - - 夜汲み上げ－昼夕発電
━━━ 昼汲み上げ－夕方発電
──── 電気自動車充電
●●●● ヒートポンプ加温稼働

注：従来型揚水運転（夜汲み上げ－昼夕発電）、太陽光出力に応じた運転（昼汲み上げ
　－夕方発電）
出所：著者作成。

EV も、昼間に充電を行うと想定した。

6　2030年シナリオの想定条件

（a）再エネ電力の最優先給電

　2030年シナリオの想定は、次のとおりである。①省エネ対策効果と人口減少を
考慮して、各電力管区の電力需要が2016年から15%減少すると想定した。②原子

表3-3　OCCTOの連系線運用容量の計画値、今回試算の連系線拡張ケースの比較

向き			[MW]			[MW]
			2019年	2021年、OCCTO計画値	2028年、OCCTO計画値	連系線拡張ケースの想定
北海道	→	東北	900	900	900	1,800
東北	→	東京	5,200	5,500	10,280	10,280
東京	←→	中部	1,200	2,100	3,000	3,000

出所：OCCTOの計画値については、電力広域的運営推進機関、第6回運用容量検討会（2019）、「2019～2028年度の連系線の運用容量（年間計画・長期計画）」、2019年2月15日。

力発電は、稼働停止、ゼロ稼働を想定する。③石炭火力の稼働設備容量を出来る限り削減し、必要に応じて稼働停止させる。④再エネ電力は、原子力を含む他の全ての電源よりも最優先で給電する。

　⑤LFC調整力を、地域間送電線の運用容量の10％以内を目安に、地域間融通させる。⑥再エネ電力は、地域間連系線の運用容量の90％を上限として、最優先で広域送電する。再エネ電力とLFC調整力を合わせると、地域間連系線の運用容量の100％を使用するものとした[21][22]。⑦地域間連系線の運用容量を拡張する場合を試算する。［連系線容量拡張有り］ケースは、運用容量を、北海道→東北で1,800MW、東北→東京で10,280MW、東京→中部で3,000MWで試算した。表3-3に、電力広域的運営推進機関（以下、OCCTO）の長期計画値と、［連系線容量拡張有り］ケースの運用容量を対比した[23]。［連系線容量拡張有り］ケースでは、北海道→東北向きの運用容量を、OCCTOの計画値から倍増させる。

　⑧炭素税価格は、二酸化炭素1トンあたり11,000円とした。これは、石炭火力に対して、LNG汽力の（燃料費＋炭素税）が逆転する水準である。

21）安田陽（2018）『世界の再生可能エネルギーと電力システム、電力システム編』インプレスR&D。

22）安田陽（2018）『送電線は行列のできるガラガラのソバ屋さん？』インプレスR&D、2018年。

23）電力広域的運営推進機関（OCCTO）、第6回運用容量検討会（2019）「2019～2028年度の連系線の運用容量（年間計画・長期計画）」
http://www.occto.or.jp/iinkai/unyouyouryou/2018/files/2018_6_1_2_unyouyouryou.pdf

(b) 再エネ電力を地域間連系線にも、優先送電

　本章の2030年シナリオでは、「風力・太陽光出力を、原子力よりも最優先で、地域間送電線に優先送電する」、「LFC 調整力を地域間融通する」という想定条件を採用しており、OCCTO の現行規則「間接オークション」方式とは、大きく異なる条件で試算している点に留意されたい。OCCTO の連系線運用ルールは、2018年10月より、「間接オークション方式」となり、連系線の運用容量の全量（ただし、運用容量からマージンを除いた量であるので、前述の表 3 - 3 に示した OCCTO の2019年運用容量よりは、小さい量である）の利用を、卸電力市場の前日スポット取引の価格競争で決定する方式になった[24]。

　しかし、OCCTO の新ルール（間接オークション）は、連系線の利用に関して価格競争によって決定し、「入札価格順に利用させる」と規定したに過ぎない。新ルール「間接オークション」のもとでも、連系線利用について、再エネ電力には、化石燃料電力に対して、優先権を与えられていない。現在の日本では、再エネ電力は、多くの場合、平均発電費用において、石炭電力よりも費用が高い。このため、入札価格に応じて連系線利用容量を決定しても、再エネ電力は、連系線の利用において、大型火力に対して不利になる。

　多くの場合、再エネ電力は、近年に運転開始しているため、平均発電費用において、石炭電力よりも価格が高くなる。例えば、風力やバイオマス発電は、入札価格において、石炭電力など大型火力電力よりも、劣位になる可能性が高い[25]。

(c) ケース区分

　A［連系線拡張無し＆炭素税無し］と、B［連系線拡張有り＆炭素税有り］の

24）電力広域的運営推進機関（OCCTO）「電力需給及び電力系統に関する概況、2019年度の実績」2020年 8 月.
　　https://www.occto.or.jp/houkokusho/2020/files/denryokujyukyuu_2019_200805.pdf
25）2018年10月に「間接オークション」ルールが開始したが、長期固定電源の多くは、旧制度について［10年間の経過措置］を享受しており、10年間は、［長期固定電源の優先、先着優先］で連系線を優先的に利用できる。「当該検討を開始時に長期連系線利用計画の登録を行っていた事業者については、検討開始時点から10年間の経過措置期間を設けている。」
　　（資源エネルギー庁、再生可能エネルギー大量導入・次世代電力ネットワーク小委員会、第19回資料、「電力ネットワークの次世代化」34頁、「地域間連系線におけるメリットオーダーに基づくルール」2020年 8 月31日.）
　　https://www.meti.go.jp/shingikai/enecho/denryoku_gas/saisei_kano/pdf/019_02_00.pdf

２つのケースについて、比較する。［連系線拡張有り＆炭素税有り］ケースは、地域間連系線の運用容量を拡張し、かつ、炭素税を実施するケースである。風力・太陽光電力は、季節により、出力パターンに偏差があるため、電力管区ごと、１カ月ごとに需給解析する。ここでは、需要の少ない10月（軽負荷期）の需給について要約する。

7　北海道管区の需給バランス

（a）需給バランス図の見方

10月（軽負荷期）について、需給結果を示す。図3-4は、北海道管区の10月前半の［連系線拡張無し＆炭素税無し］ケース、図3-5は、［連系線拡張有り＆炭素税有り］ケースの需給である。

図3-4および図3-5について、図の見方を説明しておく。

［太陽光出力］、および、［風力出力］は、出力抑制を実施しない場合の推定出力である。［ヒートポンプ＋EV］のマイナス値は、ヒートポンプ加温稼働とEV充電（電力消費）の合算の負荷を示す。［電力過剰］のマイナス値は、電力過剰を示す。［電力過剰］のマイナス値は、風力または太陽光出力に対する出力抑制の必要量を意味する。［連系線域外送電］のマイナス値は、連系線から域外送電したことを示す。［揚水運転］のマイナス値は、揚水発電の揚水運転（負荷）を示す。グラフは、発電電力（供給）を積み上げ面グラフのプラス値で示す。電力需要を折れ線グラフで示す。東北管区の図3-8、図3-9、東京管区の図3-12、図3-13も、同様である。

図3-6は、北海道管区、10月の［連系線拡張無し＆炭素税無し］ケースの東北向け送電（並び替え）である。図3-7は、同じく、［連系線拡張有り＆炭素税有り］ケースの東北向け送電である。表3-4は、北海道管区の需給にかかる主要指標の要約である。

（b）需給結果

2030年の北海道管区の状況は、最低需要が約2GWのところに、風力4.5GW、太陽光3.4GWを導入し、［連系線拡張有り＆炭素税有り］ケースでは、北海道→東北向けの連系線運用容量を、900MW（現行）から1,800MWに拡張している。

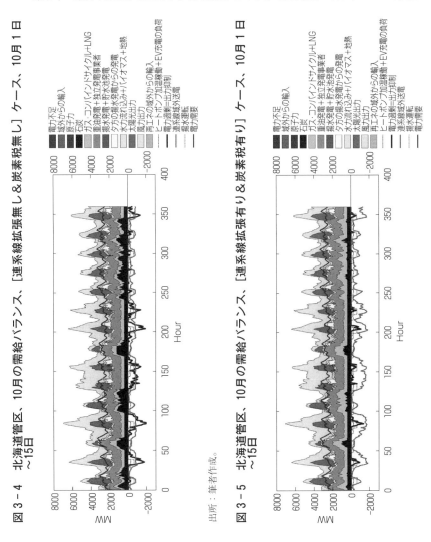

図 3 - 4　北海道管区、10月の需給バランス、[連系線拡張無し＆炭素税無し]ケース、10月1日～15日

出所：筆者作成。

図 3 - 5　北海道管区、10月の需給バランス、[連系線拡張有り＆炭素税有り]ケース、10月1日～15日

出所：筆者作成。

　①［連系線拡張無し］の場合、10月には、2 GW 規模で電力過剰が発生する。北海道→東北向き連系線は、送電容量限界が頻発する（図3-6）。これに対して、［連系線拡張有り］の場合、東北向け送電が増加し、電力過剰を半分近く削減できた。連系線の容量限界に起因した再エネ電力の出力抑制を、大幅に削減できる（図3-5）。風力・太陽光電力の出力抑制比率（変動性再エネ発電量にたいする

図3-6 北海道管区、10月の北海道→東北向け域外送電量（並び替え）、［連系線拡張無し＆炭素税無し］のケース

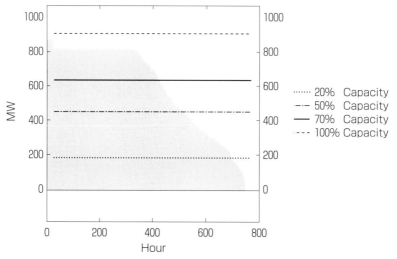

図3-7 北海道管区、10月の北海道→東北向け域外送電量（並び替え）、［連系線拡張有り＆炭素税有り］のケース

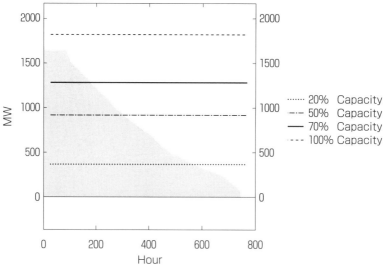

表3-4　北海道管区、10月の需給結果の要約

北海道、10月の需給結果	連系線拡張無し&炭素税無しのケース	連系線拡張有り&炭素税有りのケース
石炭発電比率（発電量比）[% of MWh]	14.9%	10.5%
CO_2排出量　[CO_2_kg/kWh]	0.320	0.288
出力抑制率（変動性再エネ発電量比）[% of MWh]	13.2%	2.4%
燃料費　[¥/kWh]	4.187	4.009
燃料費および炭素税　[¥/kWh]	4.187	6.962
燃料費、火力発電平均　[¥/kWh]	8.439	8.525
燃料費+炭素税、火力発電平均　[¥/kWh]	8.439	14.803
再エネ域外送電率（管区発電量比）[% of MWh]	15.1%	19.5%
再エネ電力比率、[再エネ給電量／管区発電量]、出力抑制分控除、[% of MWh]	43.6%	51.8%
再エネ電力比率　[再エネ給電量／管区需要]、出力抑制分控除、[% of MWh]	62.5%	78.4%

注：再エネ電力比率の算定は、以下の方法による（以下、表3-5、表3-6も同様）
再エネ給電量＝（再エネ発電量－再エネ出力抑制量＋再エネ輸入量）
再エネ電力比率（管区発電量比）＝再エネ給電量／管区発電量
　　　　　　　＝（再エネ発電量－再エネ出力抑制量＋再エネ輸入量）／管区発電量
再エネ電力比率（管区需要比）＝再エネ給電量／管区需要
　　　　　　　＝（再エネ発電量－再エネ出力抑制量＋再エネ輸入量）／管区需要
出所：筆者作成。

比率）は、13%から2%に、明瞭に縮小した（表3-4）。

②10月には、太陽光と風力の合計で十分な量の再エネ出力があるため、原子力稼働ゼロでも、試算では、供給不足は発生しなかった。電力不足が発生するリスクは非常に低いと言える。

③[連系線拡張有り&炭素税有り]ケースでは、炭素税導入によって、石炭火力は、10月のほとんどの時間で、最低出力状態に抑制できる（図3-5）。この結果、石炭火力比率（対、総発電量比）を15%から10%に削減できた（表3-4）。

④表3-4の下部に、再エネ電力比率を要約した。再エネ電力比率は、風力・太陽光の推定出力から、出力抑制分を控除して、**再エネ給電量**（電力網に給電された再エネ電力量）で算定した（表3-4の注を参照のこと）。再エネ電力比率は、[連系線拡張有り&炭素税有り]ケースでは、発電量比で51%、需要比では78%にまで達した。軽負荷期には、再エネ目標を達成できることがわかった。

8　東北管区の需給バランス

　東北管区の2030年の概況は、最低需要が5.5GW〜6 GW のところに、風力21GW、太陽光9 GW を大量導入する。[連系線拡張有り＆炭素税有り] ケースでは、東北→東京向け連系線容量を、10GW に拡張している。

　図3-8 は、10月前半の需給バランスの [連系線拡張無し＆炭素税無し] ケースである。図3-9 は、[連系線拡張有り＆炭素税有り] ケースの需給バランスである。

　図3-10は、10月の東北→東京向けの連系線送電量（並び替え）、[連系線拡張無し＆炭素税無し] ケースである。図3-11は、[連系線拡張有り＆炭素税有り] ケースの送電量（並び替え）である。表3-5 は、東北管区の10月の需給結果を要約した。

　①10月には、低需要と風力と太陽光の両方の出力によって、大規模な電力過剰が発生する。しかし、東北→東京向け連系線容量を5 GW から10GW に拡張すると、電力過剰を有効に削減できる。したがって、再エネの出力抑制量を顕著に削減できる。[連系線拡張有り＆炭素税有り] ケースでは、電力過剰の最大規模は、10GW から6 GW に減少し、連系線の送電容量上限に達する時間数が半減した。この結果、再エネ電力の出力抑制比率（対変動性再エネ発電量比）は、18％から5 ％に、飛躍的に改善した。

　つまり、東北－東京の連系線容量を、OCCTO の長期計画どおりに拡張することは、東北管区の再エネの出力抑制の削減にとっても、再エネ目標達成にとっても、極めて重要だということである。

　② [連系線拡張有り＆炭素税有り] ケースでは、炭素税賦課により、石炭火力比率（発電量比）が15％から8 ％に半減した。炭素税を実施すると、10月のほとんどの時間で、石炭火力出力を最低出力の状態に抑制できる。

　③東京向け連系線を拡張すると、再エネ出力抑制量を顕著に削減できるのは、東京向け送電量が拡大し、再エネ給電量が拡大するためである。これに対して、**東京向け連系線拡張がない場合、炭素税を実施しても、再エネ電力比率はほとんど上昇しない。**炭素税は、ガス・コンバインドサイクルや、LNG 汽力と石炭火力との投入順序を逆転させて、石炭火力発電量を抑制する。この点で、建設済の

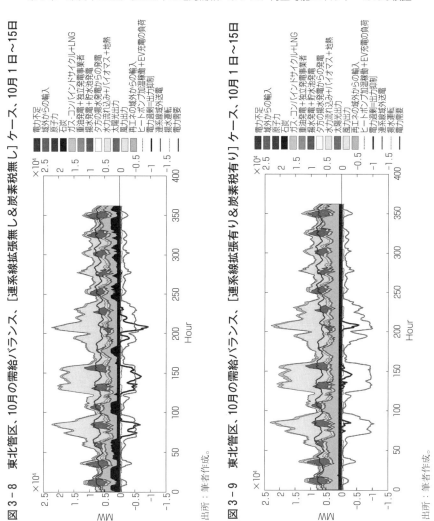

火力発電からの電力については、炭素税は、二酸化炭素排出量を削減するには効果がある（火力発電の中の投入順位を変える）が、再エネ電力の出力抑制量の削減には大きな影響を与えない。このため、炭素税だけでは、再エネ比率は僅かしか上昇しない。この点に注意が必要である。

　④表3-5の下部に、再エネ電力比率を要約した。**再エネ給電量**（再エネ出力

図 3 -10　東北管区、10月の東北→東京向け送電量（並び替え）、［連系線拡張無し＆炭素税無し］のケース

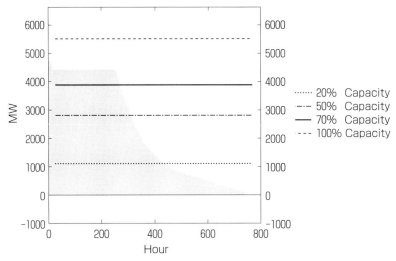

図 3 -11　東北管区、10月の東北→東京向け送電量（並び替え）、［連系線拡張有り＆炭素税有り］ケース

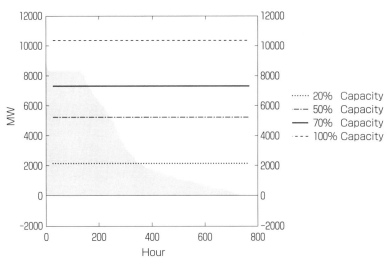

表３-５　東北管区、10月の需給結果の要約

東北、10月の需給結果	連系線拡張無し＆炭素税無しのケース	連系線拡張有り＆炭素税有りのケース
石炭発電比率（発電量比）[% of MWh]	15.9%	8.6%
CO_2排出量　[CO_2_kg/kWh]	0.232	0.186
出力抑制率（変動性再エネ発電量比）[% of MWh]	18.1%	4.8%
燃料費　[¥/kWh]	2.396	2.248
燃料費および炭素税　[¥/kWh]	2.396	4.112
燃料費、火力発電平均　[¥/kWh]	5.947	6.068
燃料費＋炭素税、火力発電平均　[¥/kWh]	5.947	11.104
再エネ域外送電率（管区発電量比）[% of MWh]	23.2%	30.9%
再エネ電力比率、[再エネ給電量／管区発電量] 出力抑制分控除、[% of MWh]	53.9%	67.2%
再エネ電力比率　[再エネ給電量／管区需要] 出力抑制分控除、[% of MWh]	77.9%	105.2%

出所：筆者作成。

抑制分を控除、北海道からの再エネ輸入分を算入した量。管区電力網に入った再エネ電力量）で算定すると、10月の再エネ電力比率は、［**連系線拡張有り＆炭素税有り**］ケースで、管区発電量比で67％、管区需要比では、100％以上を達成した。

　⑤図３-９に示す通り、EV の充電需要（１時間あたり0.7GW × 8 時間を想定）は、電力過剰の規模（最大６GW、連系線拡張有りケース）と比較して、かなり小さなものである。このため、電力過剰の吸収対策としては、EV の充電効果は、限定的なものである。電力過剰の対策としては、第１に、東京向け連系線拡張を確実に実現することが、最重要である。第２に、EV の導入台数の大幅引き上げが必要である。EV を乗用車保有台数の30％に拡大させ、かつ、バス／タクシーも EV に転換することが必要である。

9　東京管区の需給バランス

　東京管区の10月の需給を示す。図３-12は、10月前半の［連系線拡張無し＆炭素税無し］ケース、図３-13は、［連系線拡張有り＆炭素税有り］ケースの需給結果である。表３-６は、東京管区、10月の需給結果の要約である。2030年の想定は、東京管区では最低需要が21GW のところに、風力18GW、太陽光30GW を導

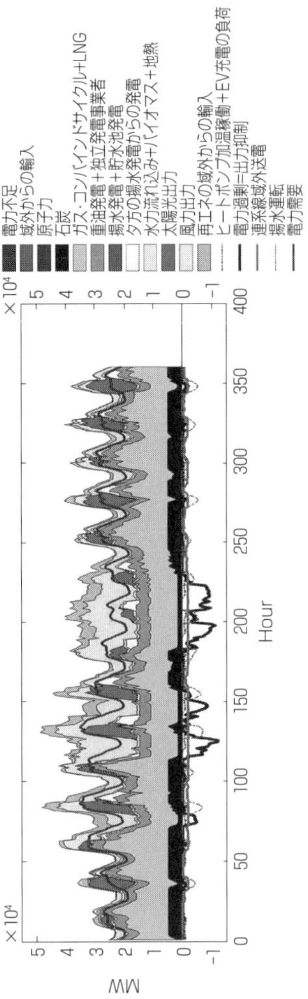

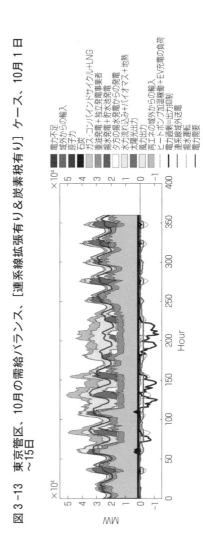

図 3-12　東京管区、10月の需給バランス、[連系線拡張無し＆炭素税無し] ケース、10月1日～15日

出所：筆者作成。

図 3-13　東京管区、10月の需給バランス、[連系線拡張有り＆炭素税有り] ケース、10月1日～15日

出所：筆者作成。

入する。[連系線拡張有り＆炭素税有り] ケースでは、東京→中部向け連系線容量を、2.1GW から 3 GW に拡張する場合を解析している。

　①2030年の再エネ目標量を導入すると、東京管区でも、大きな電力過剰が発生するようになり、原子力稼働停止でも電力不足は発生しなかった。電力不足のリスクは、極めて小さい。

　②電力過剰の規模は、連系線拡張無しの場合で11GW となり、連系線を拡張し

表3-6　東京管区、10月の需給結果の要約

東京、10月の需給結果	連系線拡張無し&炭素税無しのケース	連系線拡張有り&炭素税有りのケース
石炭発電比率（発電量比）[% of MWh]	12.5%	5.6%
CO_2排出量　[CO_2_kg/kWh]	0.365	0.340
出力抑制率（対変動性再エネ発電量比）[% of MWh]	16.2%	21.2%
燃料費　[¥/kWh]	6.630	6.856
燃料費および炭素税　[¥/kWh]	6.630	10.330
燃料費、火力発電平均　[¥/kWh]	9.518	9.695
燃料費+炭素税、火力発電平均　[¥/kWh]	9.518	14.606
再エネ域外送電率（対管区発電量比）[% of MWh]	5.3%	7.0%
再エネ電力比率、　[再エネ給電量/管区発電量]出力抑制分控除、[% of MWh]	32.8%	33.7%
再エネ電力比率　[再エネ給電量/管区需要]出力抑制分控除、[% of MWh]	37.5%	37.9%

出所：筆者作成。

ても、12GW であった。東京管区では、連系線拡張を行っても、電力過剰は縮小しなかった。出力抑制率も、連系線拡張無しの場合で16％、連系線拡張有りの場合でも、21％となった（表3-6）。

　③大規模な出力抑制が発生する理由は、連系線拡張有りケースでは、東北→東京向け連系線容量が10GW であるのに、東京→中部向け連系線容量はわずか3GW であるため、東北から大量の受電が生じるにもかかわらず、東京→中部向け送電が制約されるため、東京管区は、深刻な輸入超過に陥るためである。

　この結果、再エネ電力比率（管区発電量比）は、連系線拡張なしの場合で、32％、連系線拡張有りの場合でも、33％であった（表3-6）。連系線を拡張しても、再エネ電力比率は東京では改善しなかった。

　④つまり、東京管区の再エネ電力比率を引き上げるには、再エネの出力抑制を低減させることが必要であり、電力過剰の削減が不可欠であることがわかる。そのためには、第1に、余剰電力を中部電力管区向けに送電できるように、東京→中部向け連系線の大幅な容量拡張が必要である。第2に、中部と東京の両方のエリアでは、太陽光電力について、昼間、同じ時刻に、電力過剰が生じる可能性がある。この場合は、東京-中部の連系線を活用できないため、東京管区において、需要創造のデマンドレスポンスや、蓄電池など、電力貯蔵技術の活用が必要であ

る。例えば、電力過剰に対応するため、EV充電の拡大やビルの冷暖房などでの需要管理に加えて、蓄電池など、電力貯蔵の大規模導入が必要になろう。

⑤10月の東京管区の再エネ電力比率は、管区発電量比で32～33％、管区需要比で、37％にとどまった。再エネ電力目標の達成のためには、軽負荷期の電力過剰対策を行う必要がある（表3-6）。

⑥東京管区の発電機構成では、炭素税は、二酸化炭素1トンあたり11,000円水準でなければ、（燃料費＋炭素税）の合計費用で見て、LNG汽力が、石炭火力に対して、価格競争力を持たない。このため、炭素税がこの価格以下の場合、東京管区では、石炭火力を抑制する効果が得られない。

10 東日本広域系統のまとめ

10.1 東日本広域系統の再エネ電力比率

①表3-7は、東日本3管区を広域系統として、10月の再エネ電力比率を示した。再エネ電力比率は、［系統拡張有り＆炭素税有り］ケースでは、発電量比で44.4％、需要比では55％となった。再エネ電力目標を、ほぼ達成できたと言えるだろう。ただし、これは10月軽負荷期の結果であるので、重負荷期（冬期1月、2月、夏期7月、8月）に、どの程度の再エネ電力比率を達成できるか、今後、重負荷期を含む1年間の分析を行う必要がある。

②東日本の広域系統全体としては、再エネ電力比率は、需要比でみると、連系線拡張無しの場合47.9％、拡張有りの場合55％となった。連系線拡張により、再エネ電力比率を引き上げることはできた。ただし、飛躍的な引き上げにはなって

表3-7　東日本3管区広域系統の再エネ電力比率

東日本3管区広域エリア，10月	連系線拡張無し＆炭素税無しのケース	連系線拡張有り＆炭素税有りのケース
再エネ電力比率（発電量比）（出力抑制控除）［% of MWh］	38.9%	44.4%
再エネ電力比率（需要比）（出力抑制控除）［% of MWh］	47.9%	55.0%

出所：筆者作成。

いない。その理由は、東京→中部の連系線容量の限界によって、東京管区で、大規模な再エネ出力抑制が生じるためである。東京で大規模な出力抑制が生じると、せっかく、北海道および東北で連系線拡張して、再エネ電力の広域送電した効果を、打ち消してしまうからである。

　東日本広域での再エネ比率を引き上げるには、東京管区の再エネ出力抑制を削減することが不可欠であり、そのためには、第1に、東京→中部向けの連系線容量を大幅に拡張する必要がある。中部管区に送電できる時には、東日本の過剰電力を、中部管区に送電できるようにする必要がある。第2に、東京と東北には、電力過剰を吸収させるため、蓄電池等、電力貯蔵技術を大量導入する必要がある。

10.2　連系線拡張すれば、北海道、東北でも、再エネ発電の事業性が改善する

　図3-14は、10月について［連系線拡張有り］と［連系線拡張無し］の場合を

図3-14　東日本地域の再エネ電力比率、連系線拡張ありの場合と拡張なしの場合の比較、10月、まとめ

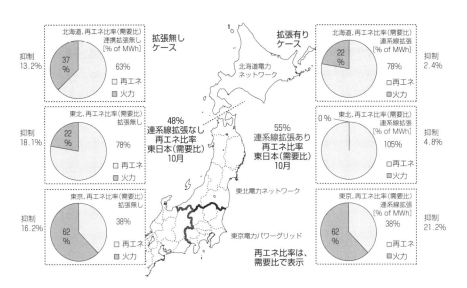

出所：筆者作成。
注：再エネ比率は、北海道、東北、東京の各区域、および東日本エリア全体のいずれも需要比で示す。
図中の数値は、表3-4、表3-5、表3-6から要約している。

比較して、北海道、東北、東京の再エネ比率（需要比）の地域的違いを要約した。連系線拡張を行うと、特に、北海道、東北管区で、再エネ比率が大きく向上することがわかる。連系線容量を拡張することは、北海道、東北管区の再エネ発電の事業収益性にとって、非常に重要な意味をもつ。北海道→東北向き、東北→東京向きの連系線の容量拡張をすることで、初めて、北海道および東北地域における再エネ発電事業の可能性が開くからである。

　連系線拡張が無い場合、北海道と東北管区では、再エネの出力抑制が大量発生する（出力抑制：北海道13%、東北18%）。それは、再エネ発電事業にとって、北海道と東北の投資魅力性を乏しくし、発電事業の収益性を困難にする。連系線拡張が無い場合は、需要の大きい東京管内だけが再エネ発電の事業性が成立し、風力資源の豊富な北海道と東北では、事業性が困難になる。

　これに対して、北海道→東北、東北→東京の連系線を拡張すれば、北海道と東北の再エネ出力抑制を大幅に低減できる（出力抑制：北海道13%→2.4%、東北18%→4.8%）。人口の少ないこれらの地域で、再エネ発電の事業可能性を広げることができる。連系線拡張は、東日本の中の再エネ発電事業の地理的分布を変え、地方／周辺地域に、再エネ発電の事業性を与えるのである。

10.3　EV の充電効果

　前述の表3−1に示したとおり、2030年の各管区における EV の導入規模は、再エネ電源の導入規模に比べて、相対的に小さいため、過剰電力の吸収対策としては、EV の充電効果は、限定的なものである。充電効果をさらに拡大するために、EV の台数を増加させる必要がある。人口の大きい東京管区では、乗用車に加えて、バス、トラック、商用車の EV 拡大が必要であろう。

第4章　再生可能エネルギーの費用と便益

第4章

木村啓二

　2010年以降、世界的に再生可能エネルギー（以下、再エネ）の普及が加速化しており、また、それに伴いコストの低減も急速に進んできた。それにより、再エネの普及費用よりも便益が上回ることが明らかになってきている。こうした再エネの進展により、脱炭素化を目指すエネルギー転換もいっそう現実味も増している。本章では、その動向と背景について概説するとともに、日本におけるコスト動向についても述べる。

1　急速に普及する再生可能エネルギー

　世界的に再エネは急速に普及しており、それに伴い劇的なコスト低減が実現している。それにより、世界のいくつかの地域ではエネルギー転換の動きが加速している。世界では、21世紀に入ってから、再エネの発電設備へ巨額の投資が行われ続けている。IEA（2020）によれば、2010年以降2019年まで毎年約3000億ドル（2019米ドル価値ベース）が再エネに投資されている[1]。とりわけその多くが太陽光発電と風力発電の建設に向けられている。これに対して、火力発電への投資は2010年以降減り続けており、2019年には1000億ドル強にまで低下している。

　再エネへの投資増加の結果、発電設備は急速に増えてきた（**図4-1**）。2000年時点の太陽光発電の設備容量は世界全体でも65万kW、風力発電は1730万kWであった。その後、太陽光、風力発電の発電設備の容量は急速に増え、2019年末には太陽光発電が約5.8億kW、風力発電は6.2億kW に達した（BP, 2020）。

　再エネの発電設備の増加により、再エネの発電電力量も急速に増加している

1）コロナ・パンデミックにも関わらず、2020年の再エネへの資本投資額は、2019年に比べて7％増大した（IEA, 2021）。

図4-1 世界の太陽光発電および風力発電の設備容量の推移

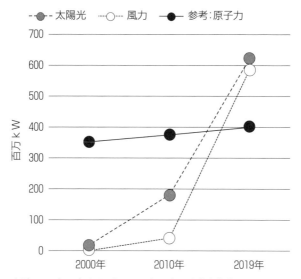

出所：BP（2020）およびIAEA（2020）より筆者作成。

図4-2 世界の再エネの発電電力量（2010年と2018年）

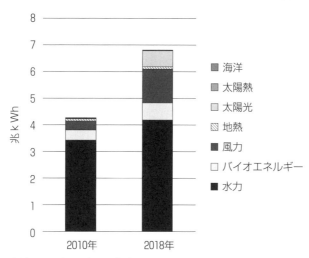

出所：IEA（2019b）より作成。

（図4-2）。2010年における世界の再エネの発電電力量は4.26兆kWhであったのが、2018年には6.80兆kWhに増えた。この発電電力量の増分は、2.54兆kWhであり、同期間における他の化石燃料電源の増加量を超えた。

2　急落する再エネのコスト

2.1　2019年時点の発電コスト

　再エネの普及に伴って、いくつかの電源において、急激な発電コストの下落がみられる（図4-3）。IRENA（2020）によれば、太陽光発電の発電コスト（加重平均値）は、2010年に37.8米セント/kWh（41.2円/kWh）から2019年には6.8米セント/kWh（7.4円/kWh）と、9年で8割超のコスト低減を実現した。陸上風力発電の発電コストは、2010年に8.6米セント/kWh（9.4/kWh）から2019年には5.3米セント/kWh（5.8円/kWh）にまで下落した。ただ、発電コストは、地域によって差がある。世界最大の風力発電市場である中国における陸上風力の発電コストは2019年の加重平均値で4.6米セント/kWhと主要市場の中でもっとも安い。インド、ブラジルでも4米セント/kWh代である。北米は5.1米セント/kWh、欧州は6.7米セント/kWhとやや高い水準である。これに対してインドおよび中国を除くアジア地域（日本、韓国、東南アジア等）は9.9米セント/kWhと世界的にも高コストとなっている。2015年以降、本格的な普及がはじまった洋上風力発電の発電コストは、2010年に16.1米セント/kWhから2019年には11.5米セント/kWhとなっており、特に2015年以降急速に下落し始めている。

　今後もさらなる発電コストの低下が見込まれる。実際に、各国で行われている電力入札データから2020〜22年運転開始する設備の落札価格の平均値が得られている（以下、IRENA（2020）を参照）[2]。太陽光発電の平均落札価格は2020年には4.5米セント/kWh、2021年には3.9米セント/kWhに大幅に下落している。陸上風力の平均落札価格は2020年には4.5米セント/kWh、2021年には4.3米セント/kWh、2023年運転開始予定の洋上風力発電の平均落札価格は8.2米セント/kWh

---

2）政府から別の補助や支援を得ている場合、それが落札価格に織り込まれており、発電コストとはかい離がでる。このため、IRENAの"Auction and PPA"データベースでは、可能な限り、補助金の影響を排除するよう修正を行っている（IRENA, 2020, p.24）。

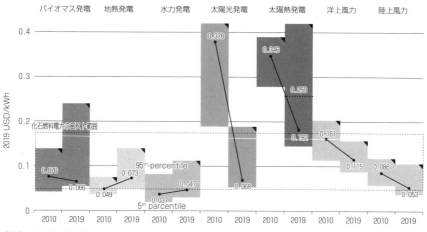

図4-3　世界の再エネの発電コスト（2010年と2019年）

バイオマス発電　　地熱発電　　　水力発電　　太陽光発電　　太陽熱発電　　洋上風力　　陸上風力

出所：IRENA（2020）

となっている。これは「2019年の加重平均発電コストよりも29％安い（IRENA, 2020）」。このように、さらなる落札価格の低下が見込まれている。さらに、洋上風力発電の落札価格は加速的に低減する見通しである。2019年にイギリスで行われた5.5GWの洋上風力の入札結果によると、2023年／24年に運転開始する2.6GWの落札価格が39.65ポンド/MWh（約5.0円/kWh: 2012年価格）であり、2024年／25年に運転開始する2.8GWの落札価格が41.611ポンド/MWh（約5.2円/kWh: 2012年価格）となった（BEIS, 2019）。これは、イギリスの卸電力価格とほぼ同じ水準か下回る水準になっている。

　ここで得られている数値は、落札価格であり、発電コストではない点に注意が必要である。例えば、競争入札を勝ち取るため、発電事業者は利益率を削って札入れしている可能性がある。この場合、通常発電コストを計算する際に見込まれている加重平均資本コストを割り込んでしまう。とはいえ、コストを度外視した価格で入札していないとすれば、着実なコスト低減が実現していくとみてよいだろう。

2.2　技術要素別のコスト低減の諸要因について

　再エネの発電コストはどういった要因で低下してきたのか。これを理解するためには、発電コストがどのように計算されるかについて、理解する必要がある。一般的に、発電コストとは、平準化発電コスト（Levelized Cost of Electricity: LCOE）と呼ばれ、発電所のライフタイム全体にかかる総コストを総発電電力量で割った単価で示される。つまり、発電コストは、1 kWhあたりの貨幣価値であらわされる。発電所のライフタイム全体にかかる様々なコストには、資本費、燃料費、運転維持費、環境費用、廃止費用が計上される。これらのうち将来発生する価値は、一定の割引率で割り引かれ、現在価値に換算される[3]。このような計算により発電コストが計算される。これらから、発電コストの増減には、ライフタイム全体にかかる諸々の費用、発電電力量、割引率の大きく分けて3つの要素が影響を与えることが理解されるであろう。すなわち、発電コストが低下するには、ライフタイム全体にかかる諸費用が減少するか、発電電力量が増大するか、割引率が低下するかのいずれか、もしくは複数の要素が寄与することにより実現される。

　以上を踏まえて、以下では、2010年代における太陽光発電、陸上風力発電、洋上風力発電のコスト低減がどのように実現されてきたのかを述べる。

⑴太陽光発電

　太陽光発電は、2010年代を通じて再エネの中でも劇的に発電コストが低減してきた電源である。発電コスト低減の主要な要因は、資本費の低減である。特に主要な機器コストの低減が太陽光発電設備のコスト低下に寄与している。太陽光発電設備は、通常、太陽電池モジュール、パワーコンディショナ（以下、パワコン）、架台・基礎、接続箱、電源ケーブル、変電設備等で構成される。このうち、もっとも大きなコスト割合を占めるのは太陽電池モジュールである。この太陽電池モジュールの価格（発電事業者にとっての調達コスト）が劇的に低下してきたのである。IRENA（2020）によると、2009年末から2019年末までの間に、太陽電池（結晶系シリコン）モジュールの価格は約9割低下し、太陽電池モジュール

3）割引率について、上記のIRENA（2019）の発電コスト計算においては、OECD諸国および中国については7.5％、その他の国については10％の割引率が採用されている。

の価格は0.27米ドル/Watt（W）となった。IEA-PVPS（2019）によれば、大規模発電設備に絞ればさらに価格は低下し、2018年末時点で、すでに0.2米ドル/W未満となっている[4]。

　太陽電池モジュールのみならず、パワコンの価格（発電事業者にとっての調達コスト）も大幅に低下している。NREL（2018）によれば、アメリカにおける2018年第1四半期の大規模太陽光発電設備向けのパワコンの価格は0.04〜0.05米ドル/W、住宅用太陽光発電設備向けのパワコンの価格は0.12米ドル/Wであった。2010年のパワコンの価格が0.31〜1.24米ドル/W（2018年ドル価値換算）[5]であったから、パワコンの価格もまた、モジュール価格と同様に9割近く低下していることになる。こうした機器価格（発電事業者にとっての調達コスト）の低減に加え、建設工事費等も低下しており、それにより太陽光発電設備全体の設備導入費が低減している。世界全体の太陽光発電設備の設備導入費の加重平均値は、2010年から2019年にかけて、4702米ドル/kWから995米ドル/kWに低減した（図4-4）。

　こうした設備導入費用の低減に加えて、容量あたりの発電電力量（設備利用率）は増加傾向にある（図4-4）。これは、主に日射量の多い地域での開発が増えていること、また一部地域では追尾型の太陽光発電設備が増えているからである（IRENA, 2020, p.67）。

(2)陸上風力

　陸上風力発電は、風力発電機が大型化する傾向にあり、これが陸上風力発電の経済性改善の大きな鍵になっている（図4-5）。大型化の主要な効果は、第1に、ハブ高の高度化にある。風力発電機のタワーの高さを上げることで上空のより強い風を得ることができる。風力発電で得られる風エネルギーは風速の3乗に比例するため、風速があがることでより多くの発電（電力量）が期待できる。第2に、ブレードの長翼化である。より長いブレードを採用することで、ローター直径は

4）IEA-PVPS（2019）によると、0.2米ドルW未満では、太陽電池モジュールメーカーは利益をほとんど出せないため、メーカーの平均販売価格（中小規模の太陽光発電への販売価格も含めた）はこの価格を上回る、とメーカーは認めている。つまり、大規模太陽光発電向けには、メーカーは利益度外視の価格で供給しているとみられる。

5）IRENA（2012）によると、2010年のパワコンの価格が0.27〜1.08ドル/Wのレンジであったとされている。ここでは、これを2018年のドル価値に換算した。

図4－4　世界の太陽光発電の設備導入費、設備利用率、発電コストの推移

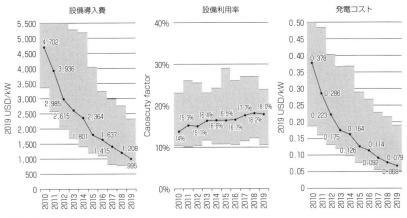

出所：IRENA（2020）

図4－5　風力発電タービンの規模の推移

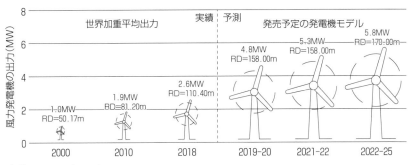

出所：IRENA（2019a）

長くなり、受風面積が増え、より多くの風エネルギーを受けることができるようになる。このことから、ローター直径の平均値は、2010年には81.2mであったが、2018年はで110.4mとなっている（図4－5）。ここから受風面積を計算すると、2010年には、平均5176m²であったのが、2018年には、平均で9568m²に1.8倍増大していることになる。この受風面積の増大によって、得られる風エネルギーが増大する。さらにこの傾向は続く予定で、2020年代前半には、さらに大型の風力発電機が投入される予定になっている。これら2つの要素により、風力発電機1基あたりから得られる発電電力量は増加する。これらは、設備利用率の増加に

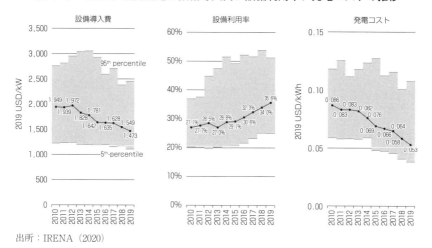

図4-6 （陸上）風力発電の設備導入費、設備利用率、発電コストの推移

設備導入費
設備利用率
発電コスト

出所：IRENA（2020）

も寄与する。実際に世界の平均的設備利用率は27％から34％に増加してきた（**図4-6**）。

風力発電機の大型化は、出力（kW）あたりのコスト低減にも寄与する。単機の風力発電機の出力が2倍になっても風力発電の設備導入費用は2倍にならないからである。こうした技術的な改善もあいまって、出力あたりの設備導入費用は2010年に1949ドル/kW から2019年には1,473ドル/kW にまで下がっている（図4-6の左端）。さらに運転維持費も出力に比例して大きくなるわけでないため、運転維持費のkW単価も低下しているものと考えられる。

(3)洋上風力

今後の洋上風力発電のコスト低減の可能性について、Noonan, et al.（2018）および IEA（2019b）を参考に整理すると、次のようになる。

第1に、陸上風力の風力発電機を大きく超えるスケールの大型化である。とりわけ海洋は面積が広くとれるため風力発電機の大型化を行いやすい。また、設備導入費全体に占める風力発電機のコストの比率が想定的に小さいため、風力発電機の大型化による風力発電機のコスト増が設備導入費のコスト増に与える影響も小さい。IRENA（2019a）によれば2018年の平均的な風力発電機のサイズは5.5MW となっており、陸上風力の風力発電機の平均の2倍以上の単機出力とな

っている。それだけにとどまらず、2019〜20年には、10MW 基モデル、21〜25年には12MW 基の導入が見込まれている。

第2に、こうした風力発電機の大型化等の影響により、設備利用率は増加傾向にあり、「欧州では新規の洋上風力の平均的な設備利用率が45％を超え、欧州の石炭火力の設備利用率を超えた」（IEA, 2019b, p.21）とされている。さらに、今後、大型の風力発電機が導入される事によって、さらに設備利用率が改善するとみられる。

第3に、いくつかの国では、30年の長期運転が許可されるようになっている。これにより、より長期間でコストの回収が可能になり、発電コストを引き下げることができる。

第4に、維持管理の効率化が期待できる。ドローン等を使った定期検査や予防的メンテナンスの実施により、定期検査のために風力発電機を止める時間を短縮化でき、安全上のリスクを低減できる。予防的メンテナンスとは、監視システムにより部品等の劣化を予測し、破損する前に交換するメンテナンス手法である。予防的メンテナンスには、過去の運転データの蓄積が重要になる。運転データの蓄積により、風力発電機の健全性について適切なモニタリングと最適な運用が可能になっている。

第5に、大規模な洋上風力発電事業者は、より多くの風力発電機を保有・運転することで、固定費の一部の共有が可能になり、効率的な予備部品の確保や供給が可能になってくる。

最後に、普及に伴って産業全体の習熟度が高まることで、事業リスクがよく理解されるようになり、また事業リスクの管理や低減が可能になる。それにより、資金調達コストが低下してきている。具体的には、低い金利で資金の調達が可能になると同時に、借り入れの比率を増やすことが可能になる。

3　再エネ普及の便益

再エネの普及には、費用だけではなく、便益が存在する。安田（2019）は、この便益の議論が日本では低調であることを定量的に指摘している。確かに、日本では再エネの費用に議論が集中している傾向がみられる。本来、再エネの推進の是非や政策等を公平に評価するためには、費用のみならずその便益も含めて定量

的に評価することが適切である。そのうえで社会的な議論および政策に反映させていくことが望ましい。

3.1 再エネの便益の分類

それでは、再エネの便益にはどのようなものが含まれるのか。EPA（2011）や Hansen, et al.（2013）を参考に整理すると、再エネの便益は大きく分けて、エネルギーシステムに与える便益と、環境・健康上の便益に分けられる。

エネルギーシステムに与える主要な便益は、第1に、エネルギー供給の便益である。再エネ電気が電力消費者に供給されることで、他の電源（短期限界費用の高い電源）の運転が回避され、可変費用（主に燃料費）を削減する。

第2に、他の発電設備の需要を減らす効果がある。再エネの発電設備が増加することによって、他の電源の設備容量がある程度必要なくなる、あるいは他の電源への設備投資が延期できる、といった便益がある。この便益は、再エネが容量市場に参加した場合の容量価値で評価されうる。

第3に、送電投資も節約できる可能性がある。需要地の近くに設置された太陽光発電が、地域で増加する電力需要を満たすことができた場合、新たな送配電容量が節約できるからである。

第4に、送電ロスを減少させることが可能になる。遠隔地に設置されている集中型の電源（原子力発電や火力発電）は、送電線を通じて長距離の送電を行う。このとき、需要家に電気が届くまで送電ロスが発生する。例えば、東京電力管内では、送電ロス率が4〜5％となっており、発電所から送電された電気が需要地に届くまで4％以上失われている（東京電力、2019）。太陽光発電の場合、需要側に近い場所、あるいは需要地に設置できるため、そうした場所に設置された太陽光発電は、送電ロスを回避することができる。

これらに加えて、需給調整サービス（アンシラリーサービス）の提供便益がある。再エネが、系統システムの信頼度を維持するために必要なサービス[6]を供給した場合、その便益があると評価される。また、価格変動リスクの低減効果もある。（バイオマスを除く）再エネの特徴の一つは燃料費がかからないことである。とくに、化石燃料の価格は、世界の市場環境の影響を受けてしばしば大きく変動する。再エネはこうした価格変動リスクをヘッジする効果をもつ。さらに、再エ

ネからの供給が増えることで、他の電源からの電気に対する需要が減るため、卸電力価格が下がる。これをメリットオーダー効果あるいは市場価格反応と呼ぶ。その他、信頼性およびレジリエンスの向上にも寄与しうる。例えば、屋根置き型の太陽光発電であれば、災害等により停電が起こった場合でも、ある程度電力供給が可能となる。これは需要家にとっての利益となる。この便益は、定量化が難しいものの、例えばCPR（2012）は、停電発生による損失から、当該停電を回避する便益を評価している。

　再エネの環境・健康上の便益は、化石燃料の利用がもたらす様々な社会的損失を軽減することによる。化石燃料の燃焼は、硫黄酸化物や窒素酸化物、PM等の大気汚染物質を排出し、公衆の健康および生命を害する。OECD（2016）によると、2015年の世界の大気汚染に関連する医療費は210億ドル（2010年ドル価値）、大気汚染による早死リスクを軽減するための支払意思額は3兆ドルに達した。Myllyvirta（2020）は大気汚染の経済的損害額を計算している。これによれば、2018年の1年間でおよそ450万人が死亡したとされる。この損失に加えて、疾病等に伴う損害額を合計すると、2.9兆ドルであったと推計されている。

　同時に、CO_2の排出が気候変動を引き起こし、それが生態系および人間社会に深刻な被害をもたらしはじめている。これまで、CO_2排出に伴う社会的費用について様々な研究が行われてきた。例えば、アメリカの環境保護庁は、2020年のCO_2排出に伴う社会的費用が、CO_2排出1トンあたり12ドル（割引率5％）から62ドル（割引率2.5％）と推計している。さらに、Ricke, et al.（2018）は、気候変動に伴う国ごとへの損害影響を計算し、各国での対策推進の指標を提供している[7]。例えば、中位シナリオにおいて、炭素排出が日本に与える社会的費用は、短期的には約8.7ドル/CO_2トン（中央値）であり、長期的には約25.0ドル/CO_2トン（中央値）に増加すると推計している。2018年度の日本のCO_2排出量はお

6）具体的には、運転調整力（operating reserve）、無効電力供給、電圧管理、周波数制御等である。近年、太陽光発電所や風力発電所が様々なアンシラリーサービスを供給できることが実証されてきた（NREL, 2019）。例えば、カリフォルニア ISO では、30万 kW の太陽光発電所が、発電時に周波数応答および周波数制御予備力を提供することが実証されている（California ISO, 2017）。

7）Ricke, et al.（2018）によれば、世界でもっとも社会的費用が大きい国は、短期的にはインドで約160.0ドル/CO_2トン（中央値）であり、長期的にはアメリカで約183.6ドル/CO_2トンと推計されている。面積が大きい国で温かい国ほど受ける被害が大きい傾向にある。

よそ11億4千万トンであるから[8]、仮に、日本の社会的費用を1 CO_2トンあたり8.7ドルとすると、2018年度の CO_2 排出に伴う日本の社会的費用は、99億ドル（約1兆円）に達する。

　化石燃料の利用には、多大な環境上・健康上の社会的損失が発生している。再エネを利用するということは、化石燃料の消費を抑え、大気汚染による損害を低減し、気候変動のリスクを軽減する効果が得られる、という環境・健康上の便益がある。

3.2　世界のエネルギー転換のコストと便益

　再エネの発電コストの低下により、便益に対して、コスト負担は減少している。その結果、産業革命以降人類が依存してきた化石燃料からの脱却はますます現実的かつ合理的とみなされるようになっている。IRENA（2019b）によれば、エネルギー利用の電化を進めつつ、電力を再エネによって供給することで、2050年までに世界全体でエネルギー起源の CO_2 排出量を75％削減することが可能としている（REmap ケース）。このとき、発電電力量の86％が再エネでまかなわれ、発電電力量の60％を風力と太陽光が占める。このとき風力の設備容量は60億kW、太陽光の設備容量は85億kW が導入されている見通しである。これらを実現するためにはさらなる投資が必要になるとみられているが、それは投資の何倍もの便益を生むと推計されている。上記の REmap ケースの場合、再エネへの投資に加えて、これらの新しいエネルギーシステムに適合する送電網、その他インフラや柔軟性への投資、およびその維持管理のために、現状推移（参照ケース）に比べて、2050年までに総額21兆ドルの追加費用がかかると推計されているものの、この追加費用は、それが生み出す便益に比べるとかなり小さい。例えば、2015年時点で、年間4500億ドルが化石燃料に対する補助金として支出されているが、再エネへの転換を進める REmap ケースでは、当然のことながら化石燃料への補助は減少する。化石燃料の補助金は、再エネへの転換が難しい工業用プロセスで排出される二酸化炭素の回収貯留に対する補助金として残るのみである。こうした化石燃料への補助金支払いは REmap ケースのほうが、参照ケースに比べて、

8）国立環境研究所　温室効果ガスインベントリオフィス（2020）

2050年までの累積で15兆ドル少なく済むと推計されている。これに加えて、化石燃料からの脱却に伴う、多大な環境的恩恵が追加される。すなわち、気候変動リスクの低減により、17兆〜46兆ドルの外部費用の節減がされ、さらに、屋内や屋外の大気汚染に伴う外部費用として33兆〜96兆ドルが節減されると見込まれている。

　別の研究においても同様の結論に達している。IEA（2019a）の『世界エネルギー展望2019』では、2040年までの将来について、3つのシナリオが設定されている。そのうち現状推移シナリオはエネルギー需要が年間1.3％ずつ増えつづけ、現在とほぼ同じ8割近い化石燃料のシェアがつづき、CO_2排出量もまた増え続けるというシナリオである。一方で、持続可能な発展シナリオ（以下、SDシナリオ）は、CO_2排出による地球の平均気温の上昇をある一定に抑える、という制約をもとに作られている。そのためには、すぐにCO_2排出量を頭打ちにし、2050年までに年間平均3.8％ずつ減らしていかなければならない。SDシナリオでは、CO_2排出量は2018年の約半分近くに減り、大気汚染も軽減される。

　SDシナリオでは、エネルギー消費セクターにおける電化も含めたエネルギーの効率化が重要な役割を果たす。そして、電化をすすめつつ、同時に電力の低炭素化を進め、2050年までに、発電電力量は、2018年よりも約70％増え、かつその94％を低炭素電源でまかなう。このとき、電力の主力は、太陽光発電と風力発電になり、2050年までに世界の発電電力量の半分を供給する。このSDシナリオの実現のためには、2019年から50年までに、再エネ、エネルギー効率化、電力系統等への投資を増やさなければならない。特に再エネへの投資額は現在の約2倍に増やさなければならない。それでも再エネへの投資は、「かなりの便益をもたらす（IEA, 2019a, p.93）」とされている。すなわち、経済的には化石燃料コストの削減につながり、環境的には気候変動影響の軽減、大気汚染の軽減による人間の健康向上につながる、としている。

　以上のように、IEA（2019a）も、IRENA（2019b）も、ほとんど同様の方向性を示している。すなわち、エネルギーシステムの転換に向けて再エネ、とりわけ、太陽光発電、風力発電が主要な役割を果たし、それらに多大な投資をすることによって、持続可能な発展が可能になりうる、ということである。さらに、その実現に投じるコスト以上に、化石燃料に投入している資金の節減、および環境破壊や健康損失といった外部費用を軽減する便益が発生する、ということである。

再エネの発電コストが大幅に下がったことによって、こうしたシナリオが描けるようになっている。

　他方で、両分析が示すことは、エネルギーシステムの転換を実現するための時間はあまり残されていない、ということである。つまり、問題はもはや経済的費用便益の大小ではなく、いかに投資の量を増やし、エネルギーシステムの転換をいかに加速するか、という時間の問題である。今後、再エネ、エネルギーの効率化、送電網、蓄電技術、電気自動車向けのインフラ、工業用プロセスの脱炭素化等への投資をさらに加速させなければならない。そのためには、各国政府のさらなる強力な政策が必要である。

4　日本の再エネの発電コストの現状

　以上、世界における再エネの発電コストについて論じてきたが、本節以降では、日本の再エネの経済性について論じる。日本は、2011年に「電気事業者による再生可能エネルギー電気の調達に関する特別措置法（以下、再エネ特措法）」を制定し、2012年から固定価格買取制度（以下、FIT制度）を運用している。再エネ特措法のもとで、太陽光発電を中心に再エネの導入が急速に進んできている。同法のもとで2012年度から2019年度末までに導入された設備導入量は、太陽光発電が5021万kW、風力発電は160万kW、バイオマス発電は220万kWに達している（資源エネルギー庁、2020a）。こうした再エネ電源の普及により、発電電力量に占める再エネの割合も急速に増加している。2010年度の再エネの比率は、9.5％であったが、2018年度には16.9％にまで増加している。その多くが太陽光発電の導入によるものであり、太陽光発電のみで発電電力量の6.0％を占めるまでになっている（図4-7）。

4.1　日本の再エネの発電コスト

　着実に再エネの導入が進む中で、再エネの発電コストはどのような水準にあるのか。国内で普及が進む、太陽光発電、陸上風力発電、木質バイオマス発電について、日本における発電コストを試算する。日本の発電コストを計算するための諸元データは、調達価格等算定委員会の資料を用いる。なお、第1節の国際水準

図 4 - 7　発電電力量に占める再エネの割合

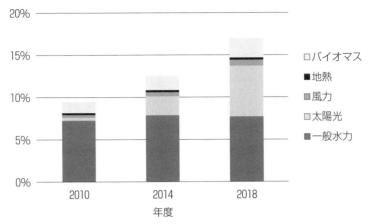

出所：資源エネルギー庁（2020b）より筆者作成。

図 4 - 8　日本の再エネの発電コスト（2012年と2018年／2019年）

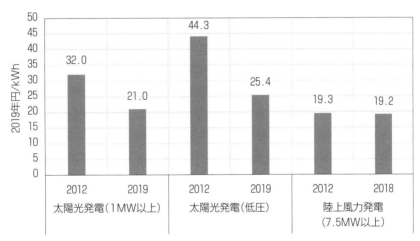

出所：調達価格等算定委員会（2014）（2019）（2020）のデータより筆者計算。
注：陸上風力発電（7.5MW 以上）については、2019年のデータがないため、2018年値を参照する。
（運転維持費は平均値の記載がなく、中央値を参照）

との比較のため、運転年数や割引率については IRENA（2020）と同様の想定を
置き、日本の諸税は含まないこととする[9]。

　結果は**図 4 - 8** にあるとおりである。太陽光発電については、再エネ特措法導

入以降、大幅に発電コストが低下している。他方で、陸上風力発電は横ばいである。太陽光発電のコスト低減が大きいのは、国際的な動向と合致しているものの、コストの水準は大きく異なる。第1節で示したように世界の大規模太陽光発電の2019年の平均発電コストが6.8米セント/kWh（7.1円/kWh）であるのに対して、日本は21.0円/kWhとなっており、3倍高い。陸上風力発電については、世界の2018年の平均発電コストが5.8米セント/kWh（6.1円/kWh）であるのに対して、日本は19.2円/kWhとなっており、およそ3倍高い。以上のように、太陽光発電も陸上風力発電も世界的なコスト水準に比して、国内の発電コストがおおむね3倍高い水準にある、といえる。

4.2 日本の高コスト構造の要因についての考察

筆者は、このようなコスト高の要因について、実際に事業者のコストデータを収集することによって分析を行ってきた。例えば、太陽光発電については、高コスト構造の要因について、表4-1に示すような知見が得られた（木村、2019）。それらを、大きく分けて2つの要因に分類した。第1に、日本における事業開発の方法やサプライチェーンといった、産業的・技術的な要因である。第2に、制度的要因として、電気事業法やFIT制度といった諸制度がコスト高をもたらしている可能性がある。

第1の産業的・技術的要因については、日本の事業者の努力次第で解決可能な要素である。表4-1に掲げたように、海外メーカーのモジュールを使う、より施工コストがかからない設計と手法を活用する、系統接続についても自社で電源線を敷く、主要な部材の調達は自社で行う、設計や工事に関しても最適な事業者に発注し、個別工程も精査するなど、発電所の開発において、資本費を引き下げるための様々な手法がある。こうした手法を有効に活用するためには、事業者自身が発電所の開発そのものの能力を高め、開発ノウハウを蓄積していかなければ

9）IRENA（2020）より、運転年数を太陽光発電・風力発電については25年とし、木質バイオマス発電を20年とする。また割引率は7.5％とする。この割引率は、太陽光発電と木質バイオマス発電については、FIT制度で想定されている内部収益率よりも高めの数字となっている。したがって、ここで計算した発電コストと再エネ特措法の買取価格を比較することは適切ではない。

表4-1　日本の太陽光発電の高コスト要因に関する示唆

要因分類	費用項目		高コストの要因
産業的・技術的要因	資本費	太陽電池モジュール	日本メーカーから供給されたものが、海外メーカーのものよりも割高となる傾向がみられる。
		施工関連費（注）	架台方式によって費用が大きく変わることがわかった。以前、コンクリート基礎をつかったものは、杭打ち方式（ラミング方式・アーススクリュー方式）のものよりも高価となる傾向がある。
		接続費	電源線の敷設工事を送配電事業者に委託した場合、自社で敷設するのに比べて割高となる傾向がみられる。
		（発注方式）	発電所の建設を一括発注で一社に委託する場合と工事や部材の調達を個別に発注する場合とでは、一括発注を行うほうが高コストとなる傾向が見られる。
制度的要因	運転維持費	運転管理費	例えば、特別高圧以上の設備についての電気主任技術者の専任雇用義務（電気事業法）が、運転維持費を大きく引き上げている。
	資本費	（認定年度）	同じ年に運転開始した発電所でも相対的に古い認定事業（買取価格が高い）の場合、新しい認定事業（買取価格が低い）よりも高くなる傾向にある。

出所：木村（2019）より筆者作成。
注：施工関連費とは、架台、施工費、ケーブル・接続箱等その他ハードウェアのコストをあわせた費用である。

ならない。つまり、発電事業者、開発事業者自身の習熟が重要になってくるため、一朝一夕でできるものではない。

　第2の制度的要因は、発電事業者事由とはいえない側面がある。特に電気主任技術者の専任義務は、日本の太陽光発電事業のコスト低減の足かせになる。また、日本のFIT制度では認定された年度の違いによって買取価格が異なる。特に太陽光発電については、FIT（制度）開始初期の古い認定案件は非常に買取価格が高い。例えば、2012年度に認定された10kW以上の太陽光発電の買取価格は40円（税別）/kWhである。年度が経過するにつれて、当該区分の買取価格は急速に引き下げられてきており、2018年度は18円（税別）/kWh、19年度は14円（税

別）/kWhであった。これは、第1節でも述べたように、太陽光発電の主要な機器のコストが急速に低下してきたことを反映している。こうした状況の中、初期の高い買取価格を維持している未稼働の認定案件は、機器のコスト低下の恩恵を受けられるため、コスト低減を図るインセンティブが相対的に低くなる。また、機器のサプライヤーも、高い買取価格の認定案件には、自社の商品をより高い価格で納入することで利益を上げようとする誘因が働く。企業は利益を追求する経済主体である以上、これは自然なことである。こうしたFIT制度の運用面での問題が日本の太陽光発電のコスト低減インセンティブを低下させている可能性がある。これは、まさに制度的要因といって良いであろう。

　以上のことが示すことは、これらの諸要因を改善することで、日本でもコストの大幅な低減が可能である、ということである。木村（2019）で示されている2017年度以降に認定を取得し、個別発注を通じて2018年に運転開始をした発電所（効率的ケース）の平均資本費および運転維持費データをもとに、IRENA（2019）と同じ条件で計算すると、高圧発電設備（効率的ケース）の発電コストは16.2円/kWh（15.0セント/kWh）となる。これは図4-8で示した日本の平均的ケースに比べて30％超安い。

　以上、日本の太陽光発電の高コスト構造について論じてきたが、他の電源でも同じような現象が起きている可能性は十分にある。例えば、発注方式の違いによる資本費の差は、風力発電でも同様の傾向が見られた（木村・北風、2017）。他方で、太陽光発電以外については買取価格の違いの影響は分析が困難である。他の電源では買取価格が制度導入以降ほとんど変わっていないからである。今後、入札制度の対象拡大によって、太陽光発電以外でも事業者間の価格競争環境が生まれれば、こうした影響は見られるかもしれない。しかしながら、事業者間の競争環境を生み出すためには、競争力のある事業者が多数市場に存在しなければそもそも競争にならない。そのためには、市場そのものがある程度の規模を有し、サプライチェーンが成熟していなければならない。

4.3　日本の再エネ普及のコスト論

　日本では、再エネ特措法にもとづいて公定あるいは競争入札を通じて再エネ電気の買取価格を定め、一定の期間買い取ることを電気事業者に義務付けている。

上述のように、世界に比較して日本の再エネ電気の発電コストが相当高いため、普及に求められる費用負担が相対的に重くのしかかっている。

　まず、再エネ電気の買取りにかかるコスト（買取費用）であるが、2013年度に5791億円だったものが、2019年度には３兆660億円と約5.3倍に増大してきた。同時に再エネ電気の買取電力量も増えている。2013年度の買取電力量は181億kWhであったが、2019年度は904億kWhへと約5.0倍に増大している。再エネ電気の買取電力量が増えているので、買取費用が増大する側面もある。しかし、再エネ電気の買取電力量を増やすときに、これまでと同様の比率で買取費用が増えていくと、普及のために膨大なコストがかかってしまうことになる。より費用効率的に再エネ電気を増やすためには、追加的に１kWh再エネ電気の買い取りを増やしたときに、追加的な買取費用を低減させていくことが重要である。この追加的な買取費用を、本章では限界買取費用（MPC）とよび、次の式のように定義する。

$$MPC = \Delta C / \Delta Q \qquad\qquad (1)$$

　このとき、ΔQは再エネ電気の買取量の増分、ΔCは再エネ電気の買取費用（税込）の増分である。限界買取費用が下がっていくためには、より発電コストの低い、すなわち買取価格の低い電源が増えていくことが重要である。2019年度まで買取費用の大部分を占めているのは10kW以上の太陽光発電であるが、その買取価格は大きく低下してきた。2019年度における500kW未満の買取価格は14円/kWh（税抜）である。これによって10kW以上の太陽光発電の限界買取費用は大きく下がってきていることが期待される。そこで、(1)式にもとづいて10kW以上の太陽光の限界買取費用を計算したところ、買取価格の下落ほど限界買取費用は下がっていないことがわかる（図４-９）。例えば、2019年度の限界買取費用29円/kWhは、同年の買取価格14円/kWhの２倍以上の水準にある。限界買取費用の低下速度は、買取価格の低下速度よりも遅い。言い換えれば、買取価格の下落にもかかわらず、買取費用の増加抑制につながりにくくなっている。

　限界買取費用が買取価格ほど低下していないのは、FIT制度における認定のあり方に構造的な問題があったからである。すなわち、日本の当初のFIT制度においては、事業者は「事業の運転開始の時期にとらわれず、買取価格を先に確保することが可能（木村、2016b、83頁）」であった。これが高い買取価格を有

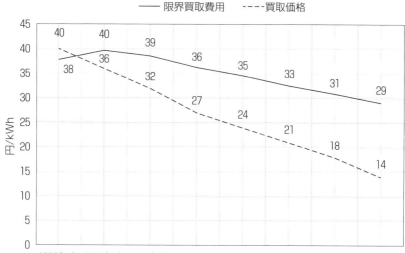

図 4 - 9　10kW 以上の太陽光発電の買取価格（税抜）と限界買取費用（税抜）

出所：資源エネルギー庁（2020a）より筆者作成。

した膨大な未稼働の認定案件を生んできた。実際に過去に認定された膨大な事業のうち未稼働分は、2018年時点でも大量に残存している。例えば、太陽光発電設備（10kW 以上）については、2013年度に認定された事業が2639万 kW（2018年時点）あるが、そのうち未だ稼働していない事業がほぼ半分の1284万 kW あった（資源エネルギー庁、2018）。これらの古い認定事業が、依然として運転開始する設備の多くを占めている。実際に、2019年 1 ～ 9 月に稼働を開始した事業用太陽光発電設備の認定年度を調べたところ、およそ 6 割が2012～14年度に認定された設備（すなわち、買取価格の高い設備）であった[10]。こうした制度構造上の問題があるため、買取価格の下落にもかかわらず、限界買取費用が下がっていない。

　これまでも資源エネルギー庁は、こうした制度構造を修正するため法改正も含め様々な対応策をとってきたが[11]、不十分として、2018年12月には、運転開始期限が設定されていない既認定案件（2016年 7 月末までに接続契約済）に対して、

10）20kW 以上の公表対象になっている事業用太陽光発電設備について、資源エネルギー庁（2019b）から筆者が集計した数値である。

期日までに系統連系の工事着工申し込みを行わなければ買取価格を引き下げる、とした（資源エネルギー庁、2018b）。この制度対応による効果は2019年末段階では明らかとなっていないものの、最初の制度設計の失敗によって、買取費用が相当上振れし、それがなかなか解消できず、積みあがり続けてきたことが明らかである。これは、再エネのコストというよりも制度設計の失敗によるコストとして区分けされるべきであろう。

おわりに：日本の再エネの経済分析の充実の必要性

　持続可能な社会を実現するため、化石燃料から炭素を排出しないエネルギー源に転換することが求められている。その中で再エネの役割は極めて大きい。しかし、それを効率的に実施するには、エネルギー転換にかかるコストを評価し、またその便益と比較しながら、適切な政策手段を選択・運用していくことが望ましい。この観点から、再エネを中心とするエネルギー転換にかかる費用分析、および便益分析は、極めて重要であり、本章で紹介してきたように、世界では広く行われてきた。とりわけ、2010年代における再エネのコスト低減により全世界のエネルギー転換にかかる費用よりも便益が上回る可能性が高まってきており、エネルギー転換の有益性が明らかになってきている。

　日本では FIT 制度のもとで急速に再エネが普及している。にもかかわらず世界的な再エネのコスト低減の波及が限定的である。その要因について、全容が必ずしもあきらかになっているわけではないが、既存の研究から、産業的要因および制度的要因が影響している可能性がある。FIT 制度の制度運用上の問題点が、再エネ電気の買取費用を、必要以上に上振れさせてきた。これらの制度的課題は、太陽光発電については相当程度対応されてきているが、他の電源についてはその限りではない。いずれにしても、日本におけるエネルギー転換を急速かつ費用効率的に実現するためのさらなる研究が求められる。

　それに加えて、再エネ普及の便益に関する研究もいっそうの充実が求められる。

11）2016年までの既認定案件に対する制度対応についての詳細は高村（2016）に詳しい。また、2016年8月以降に送配電事業者と接続契約を行った場合には、認定から3年の運転開始期限を設定した。再エネ特措法の改正により、2017年3月末までに、接続契約を締結していないものは、原則として認定を失効させた。

木村・大島（2019）では、FIT制度下において再エネ電気が増大したことによって、回避された化石燃料等のエネルギー費用（回避エネルギー費用）の推計を行った。これは、Hansen, et al.（2013）の分類ではエネルギー供給の便益に該当する。その他、日本でも容量市場が開始されるため、再エネの容量価値も評価されるようになっている。電力広域的運営推進機関では2020年度の再エネの設備容量の便益（供給力の年間価値）を再エネの設備容量の19.9％分と推計している（電力広域的運営推進機関, 2019）。電力広域的運営推進機関が推計した容量の便益は、電源ごと、また系統エリアごとに異なっており、太陽光発電では設備容量の約4〜16％、風力発電では約20〜32％、水力発電では約48〜65％となっている。電力広域的運営推進機関の推計の手法や前提等の妥当性は検証されるべきであろうが、再エネの容量の便益についても評価が行われ始めている。その他の便益についてもさらなる評価が必要であろう。

●為替レート

2019年の年平均の為替レートから設定した。

ドル円相場：年間平均 TTS =110.05 TTB =108.05　　1ドル=109円とする。

ユーロ円相場：年間平均 TTS =123.57 TTB =120.57　1ユーロ＝122円とする。

http://www.murc-kawasesouba.jp/fx/year_average.php

参考文献

一般社団法人低炭素投資促進機構（2014）「平成25年度　収支決算書」。

一般社団法人低炭素投資促進機構（2019）「平成30年度　収支決算書」。

木村啓二（2016a）「再生可能エネルギーの費用論」大島堅一・高橋洋編著『地域分散型エネルギーシステム』日本評論社。

木村啓二（2016b）「固定価格買取制度」大島堅一・高橋洋編著『地域分散型エネルギーシステム』日本評論社。

木村啓二・北風亮（2017）『日本の風力発電のコストに関する研究』公益財団法人自然エネルギー財団。

木村啓二（2019）『日本の太陽光発電の発電コスト：現状と将来推計』公益財団法人自然エネルギー財団。

木村啓二・大島堅一（2019）「日本の固定価格買取制度における回避可能費用の計算に関する問題点」『環境経済・政策研究』12巻1号、33-44頁。

国立環境研究所　温室効果ガスインベントリオフィス（2020）「日本の温室効果ガス排出量データ（1990〜2018年度確報値）」

資源エネルギー庁（2018a）「既認定案件による国民負担の抑制に向けた対応」総合資源エネルギー調査会省エネルギー・新エネルギー分科会/電力・ガス事業分科会再生可能エネルギー大量導入・次世代電力ネットワーク小委員会（第 9 回）資料 2。

資源エネルギー庁（2018b）「未稼働案件による国民負担の抑制に向けた対応（事業用太陽光発電の未稼働案件）」。

資源エネルギー庁（2019a）「国内外の再生可能エネルギーの現状と今年度の調達価格等算定委員会の論点案」調達価格等算定委員会（第46回）資料 1。

資源エネルギー庁（2019b）「事業計画認定情報　公表用ウェブサイト」（2019年 9 月30日時点）。

資源エネルギー庁（2020a）「固定価格買取制度　情報公表用ウェブサイト」（2020年10月時点）。

資源エネルギー庁（2020b）「平成30年度（2018年度）エネルギー需給実績（確報）」『総合エネルギー統計』（令和 2 年 4 月公表）。

東京電力ホールディングス（2019）「送配電ロス率」（http://www.tepco.co.jp/corporateinfo/illustrated/electricity-supply/transmission-distribution-loss-j.html）

高村ゆかり（2016）「再生可能エネルギー政策の評価と課題」『環境と公害』Vol.46、No.1、22-28頁。

調達価格等算定委員会（2014）『平成26年度調達価格及び調達期間に関する意見（案）』。

調達価格等算定委員会（2015）『平成27年度調達価格及び調達期間に関する意見（案）』。

調達価格等算定委員会（2019）『平成31年度調達価格及び調達期間に関する意見（案）』。

調達価格等算定委員会（2020）『令和 2 年度調達価格及び調達期間に関する意見（案）』。

電力広域的運転推進機関（2019）「確率論的必要供給予備緑算定手法（EUE 算定）について」第43回調整力及び需給バランス評価等に関する委員会。

安田陽（2019）「再生可能エネルギーの便益が語られない日本—メディア・政府文書・学術論文における「便益」の出現頻度調査—」京都大学大学院経済学研究科再生可能エネルギー経済学講座ディスカッションペーパー。

British Petroleum: BP（2019）Statistical Review of World Energy 2019.

Clean Power Research: CPR（2012）The value of distributed solar electric generation to New Jersey and Pennsylvania.

California ISO,（2017）Using Renewables to Operate Low-Carbon Grid, CAISO,

California, US.

Hansen L., V. Lacy, and D Glick (2013) A Review of Solar PV Benefit & Cost Studies: 2nd Edition, Boulder, CO: Electricity Innovation Lab, Rocky Mountain Institute.

Department for Business, Energy & Industrial Strategy: BEIS (2019) "Contracts for Difference (CfD) Allocation Round 3： results" (published 20 September 2019, revised 11 October 2019)

u.s. Environmental Protection Agency: EPA (2011) Assessing the Multiple Benefits of Clean Energy: A Resource for States.

IAWG (2013) Technical Update of the Social Cost of Carbon for Regulatory Impact Analysis Under Executive Order 12866.

International Atomic Energy Agency: IAEA (2020) Nuclear Power Capacity Trend, Power Reactor Information System, (https://pris.iaea.org/PRIS/WorldStatistics/WorldTrendNuclearPowerCapacity.aspx).

International Energy Agency: IEA (2019a) World Energy Outlook 2019.

International Energy Agency: IEA (2019b) Offshore Wind Outlook 2019.

International Energy Agency: IEA (2020) World Energy Investment 2020.

International Energy Agency: IEA (2021) World Energy Investment 2021.

IEAPVPS (2019) Trends in Photovoltaic Applications 2019.

Rebello, Eldrich, David Watson and Marianne Rodgers (2019) Ancillary services from wind turbines: AGC from a single Type 4 turbine., Wind Energy Institute of Canada.

Myllyvurta, Lauri (2020) *Quantifying the Economic Costs of Air Pollution from Fossil Fuels*, Centre for Research on Energy and Clean Air.

National Renewable Energy Laboratory: NREL (2018) U.S. Solar Photovoltaic System Cost Benchmark: Q1 2018.

National Renewable Energy Laboratory: NREL (2019) Grid-Friendly Renewable Energy: Solar and Wind Participation in Automatic Generation Control System.

Noonan, Miriam, Tyler Stehly, David Mora, Lena Kitzing, Gavin Smart, Volker Berkhout and Yuka Kikuchi (2018) *IEA Wind TCP Task 26 - Offshore Wind Energy International Comparative Analysis*, International Energy Agency Wind Technology Collaboration Programme.

OECD (2016) *The economic consequences of outdoor air pollution.*

Ricke, Katharine, Drouet, Laurent, Caldeira, Ken and Massimo Tavoni (2018) "Country-level social cost of carbon", *Nature Climate Change*, Vol. 8, pp.895-900.

The International Renewable Energy Agency: IRENA（2012）Renewable Energy Technologies: Cost Analysis Series: Solar Photovoltaics.

The International Renewable Energy Agency: IRENA（2019a）Future of Wind-Deployment, Investment, Technology, Grid Integration, Socio-Economic Aspects.

The International Renewable Energy Agency: IRENA（2019b）Global Energy Transformation.

The International Renewable Energy Agency: IRENA（2020）Renewable Power Generation Costs in 2019.

Fu, Ran, David Feldman and Robert Margolis（2018）U.S. Solar Photovoltaic System Cost Benchmark: Q1 2018. Golden, CO: National Renewable Energy Laboratory.

第5章　**再生可能エネルギー普及と**
　　　　地域づくりの課題と展望

上園昌武

　再生可能エネルギー（再エネ）は急速に普及しているが、地域づくりとしてど
のように取り組むべきか様々な課題に直面している。地域紛争の解消や地域カー
ボンバジェットの把握が必須である。オーストリアの中間支援組織を介したエネ
ルギー自立地域づくりは、日本の再エネ普及でも大いに参考になる。本章では、
中間支援組織の実態を明らかにしながら、その役割を考えてみたい。

1　日本の再エネ普及の特徴

　再エネの固定価格買取制度（買取制）以前では、2000年代に自治体が公営事業
として黎明期の風力発電事業に次々と参入し、先駆的な役割を果たしたと評価で
きる。自治体公営の風力発電所は、2017年3月現在で199基（設備容量19.5万
kW）が操業されているが、設備の老朽化や故障・不具合に伴い廃止する発電所
が増えている（デトロイトトーマツ、2018）。リプレースは多額の設備投資を要
することや、狭隘な敷地では発電機の大型化や基数増加への対応が困難であるこ
となどを理由に事業継続を見送る自治体がみられる。
　買取制以降では、上下水道施設や公共建築の屋根にパネルを設置して太陽光発
電事業に参入する自治体が増えている。さらに2016年の電力小売りの完全自由化
を契機に、自治体や地元企業、生協などが運営する地域や市民が主体の電力会社
が31社に増加している（パワーシフト、2020）。また、農地に太陽光発電設備を
設置するソーラーシェアリングが2018年度累積で1,992件（560ヘクタール）が導
入され（農林水産省、2020）、農業者が分散型電源の担い手となる新たな動きが
現れている。売電収入や自家利用が農業経営を改善することで、農業者の後継者
を確保することも期待されている。

図5-1 都道府県別の再エネ電力の割合（2018年度）

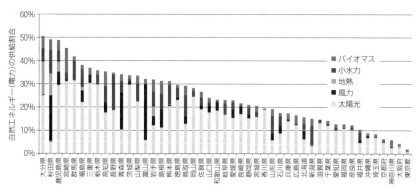

出所：千葉大学倉阪研究室ほか（2020）
注：分母のエネルギー消費量は、民生用と農林水産業用需要を足し合わせたものである。

　だが、電力以外では再エネの普及が遅れている。デンマークなどでは、住宅街やビル群の地域単位で冷温水や蒸気を供給する地域熱が普及しているが、日本では地域熱の供給網がほとんど設置されていないため、再エネの熱供給がほとんど普及していない。電気自動車の普及も伸びておらず、現状では再エネ利用による運輸交通の事例がほとんどない。

　日本の再エネ普及の状況を地域単位でみると、様々な特徴がある。都道府県別の発電量に占める再エネ供給の割合（民生用と農林水産業用のエネルギー需要に占める再エネ供給割合）については（千葉大学ほか、2020）、1位の大分県では、太陽光発電25％、地熱発電14％、再エネ電力全体が50％を占めている（図5-1）。2位の秋田県では、風力20％、地熱9％と高く、太陽光発電が5％にとどまっている。全国でみると、太陽光発電が再エネ発電量のなかで最も多いが、地域によっては地熱発電や風力発電、バイオマス発電の割合が高くなり、地域資源分布の特性や事業性、地域社会の受容性などが影響している。また、市町村別の再エネ供給割合をみると（千葉大学ほか、2020）、電力や熱利用の需要が少ない町村で再エネ100％を達成しているが、人口が多く工業活動が盛んな市では再エネ供給割合が低くとどまっている。1997年の京都議定書の採択をうけて、多くの都道府県や市町村で再エネ普及促進計画が策定されたが、目標を達成できなかった計画が少なくない。これからの再エネ普及は、自治体や地域主導で取り組んで地域社会の発展につなげていくという観点が重要である。

表5-1　再エネ普及を巡る課題

	課題	内容
立地・施工	大規模な事業開発による紛争が発生	メガソーラー（景観破壊）、大型風力（騒音・低周波音、景観破壊、バードストライク）、大型バイオマス（資源争奪・乱開発）
	施工の不良・不備による事故・トラブル	発電効率の悪さ、太陽光発電の発火事故
地域経済・産業	地域経済循環の乏しさ	域外資本の地域資源の占有
	農林業との親和性が不十分	海外からの資源輸入、再エネ熱供給の乏しさ
政策理念	省エネ対策との連携が弱い	ゼロエネルギー住宅・ビル（ZEH・ZEB）の普及遅れ
	自治体の環境政策との整合性や計画性が不十分	理念や目的が曖昧で戦略が具体化されていない

出所：筆者作成。

2　再エネ普及に向けた地域課題

2.1　地域紛争の解消

　脱炭素社会や脱原発社会は、気候変動や原発リスクを回避し、安全で持続可能な社会の実現を目指すものである。そのためには、省エネでエネルギー消費量を減少させながら、現在の再エネ導入量を何倍にもする必要があり、都市や工場への大規模な再エネ事業が欠かせない。しかし、再エネ事業は地域住民との紛争、木質バイオマス資源の争奪などの問題を発生させている（表5-1）。太陽光発電は景観破壊や土砂崩れなどの災害発生の懸念があり、風力発電は野鳥の衝突事故や騒音・低周波音、自然破壊や景観破壊を引き起こしている（丸山、2015）。また、立地の問題だけではなく、地域利益や政策理念に関わる課題も多い。

　ドイツでは、再エネ事業における市民参加と透明性の確保は、立地選定、計画立案、事業運営、事業利益配分などの事業実施プロセスにおいて要請される。これに対して日本では、再エネ設備の立地計画や事業計画の策定に際して、早期の情報提供や透明性の確保、関与の機会の確保などを通じた市民参加、市民へ経済的インセンティブの付与が法制度と実務の両面において十分に保証されていない。それゆえに、日本では、対立構図が資本（行政）対地域住民の生活・環境利益と

いう関係が変わることなく続いている（高橋、2016、231-233頁）。

この問題を解決するためには、条例などでゾーニング規制を施して土地利用を制御していくことが必要である。また、風力発電の場合、設置事業者による説明会の実施、発電所と住宅との隔離距離に配慮した最適な立地、苦情発生時のフォロー体制の継続、地元住民や自治体との協定締結など、関係者間のコミュニケーションが苦情を減少させる有効な手段と指摘されている（風力発電施設から発生する騒音等の評価手法に関する検討会、2016、37頁）。

2.2　地域カーボンバジェットの把握

⑴地域カーボンバジェットとは何か

2016年に発効したパリ協定は、今世紀後半に世界全体でCO_2排出を実質ゼロにする脱炭素社会の構築を求めている（11章を参照）。近年、酷暑や豪雨などの極端気象が増えて災害が頻発し、農業・漁業生産への悪影響が顕在化している。世界の34カ国と1,927自治体・地域は「気候非常事態宣言」を発表しており（CEDAMIA, 2021）、気候変動問題への危機感が拡がっている。日本では、2019年9月に長崎県壱岐市が初めて宣言を出して以来、長野県や大阪市、鎌倉市、北海道ニセコ町、鳥取県北栄町などの68自治体が表明している（2021年4月現在）。

これまでは国単位でのCO_2排出削減に主眼が置かれてきたが、脱炭素社会の構築を急ぐためにも、地域レベルで達成すべき削減目標や実施計画が必要となっている。カーボンバジェット（炭素予算）は、大気中のCO_2濃度が増加するにつれて気温上昇していくという関係に着目して、ある水準の気温上昇に到達する炭素排出累積量を推計する手法である。産業革命以前を基準に1.5度の気温上昇に抑制するために上限となる累積CO_2排出量を推計すると、2018年現在、世界全体のカーボンバジェットは4,200〜7,700億トン（CO_2換算）となり、10〜21年分しか残されていない（7章を参照）。日本の地域単位ではどのような状況なのだろうか。

⑵地域カーボンバジェットの意義

ここでは、地球環境市民会議（2019）の研究に基づいて、岡山県のカーボンバジェットの推計結果をみよう。推計の手法は、世界のカーボンバジェットを

人口当たりで配分し、産業構造を配慮し試算される（近江ほか、2018）。岡山県は県中北部に農山村が拡がるが、瀬戸内海沿岸に水島コンビナートを擁すため、工業県という特徴をもつ。気温上昇1.5度未満に抑制する目標（1.5度対策）の場合、岡山県のカーボンバジェットは1.8〜3.3億トン（CO_2換算）、2度未満目標（2度対策）の場合に3.3〜3.7億トンである。前者は岡山県の2015年度CO_2排出量の4〜7年分、後者は7〜8年分である（図5-2）。カーボンバジェットに収めるためには、強化された対策シナリオが必要であり、再エネの普及だけではなく、省エネや脱石炭対策と合わせて実施されなければならない（表5-2）。

　それでは、カーボンバジェットを達成する対策シナリオは経済的な観点で実現可能なのだろうか。岡山県の企業・家庭の光熱費は2015年度に約1.1兆円（県予算に匹敵）で、ほぼ支払額が域外へ流出していると推定される。対策に取り組まなければ、化石燃料価格の値上がりなどで光熱費は2050年に約1.4兆円に膨らむが、省エネと再エネ対策に取り組むと約5,000億円の支出に抑制が可能である。また消費する電力やガスなどを県内産の再エネに転換すると、光熱費が地域内で循環するようになる。加えて、設備投資やメンテナンスを県内企業が受注すれば、地域内で資金循環し、県内雇用も増加するという経済効果が見込まれる。再エネ事業は小規模であっても、地元事業者や地域社会が出資・運営するエネルギー事業は、多くの研究で地域経済効果が高いことが明らかになっている（Jenniches, 2018）。短期の視点では、対策に要する初期投資の資金調達や費用負担が再エネ事業への参入の高い壁となって道を塞いでしまいがちであるが、中長期の視点では、諸費用よりも、経済効果や便益の方が上回る可能性を示唆している。

　また、地域のカーボンバジェットはCO_2排出の上限を設定するため、工業製品の生産や貿易、農林業の育成などの産業構造、自動車などの交通体系、商業や住宅など地域構造で大規模な変革を行わざるをえない。農山村はエネルギー消費量が少なく、再エネの供給量が多いため、炭素収支（排出量と吸収量との差）が黒字になりやすい。一方で、都市は自動車交通量や人口が多く、サービス業が盛んであり、エネルギー消費が多いが、自然環境や利用可能な土地に制約があるために再エネ賦存量が少なく、炭素収支が赤字に陥りやすい。こうした都市と農山村との炭素収支のギャップを利用したカーボンオフセット（農山村でCO_2排出を削減して都市の排出超過分を相殺する）は、都市から人材や資金、技術を投入して農山村で再エネ事業を展開する広域連携で地域社会を発展させていくことも

図5-2　岡山県のカーボンバジェットを満たす排出削減経路（1.5℃・2℃目標）

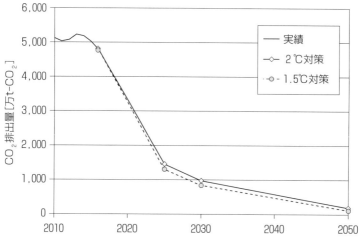

出所：地球環境市民会議（2019）、22頁。

表5-2　岡山県のカーボンバジェット達成のための対策シナリオ

部門	2030年まで	2050年まで
購入電力	火力はLNG中心に、再エネ転換	再エネ100％転換
産業	優良工場レベルの省エネ対策を実施 石炭・石油からガスへ転換（除鉄鋼高炉）、リサイクル材料増加	電力・低温熱・中温熱の再エネ転換
業務	省エネ設備更新、断熱建築普及 再エネ熱普及	断熱建築普及 電力・熱利用とも全て再エネに
家庭	省エネ設備更新、断熱住宅普及 再エネ熱普及	断熱住宅普及 電力・熱利用とも全て再エネに
運輸旅客	トップクラス燃費車の普及 電気自動車20％普及	電気自動車普及・再エネ電力使用
運輸貨物	トップクラス燃費車の普及	電気自動車普及・再エネ電力使用

出所：地球環境市民会議（2019）、21頁。

期待される。

　各自治体は、地域カーボンバジェットを推計し、パリ協定の目標を達成するために必要となる対策を技術的な可能性と地域経済への影響を把握した上で講じる必要がある。そして、再エネや省エネ事業をどのように展開していくべきか、デ

メリットや紛争を最小限に抑えて地域共存していくための脱炭素社会に向けた戦略を打ち出していくことが求められる。

3　日本の自治体による再エネ普及

3.1　再エネ条例の制定

　福島第一原発事故や買取制の施行を契機に、少なくとも20以上の自治体が再エネ普及促進を目的として条例を制定している。再エネ事業は地域資源を活用することで地域経済を活性化させることが期待されている。例えば、滋賀県の「湖南市地域自然エネルギー基本条例」（2012年）は、「地域経済活性化につながる取り組みを推進し、地域が主体となった地域社会の持続可能な発展に寄与する」ことを目的としている。第3条の理念で、「地域に根ざした主体による地域の発展に資する活用」や「地域内での公平性および他者への配慮」などが示され、地域社会や住民生活を重視している点に特色がある。2020年には「湖南市地域自然エネルギー地域活性化戦略プラン」を改訂し、「自治体地域新電力会社こなんウルトラパワーを核として、小売電気事業により生み出される価値を地域内循環させ、地域循環共生圏を踏まえた湖南市版シュタットベルケ構想を進め、SDGsの基盤となる経済・社会・環境の三側面により地域課題の解決」を目指している。シュタットベルケとは、電気、ガス・水道・交通などの公共インフラを整備・運営する自治体所有の公益企業（公社）のことであり、ドイツには約1,500社ある。同プランでは、再エネ普及によって自治体内のエネルギー代金の流出を削減し、2024年度に20億円のエネルギー価値の創出を目指している。

　だが、こうした条例制定、市民協働発電所や自治体電力の設置などは一時の勢いが失われつつある。その要因として、買取制の買取価格の下落に伴い事業性が減じていることが大きいと考えられる。また、2014年頃には再エネ条例の目的にも変化がみられる。景観破壊や環境破壊などの防止（大分県由布市など）や、発電事業終了後に速やかに設備を撤去して原状回復を求める（兵庫県赤穂市）などのトラブル回避が意図されるようになっている。再エネ普及には、政策決定における倫理、偏りのない情報の必要性、コミュニティパワーの原則による制度設計が欠かせないことを示している（上園、2016）。

大半の自治体は再エネ政策や計画を策定しているが、気候変動やエネルギーなどのリスク認識が必ずしも強いわけではないために野心的な目標や計画を持たず、また俯瞰した戦略を持ち得ていないものが非常に多い。コンサルタント企業へ計画策定を丸投げして自治体内部や地域社会と協議して作り上げていないため、「自分ごと」としての計画に仕上げられていない自治体が散見される。その結果、再エネ設備の設置やCO_2削減という視点が重視されて計画が描かれてしまい、湖南市のような地域経済活性化や紛争の回避という地域社会の課題が包括的に取り組まれていない。多くの自治体は、2020年頃に気候変動関連の計画や再エネ普及の計画の改変時期を迎えており、脱炭素社会の構築につながる野心的な目標と理念が盛り込まれた実効的な計画となるのかが問われている。

3.2　環境モデル都市・環境未来都市・SDGs 未来都市

内閣府は、「環境モデル都市」「環境未来都市」「SDGs 未来都市」という 3 つのプログラムを遂行してきた（内閣府、2020）。

環境モデル都市（2008年）は、温室効果ガス排出の大幅な削減など低炭素社会の実現に向け、高い目標を掲げて先駆的な取組にチャレンジする都市・地域として23自治体が選定された。選定基準は、①温室効果ガスの大幅な削減、②先導性・モデル性、③地域適応性、④実現可能性、⑤持続性である。再エネの活用として、市民出資の太陽光発電事業（新潟市）、住民主体の創エネルギー事業（長野県飯田市）、地熱を活かした地域経済の活性化（熊本県小国町）など地域活性化につながる工夫がみられた。取組の成果は、温室効果ガスの排出削減量、地域活力の創出、地域のアイデア・市民力、取組の普及・展開が主な指標とされ、進捗状況で 5 段階評価を受けている。環境未来都市（2011年）は、環境・社会・経済の三側面の価値の創造をコンセプトに持続可能な都市として11自治体が選定された。そのうち 6 自治体は東日本大地震の被災地である。環境モデル都市の中から、将来ビジョンや取組内容、体制が選定基準として厳選された。SDGs 未来都市（2018年）は、自治体による地域のステークホルダーと連携した SDGs の達成に向けて積極的に取り組む自治体が毎年約30件選定されている。選定された事業の実施期間は 3 年とされ、自治体が SDGs の17目標の中から指標を設定し、将来ビジョンや取り組み内容などについて進捗状況や課題が評価される。

　3つ全てに選定された自治体は、北海道下川町、横浜市、富山市、北九州市の4自治体である。これら3つのプログラムは、それぞれ目的や内容に違いがみられるが、持続可能性を追求した地域づくりという点や、選定された自治体に対して予算を重点的に配分（2020年度に選定されたSDGs未来都市の1事業に対して上限3,000万円）して目的・目標を達成する先駆的な事例をつくり出そうとしている点では共通している。

　持続可能な社会に向けた地域の将来像を実現するために、プログラムに選定された自治体は企業や大学・研究機関、NGO・NPOなどと連携、情報交換している。自治体は、自ら協力相手を探し出し、取組の内容や計画を作り上げなければならず、地道な取組を継続してきたからこそ選定されたともいえる。それ以外の大半の自治体は、関心があったとしてもプロジェクト構想の専門的な相談ができないため、申請の入り口にさえ立つことができていない。この点は、後述するオーストリアの充実した中間支援組織、国や州政府のサポートとは対照的である。また、日本では、内閣府の地域おこし協力隊や集落支援員のように、地域外から即戦力の担い手が主導していくやり方が行われているが、住民との不和や収入の低さを理由に上手くいかない事例が多数出ている。むろん、この仕組みを全て否定するわけではない。だが、地域づくりの原則はそれぞれの取組が住民主体で進められることであり、日本の仕組みでは何が不足しているのかを問い直す必要がある。その糸口として、次節で取り上げるオーストリアの中間支援組織の成果に見いだすことができるだろう。

4　オーストリアの中間支援組織と住民自治

4.1　オーストリアのエネルギー自立地域

　まずオーストリアのエネルギー政策を概観する。オーストリアの2018年の再エネ比率は、電力で8割、熱供給で5割、輸送燃料で5％、一次エネルギー全体で3割であり（eurostat, 2020）、EUのなかでも再エネ普及が進んでいる。2015年に策定されたエネルギー計画の「mission 2030」において、2030年までに温室効果ガス排出量を2015年比で36％削減する目標を設定した。さらに2020年に誕生した新政権は、2040年までに脱炭素社会を実現する国家目標を設定し、追加政策を

打ち出している。また、1978年に国民投票でツヴェンテンドルフ（Zwenten-dorf）原発稼働の中止が決定されたことをうけ、同年に原子力禁止法が制定された（古川、2014）。2013年には電気事業組織法の改正で国内において原発由来の電力を利用することも禁止され、国内の電力は文字通り原発ゼロとなっている。

　こうした流れを受けながら、オーストリアでは、省エネでエネルギー需要を大きく減らし、再エネ100％でエネルギーを供給し、これらの事業で雇用創出と地域経済を活性化させるエネルギー自立地域づくりが進められている（滝川、2012）。エネルギー自立に類似・関連した概念や手法として、エネルギー自治（諸富、2013）やエネルギー・ガバナンス（的場ほか、2018；的場ほか、2021）などがある。これらの共通点は、地域主体がエネルギー事業に関わることで地域社会の課題を解決し、さらに地域を発展させていくことにある。

　エネルギー自立地域を実現していく上で重要な点は、どのような理念や目的で、どの程度の目標を設定し、誰がどのように事業を実施していくのかである。地域や自治体を支援する国や州政府の役割は大きい。

4.2　国や州による基礎自治体への支援

　大まかに言えば、オーストリアでは、国は EU や国際社会と歩調を合わせながら気候エネルギー政策の方向性を打ち出し、科学的な知見や専門的な助言を発信し、活動に必要となる資金を提供している。州は国の方針を踏まえながら計画を決定し、日本の市町村に相当する基礎自治体（ゲマインデ）と連携して目標・目的を達成するように働きかけていく。基礎自治体は地域の利害関係者と協働でエネルギー自立を実践していくことになる。オーストリアでは、1992年の地球サミット後に注目された草の根運動のローカルアジェンダ活動が盛んであり、住民参加によるエネルギー自立地域づくりが展開されている（的場ほか、2018）。基礎自治体は、住民や地域事業者などと連携して、エネルギー事業、まちづくりや交通計画などを担うことになるが、小規模な基礎自治体であればノウハウや情報、人材、資金が不足しているため、外部からの支援が不可欠である。

　まず、国は持続可能で気候変動対策のエネルギーシステムを構築するために、気候エネルギー基金（Klima und Energiefonds：以下、基金と略す）を共同出資して2007年に設立した。基金の活動内容は多岐にわたっており、エネルギー効率

性の向上、再エネの割合を高めたエネルギーシステムへの移行、環境保全型の社会と経済への転換、気候変動の適応と緩和戦略の開発、農山村のエネルギー自立地域をサポートする「気候エネルギーモデル地域」の事務局などである（Koeppl et al., 2013）。これらの活動を進めていくために、学術研究プロジェクトの統括、資金調達戦略の策定、研究成果による新技術の実用化と市場化などが取り組まれている。主なプロジェクトは、オーストリアの気候研究計画、気候エネルギーモデル地域、スマートシティ構想、エネルギーヴェンデ2050、オーストリアのための電気自動車、マルチモーダルシステムなどである。

　次に、州政府は、基礎自治体のエネルギー自立の取り組みを支えるために、公正で中立的なエネルギー・エージェンシー（省エネや再エネ促進の公営企業）の設置、エネルギー事業の質保証（e5プログラムや欧州エネルギー・アワードなど）、事業計画の調査や設計に関わるエネルギーコンサルタントなどの中間支援組織と協働している。エネルギー・エージェンシーは、中立的な立場で断熱住宅や省エネ機器などの展示や相談会を開いて、性能や効果などを住民に直接説明して省エネ製品の普及に貢献している。自治体によっては、取り組みへの実施能力、ニーズや政策意欲に差が生じている。そのため、ニーダーエスターライヒ州では、基礎的な州の気候、エネルギー政策をベースとし、4つのレベルの重層的な支援制度が用意されどの自治体でも目的や能力などに応じて選択できる（豊田、2018）。図5-3のピラミッドの下から説明すると、州の環境アドバイス、気候同盟への加入、エネルギー帳簿によるエネルギー収支の把握、e5プログラム認証自治体であり、頂点にあがるほどレベルが高くなる。以下では、質保証の仕組みについて最も要求されるレベルが高いe5プログラムをとりあげて説明する。

　e5プログラムとは、1998年にオーストリアの自治体に対して、脱炭素化やエネルギー自立地域づくりを促進するために、その実施状況を詳細な基準で評価や認証する制度のことである。e5に参加する自治体は、エネルギー、消費、交通、経済について持続可能な取り組みが求められ、1）自治体の空間計画戦略、2）公共の建築物・施設、3）水・エネルギーの供給と廃棄処分、4）モビリティ、5）内部組織、6）コミュニケーションと協力関係の6つの領域、79項目で審査される。取り組み内容が優れているほど獲得するeの数が多くなり、eeeeeが最高水準となる（e〜eeeeeの5段階があり、対策の達成度はeが25%、eeeeeが75%以上を求められる）。e5に参加している自治体は200以上あり、そのうち16自

図5-3　環境エネルギー対策での自治体への支援プログラム

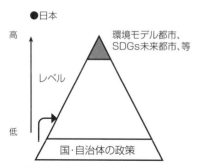

●日本

高 ← レベル → 低

環境モデル都市、
SDGs未来都市、等

国・自治体の政策

支援が弱いため、自治体の高い能力がなければ、取り組みのレベルアップが困難

●オーストリア（ニーダーエスターライヒ州）

高 / 低

e5プログラム認証自治体

エネルギー帳簿による
エネルギー収支の把握

気候同盟への加入

州の環境アドバイス

州の政策

どの自治体も能力やニーズに応じて、レベルの高い支援プログラムへステップアップが可能

出所：オーストリアは豊田（2018）、136頁を一部修正。日本は筆者作成。

治体が eeeee を獲得している。自治体が e5に参加するメリットは、環境・エネルギー目標を設定し、適正な対策を取り組むことができることや、コミュニティに活動の動機を与えて協働関係を築くことがあげられている。また、表彰を受けることで自治体にも励みとなり、住民からもエネルギー自立地域づくりへの支持につながるという。

4.3　気候エネルギーモデル地域─小規模基礎自治体への支援

　気候エネルギーモデル地域（Klima und Energie Modellregionen: KEM）は、基金の主要な事業の１つであり、意欲のある農山村地域を支援するボトムアップ型の制度である。なお、都市部向けには、スマートシティ（Smart City）という別の制度がある。

　KEM には820自治体・95地域（人口230万人）が参加し、気候変動対策に取り組んでいる。オーストリアの基礎自治体の人口は数百〜２千人程度が多い。そのため、取り組みの効率を上げるために、２つ以上の小規模な基礎自治体が共同で「モデル地域」をつくり、人口規模を３千〜６万人に設定されている。１つのモデル地域は、平均で８〜９自治体が広域連合を結成し、総人口２万人で構成されている。

　小規模な基礎自治体は職員が数名から数十名と限られているため、エネルギー

図5-4　気候エネルギーモデル地域の取り組みへの支援体制のイメージ

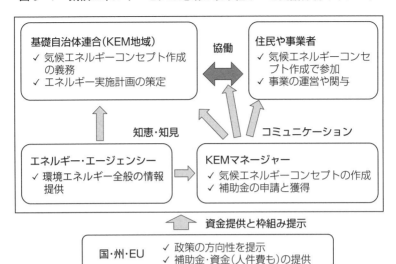

出所：筆者作成。

関連の専門職員がいない場合が多い。そこで、各モデル地域は基金の助成金を使ってコーディネート役のKEMマネージャーを1名雇用できる。マネージャーは、「気候エネルギーコンセプト」（地域の環境エネルギー戦略）を作成することが求められ、エネルギー需給構造やCO_2排出量などの現状分析を踏まえて将来ビジョンを展望しなければならない（図5-4）。コンセプトは、地域の再エネ普及や省エネ対策の潜在可能性をもとにしてCO_2排出削減量などの目標を設定し、目標達成に必要な10の対策を提示して実施することが求められる。そして、30の要素（例：人口当たりの太陽光発電の導入実績や電気自動車の普及率、ガス消費量など）から5つを選び達成状況を記録し、KEM事務局に認証評価を受ける。エネルギー需給構造の調査には専門企業の協力を受けることができ、地域のエネルギー・エージェンシーや研究機関などが多くの自治体で業務を請け負っている。また、KEMマネージャーは、地域で少なくとも年2回の住民向けに説明会や意見交換のイベントを開催して、地域住民や利害関係者とコミュニケーションを深めて相互理解を図らなければならない。KEMマネージャーは必ずしもエネルギーの専門家ではないが、大勢のステークホルダーや住民と交渉・説明し、柔軟で高いコミュニケーション能力が求められる。

プロジェクトが成功するための要素として、実施コンセプト（潜在可能性を踏まえた目標や計画の策定）、地域の推進力（行動計画を遂行するキーパーソン）、地域の発展プロセスへの統合（地域経済、自治体、市民の協働）の3つが重要ポイントとされている（Climate and Energy Fund, 2018）。日本の「地域おこし協力隊」が地域活動の主体となっているのとは異なり、KEMマネージャーは住民や事業者、自治体などとの橋渡し役に徹し、計画策定の支援にとどまる。事業の運営や関与は住民や事業者などのステークホルダーが担わなければならない。

　KEMの「モデル地域」に認定されると、基礎自治体は有利な助成プログラム（太陽光発電、太陽熱温水器、建築物の断熱化、バイオマス利用など）を活用できるインセンティブがある。KEMマネージャーは国や州、EUなどの補助金や助成システムを熟知しており、当該自治体の取り組みに相応しいプログラムを申請し資金を獲得していくことが求められる。

　これらの支援を得ながら、農村部で20名が共同で1台の電気自動車を共有するE-Car sharing、公共建築物の屋根に市民出資の太陽光発電の設置、ホテルのLED照明への交換、利便性の高い駐輪場の設置など、再エネ、省エネ、モビリティ、広報・意識啓発、公共調達、空間計画など多様な取組みが行われている。このような実践例は、KEMのホームページで詳細な情報が掲載されている（プロジェクトの内容と目標、スケジュール、事業のコストと資金調達方法、CO_2排出削減の予測、持続可能性の見通し、事業に取り組む動機など）。情報を共有することで、他の地域でも類似した取組を検討する際に参考にでき、ベストプラクティスの横展開につながっている。

5　中間支援組織の役割と意義

　ここでは、いくつかの先行研究をもとに中間支援組織の役割や機能について整理していく。中間支援組織については、橋渡し組織（Bridging Organization）や仲介者（Intermediaries）、境界組織（Boundary Organizations）などと分類されているが（Sternlieb et al., 2013）、以下では境界組織をとりあげていく。

　気候変動対策は科学的な知見に基づいて取り組んでいく必要があり、高度な専門性を要する。しかしながら、気候変動政策を決定していく政治家や官僚、エネルギー自立に取り組む企業や市民が、専門知の不足によって不適切な判断を下し

て不利益を生じさせることがありうる。境界組織は、そうした科学的知見と政策実践を相互作用させる仲介の役割が求められる。

　また、境界組織には、主に4つの機能があると指摘されている（Tribbia et al., 2008, pp.317-8）。第1に、招集機能（convening function）は、利害関係者の信頼関係を築き、相互理解を促進していくための効果的な情報の作成とコミュニケーションである。第2に、翻訳機能（translation function）は、協力している個人や組織の情報やリソースの内容の理解を保証する。第3に、協調機能（collaboration function）は、協力しているグループが率直かつ透明な対話を交わすために、信頼できる科学的な知識を効果的な作業で生み出していく。第4に、修復機能（mediation function）は、利害関係者、情報作成者、ユーザーにとって相互に利益が保証される調停である。

　オーストリアの農山村での中間支援組織の事例で照らし合わせると、KEMという仕組みが4つの機能すべてに関わっている。KEMマネージャーが地域の利害関係者との間で円滑にコミュニケーションをはかることができれば、適切な専門知にもとづきながら、コミュニティや地域住民にとって満足度の高い取組が誘発されていくことが期待される。農山村では、再エネ事業を展開できる人材や資本力が乏しい。専門家を招いて資金が調達されれば万事上手くいくわけではなく、地域のニーズを集約して合致させるプロセスこそが重要なのである。

　平岡（2018）は、ドイツやオーストリアの地域エネルギー政策における中間支援組織の機能として、次の4つをあげている。㋐調査研究・提言機能、㋑助言・ノウハウ提供機能、㋒ネットワーキング・コーディネート機能、㋓教育機能である。これらは境界組織の4つの機能やKEMの役割とも重なっているが、㋓教育活動の機能として「関連分野の人材・組織等を対象にした各種の研修・教育活動」が中間支援組織の機能に欠かせないことが指摘されている。

　また、白井（2018）は、再エネによる地域社会が目指すべき目標として、①再エネによるエネルギーの自治、②対話とネットワーク、③地域経済の自立、④公正と安全、環境共生、⑤地域主体の自立共生をあげて、主体関係や地域主体、社会経済という枠組みを捉えようとしている。その事例として、飯田市や湖南市など8つの国内自治体を対象に分析したところ、生成、普及、波及、連鎖、転換という5つのステップを経て社会転換が実現できる。地域の成功から、どのように国の政策へ影響を与えて社会転換していくのかについては、連鎖というステップ

を重視して同様の取り組みを全国に拡げていくことが重要とされる。

　飯田市のおひさま進歩エネルギー株式会社が取り組んでいる「おひさまゼロ円システム」は、太陽光発電の普及が地域経済循環に寄与することや、事業化のプロセスで住民間の協働が社会関係資本の形成やエネルギー自治に有用に働いていると評されている（諸富、2013）。また、地域住民による自治能力を養う場に自治体がサポートすることが重要であり、飯田市では公民館活動が大きな役割を担っている（西城戸ほか、2015；八木、2015）。

　以上をまとめると、中間支援組織には、地域主体による事業計画の策定・運用、地域経済循環を重視した事業づくり、適正な環境アセスメントの実施、土地開発へのゾーニング規制などへの助言など専門的な役割が求められる。それとともに、地域社会でのコミュニケーションを介したコーディネートや、現場での担い手を研修や教育していく人材育成もカギとなっている。

6　地域分散型エネルギー社会では何が必要なのか

　オーストリアの事例から何を教訓にできるのだろうか。エネルギー自立地域づくりの中核的な役割を担っているのが本章で紹介した KEM という中間支援組織の仕組みである。とくに農山村のエネルギー自立地域づくりを進めていくうえで、オーストリアのエネルギー・エージェンシーや KEM マネージャーの役割が参考になる。こうした住民自治の活動が広く展開できるのは、日本ではすっかり影を潜めてしまったローカルアジェンダ活動がオーストリアでは今も根強く続けられていることと無縁ではない。KEM は比較的新しい仕組みであるが、従来の地域づくりの延長にあることを抑えておく必要がある。KEM の事例からわかることは、小規模な基礎自治体に不足している知恵・知見や資金、KEM マネージャーのような地域づくりのコーディネーターを国や州が仕組みとして保証することの重要性である。ただし、あくまでも地域への支援にとどまっており、時間や手間はかかるにしても、地域住民や事業者が主体となる住民自治や市民協働が欠かせない。

　日本でも、滋賀県湖南市や長野県飯田市などをはじめ、エネルギー自立地域づくりが拡がりつつある。しかしながら、内閣府の事業はすでに実績のある（あるいは実績が生まれつつある）ごく一部の自治体に資金を重点配分する方式である

（図 5 - 3）。計画づくりや事業運営は、コンサルタント企業、域外企業、地域おこし協力隊などの外部の力に依存し、住民参加が弱い傾向にある。そして何よりも問題なのは、これまで実績や経験がない自治体が基礎的な支援を受けてエネルギー自立の取り組みを始めることが困難であり、拡がりが弱いことである。それに対して、オーストリアは意欲があればどの自治体でも何らかの支援が受けられ、地域主導でエネルギー自立地域づくりに取り組める方式である。その結果として、脱炭素社会に向けて国全体の底上げにつながっている。

　最後に、オーストリアの農山村は同じ条件不利地域である日本の中山間地域とは違って活気があることを触れておきたい。寺西・石田（2018）は、その理由を大きく 4 点にまとめている。第 1 に、農山村は生活の質が高く、暮らしやすい。どの村にもスーパーや商店、美味しいレストランが必ずあり、地域の伝統文化や風習が継承され、安心して子育てもできる。第 2 に、農林業が基幹産業となり、若者を雇用して定住させている。オーストリアは有機農業の先進地で、美しい自然景観と組み合わせた欧州有数の観光地でもあるが、条件不利で競争力を持たない農家や地域は、EU や政府から支援を受ける。第 3 に、水力発電やバイオマスエネルギー産業（とくに熱供給）が盛んで、各地でエネルギー自立地域づくりが取り組まれている。第 4 に、人口数千人の基礎自治体は、行政機能の効率化で広域連携しつつも、互いに独立した地方自治が残され、住民本位の地域運営が実践されている。地域のエネルギー事業は、住民の生活の質を豊かにし、よりよい未来を築いていかなければ、持続可能とならないことを強調しておきたい。

付記：4.2と4.3は上園（2018）を大幅に加筆修正して記述している。

参考文献

上園昌武（2016）「地域分散型エネルギーシステムがもたらす新しい社会」大島堅一・高橋洋編『地域分散型エネルギーシステム』日本評論社、281-307頁。

上園昌武（2018）「オーストリアの気候エネルギーモデル地域の役割」『人間と環境』第44巻第 2 号、23-26頁。

近江貴治・上園昌武・歌川学（2018）「地域カーボンバジェットの算出～手法開発と課題・展望」日本環境学会第44回研究発表会予稿集、116-117頁。

資源エネルギー庁（2020）「国内外の再生可能エネルギーの現状と今年度の調達価格等

算定委員会の論点案」第61回 調達価格等算定委員会（2020年9月29日）

白井信雄（2018）『再生可能エネルギーによる地域づくり―自立・共生社会への転換の道行き』環境新聞社。

高橋寿一（2016）『再生可能エネルギーと国土利用―事業者・自治体・土地所有者間の法制度と運用』勁草書房。

滝川薫編（2012）『欧州のエネルギー自立地域―100％再生可能へ！』学芸出版社。

地球環境市民会議（2019）「地域脱炭素発展戦略の政策提言 Ver.1」

千葉大学倉阪研究室・環境エネルギー政策研究所（2020）「永続地帯研究2019年度版報告書」

デトロイトトーマツコンサルティング（2018）「平成29年度電気施設等の保安規制の合理化検討に係る調査風力発電業界の構造調査最終報告書」経済産業省商務情報政策局。

寺西俊一・石田信隆編（2018）『輝く農山村―オーストリアに学ぶ地域再生』中央経済社

豊田陽介（2018）「欧州のエネルギー自立を推進する制度」的場信敬・平岡俊一・豊田陽介・木原浩貴『エネルギー・ガバナンス』学芸出版社、131-145頁。

内閣府（2020）「地方創生 SDGs・「環境未来都市」構想」、https://www.kantei.go.jp/jp/singi/tiiki/kankyo/index.html（2020年10月7日閲覧）

西城戸誠・尾形清一・丸山康司（2015）「再生可能エネルギー事業に対するローカルガバナンス―長野県飯田市を事例として」丸山康司・西城戸誠・本巣芽美『再生可能エネルギーのリスクとガバナンス』ミネルヴァ書房。

農林水産省食料産業局（2020）「営農型太陽光発電について」、https://www.maff.go.jp/j/shokusan/renewable/energy/attach/pdf/einou-51.pdf（2020年10月7日閲覧）

パワーシフト（2020）「自然エネルギー供給をめざすパワーシフトな電力会社」、http://power-shift.org/choice/（2020年10月7日閲覧）

平岡俊一（2018）「欧州の地域主体を支える中間支援組織」的場信敬・平岡俊一・豊田陽介・木原浩貴『エネルギー・ガバナンス』学芸出版社、148-172頁。

風力発電施設から発生する騒音等の評価手法に関する検討会（2016）「風力発電施設から発生する騒音等への対応について」

古川高子（2014）「オーストリアにおける「保守派」の反原発運動とその環境保護思想」『クァドランテ』東京外国語大学海外事情研究所、第16号、305-317頁。

的場信敬・平岡俊一・豊田陽介・木原浩貴（2018）『エネルギー・ガバナンス―地域の政策・事業を支える社会的基盤』学芸出版社。

的場信敬・平岡俊一・上園昌武編（2021）『エネルギー自立と持続可能な地域づくり―

環境先進国オーストリアに学ぶ』昭和堂。

丸山康司（2015）「再生可能エネルギーをめぐるリスクと地域資源管理」丸山康司・西城戸誠・本巣芽美『再生可能エネルギーのリスクとガバナンス』ミネルヴァ書房。

諸富徹（2013）「『エネルギー自治』による地方自治の涵養―長野県飯田市の事例を踏まえて」『月刊地方自治』第786号、2-29頁。

八木信一（2015）「再生可能エネルギーの地域ガバナンス」諸富徹編著『再生可能エネルギーと地域再生』日本評論社、149-168頁。

CEDAMIA（2021）Climate Emergency Declaration and Mobilisation in Action - Global Declarations List, https://www.cedamia.org/global/（2021年4月17日閲覧）

Climate and Energy Fund（2018）Climate and Energy Model Regions - An Austrian blueprint for a successful bottom-up approach in the field of climate change and energy.

eurostat（2020）Energy balances 2020.

Jenniches S.（2018）Assessing the regional economic impacts of renewable energy sources - A literature review, *Renewable & Sustainable Energy Reviews*, 93, pp. 35-51.

Koeppl A., et al.（2013）The Austrian Climate Change and Energy Fund: Promoter of Structural Change in Energy Efficiency and Climate Protection, Expert Advisory Board of the Austrian Climate Change and Energy Fund.

Sternlieb F., Bixler RP, Huber-Stearns H, Huayhuaca C.（2013）A question of fit: Reflections on boundaries, organizations and social-ecological systems, *Jounal of Environmental Management*, 130, pp. 117-125.

Tribbia, J. and Moster, S.C.（2008）More than information: What coastal managers need to plan for climate change, *Environmental Science & Policy*, 11, pp. 315-328.

第6章 **再生可能エネルギーの普及による地域経済効果**

福島県を対象とした拡張地域間産業連関表に基づく定量分析

林大祐・下田充・歌川学・稲田義久・大島堅一・上園昌武

　本章の目的は、福島県を対象として、再生可能エネルギー（以下、再エネ）発電事業の調達・売電地域構成の実態を反映した地域間産業連関表を作成し、再エネ普及による地域経済効果を定量的に評価することである。第1節で、再エネ普及の経済効果分析に関する先行研究をレビューし、本研究の位置づけを行う。第2節で、東日本大震災前後の福島県の経済・エネルギー需給構造の変化を示す。第3節では、福島県における再エネ発電事業の移輸出入構造を把握するためのアンケート調査方法、再エネ部門を明示化した拡張産業連関表の作成手順、2030年に向けた福島県の電源構成の変化に伴う地域経済効果の分析方法を説明する。第4節で、福島県の再エネ発電事業者へのアンケート結果、福島県の発電構成の変化に伴う地域経済効果を示す。最後に、結論と今後の研究展望を述べる。

1　再エネ普及の経済効果分析と本研究の位置づけ

　再エネ中心の電力システムへの移行は、地域経済の変革を伴う。再エネは、概して小規模かつ分散的に運用されるため、技術の導入や運転・維持などを通して、地域社会に雇用の創出や産業育成などの利益をもたらす。また、地域で再エネ発電事業を実施することにより、外部からのエネルギー流入、つまり地域からの光熱費流出を抑制し、地域のエネルギー及び経済的な自立を促す。特に、地域が主体となって事業を実施する場合、再エネは大きな地域経済効果をもたらしうる（ラウパッハ＝スミヤ他、2015）。

　日本における再エネ普及の経済効果分析として、産業連関表を用いた研究には一定の蓄積があるが、多くは全国あるいは9地域レベル（東北地方など）を対象としている（石川他、2012；松本・本藤、2011；森泉他、2015；鷲津他、2015；

鷲津他、2016；Nakano et al., 2017）。そのため、再エネ普及による地域経済効果の分析において重要となる、中間財・サービスの調達地域比率や再エネ電力の売電地域構成に関しては想定値が用いられており、地域の実態を反映した分析にはなっていない。中村他（2012）は、高知県での木質バイオマス普及による経済効果の分析の際に、地域でのアンケート及びヒアリング調査に基づいて、移出入構造の実態を反映した地域内産業連関表を作成している。また、兵法他（2015）は、北海道でのバイオガス事業実施による雇用量の変化を、事業データと地域内産業連関表を用いて分析している。しかし、これらの研究は単一の技術に焦点を当てているため、再エネ技術の多様性を考慮できていない点や、再エネ発電事業の実施に関わる地域間の相互依存関係を分析できていない点が課題として挙げられる。

　本章は、福島県を対象として、再エネ発電事業の調達・売電地域構成の実態を反映した地域間産業連関表を作成し、再エネ普及による地域経済効果を定量的に評価する、先駆的な試みである。福島県は、東日本大震災後に策定された「福島県再生可能エネルギー推進ビジョン（改訂版）」において、2040年頃を目処に県内の一次エネルギー需要量の100％以上を再エネで供給することを目指しており（福島県、2012）、再エネ中心の電力システムを志向する象徴的な事例であると言える。分析対象とする再エネ技術は、太陽光・風力・地熱・小水力（1 MW以下[1]）・木質バイオマス発電である。

2　福島県の経済・エネルギー需給構造

　まず、県民所得統計からみた福島県経済の特徴と推移を説明する。注目すべき点は、東日本大震災を契機に福島県の経済循環がどのように変化したかである。なお、ここで使用する県民所得データは基準年が平成23年（2011年）で、2008年版国民勘定体系（2008 SNA）に基づいて新たに推計されたものである。2016年度の福島県の実質県内総生産（GRP、平成23暦年連鎖価格表示）は、7兆5,716億円で全国シェアは1.45％である。東日本大震災からの復旧・復興に取り組んでいるが、2016年度のGRP成長率は名目では＋1.4％と4年連続のプラス、実質で

1）福島県再生可能エネルギー推進ビジョンでは、最大出力が1 MW以下の水力発電設備を「小水力発電」と定義している（福島県 2012、18頁）。なお、FITは30MW未満の「中小水力発電」を補助対象としているが、本章では福島県の定義を用いる。

図 6-1　福島県の実質 GRP 成長率と項目の寄与度

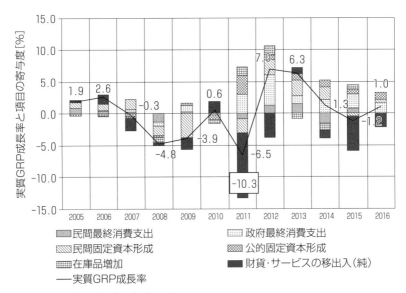

出所：福島県（2016）、内閣府（2019）
注：2007～2016年度実質 GRP 成長率及び寄与度は、H23年連鎖価格表示 GRP に基づいて計
算した。2005～2006年度実質 GRP 成長率は、H17年固定価格表示 GRP に基づく計算である。

は＋1.0％と 2 年ぶりのプラスとなった。

　東日本大震災の影響により2011年度の実質 GRP 成長率は前年比－6.5％と大幅
に低下した。成長率への寄与度をみると、大震災以降の復旧対策の貢献もあり政
府最終消費支出の寄与度は＋3.0％ポイントと成長を下支えしているが、最大の
マイナスの寄与は財貨・サービスの純移出入で、成長率を10.3％ポイント引き下
げている（図 6-1）。この背景には、電力産業の大幅生産減による、財貨・サー
ビスの純移輸出（電力サービス）の大幅減少が影響している。2012年度は前年の
大幅落ち込みから＋7.0％にまで回復するが、これは公的な復興支援（政府最終
消費支出と公的固定資本形成）による需要拡大と一部民間固定資本形成の貢献に
よる。以降、2012～2014年度と 3 年連続のプラス成長を記録したものの減速して
いる。また2014年度の消費増税は民間最終消費支出に大きな抑制効果をもたらし、
2015年度の福島県経済はマイナス成長となった。福島県の復興復旧のペースは緩
やかである。

　金額ベースでみると、2011年度の名目 GRP は前年度から6,015億円減少してい

図6-2　福島県の産業構造の推移

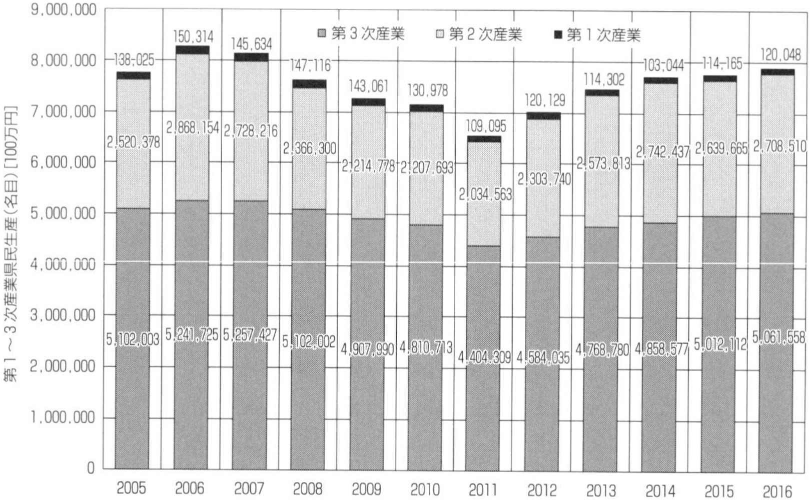

出所：福島県（2016）、内閣府（2019）
注：2006～2016年度は2008年 SNA ベース、2005年度は1993年 SNA ベースである。

る。また財貨・サービスの移出入（純）は同7,801億円減少している。すなわち、財貨・サービスの移出入（純）の大幅減が名目 GRP の大幅減をもたらしている。結果、2011年度の財貨・サービスの移出入（純）は−4,293億円とマイナスに転じ、以降マイナス幅は拡大している。産業構造（経済活動別県内総生産）から見ると、2011年度の第3次産業は前年比4,064億円減少しており、全体の67.6％となる。うち、3,582億円が電気業の減少額（5,192億円→1,610億円）である。なお2016年度の電気業の生産は3,135億円と2010年度の水準を回復できていない（図6-2、図6-3）。

　以上の説明から明らかなように、東日本大震災ショックにより、福島県の経済循環でそれまで重要な役割を果たしていた、財貨・サービスの移出入（純）の役割が機能不全に陥ったのである。このような視点から、福島県経済の復興シナリオを描く際に、電力産業の復興がポイントとなる。

　福島県のエネルギー構造の特徴は発電部門にある。沿岸部の浜通り地域に約1,000万 kW の火力発電所（大半が石炭火力）、約910万 kW の原子力発電所、内陸に約250万 kW の一般水力発電所（他に146万 kW の揚水発電所）が立地して

図6-3　福島県の第3次産業の内訳

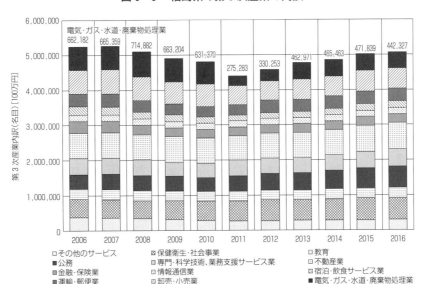

出所：福島県（2016）

注：第3次産業の内訳の定義については2005年以前とそれ以降では異なるため、2006年以降のみを示してある。

いる（図6-4）。2011年の福島第一原子力発電所事故前は、県内電力消費量年間約150億kWhの約7～9倍にあたる1,100～1,300億kWhを発電し、県内消費を差し引いた残りの電力は県外に送っていた。

　次に東日本大震災前後のエネルギーの変化を述べる。福島県の電力消費量は2011年前後で大きな変化はないが、発電電力量は大きく減少し、特にその半分を占めた原子力発電がゼロになり、東京電力及び東北電力管内の県外送電量も減った（図6-5）。再エネに関しては、2012年の固定価格買取制度（FIT）導入後、太陽光発電を中心に普及が進んだ。福島県の2018年度の再エネ発電電力量は県内消費量の約5～6割と推定でき、2018年度末までに経済産業大臣設備認定済の再エネ発電設備の多くが運転開始する数年後には、県内再エネ発電電力量が県内電力消費量を上回る可能性がある（図6-6）。

図6-4 福島県の主要な発電所の立地

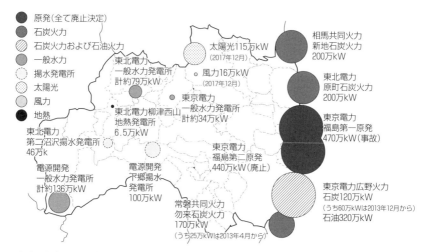

出所：経済産業省（2019a）、火力原子力発電技術協会（2012）、電力土木技術協会（n.d.）、NEDO（2018）、福島県（2019）

図6-5 福島県の発電電力量と県内電力消費量の推移

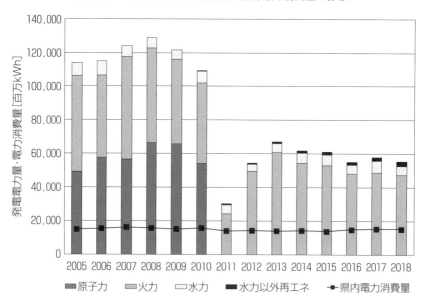

出所：福島県（2019）、経済産業省（2019b）

図6-6　福島県の再生可能エネルギー発電設備容量と発電電力量の推移

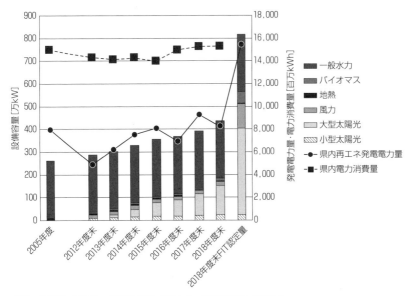

出所：福島県（2019）、経済産業省（2019a）、経済産業省（2019b）
注：小型太陽光は10kW 未満、大型太陽光は10kW 以上である。太陽光及び2015年度以前の風力、地熱、バイオマスの発電電力量は、設備容量実績と設備利用率想定[2]から推定した。一般水力及び2016年度以降の風力・地熱・バイオマスの発電電力量は実績値である。

3　分析手法

　まず、2018年6月～2019年3月に、福島県で再エネ発電事業を実施・計画している事業者に対して、事業実施における移輸出入構造を把握するためのアンケート調査を実施した。主な調査内容は、（1）再エネ電力の年間売電額及び売電総額に占める各電力販売契約先の構成比率、（2）再エネ発電事業の施設建設及び運転維持に関わる中間財・サービスの調達額と調達地域比率（福島県内、県外、海外）である。電源種によって費用項目の詳細は異なるが、概ね共通する項目は表6-1のとおりである。

　福島県の多くの発電事業者は、一つの再エネ電源種に特化して事業を実施して

─────────
2）設備利用率の想定値は、小型太陽光12％、大型太陽光14％、風力20％、地熱60％、バイオマス57％である。

表 6 - 1　アンケート調査で用いた費用項目の概要

	費用項目
施設建設費	調査費（資源調査、環境影響評価など）及び実施設計費 発電設備費（輸送費を含む） 土木・建設工事費（土地造成、道路敷設、基礎工事、設備設置など） 系統連系設備費（変電設備、電力変換装置、電源線、電柱、鉄塔など） 連系工事負担金（電力会社に支払う系統増強のための負担金）
運転維持費	設備修繕費 買電電力料金 人件費 土地賃借料 資金調達費用（借入金の利息支払） 保険料（損害保険、火災保険、賠償責任保険、利益保険などの合計）

　いる。本調査では、回答の負担を軽減するために、各発電事業者が福島県内で実施した再エネ発電事業のうち、事業実施のための中間財・サービスの調達先の地域構成が代表的であるもの 1 件に関して、事業データの提供を依頼した。

　事業実施費用などの秘匿性の高い情報を収集する必要があったため、業界団体や専門家からの紹介を得られた事業者を中心に、基本的には電子メールでのアンケート調査、必要に応じてヒアリング調査を実施した。計43社にアンケート調査を依頼した結果、16社から計17事業に関する回答を得て、全体の回収率は37％であった（表 6 - 2 ）。福島県の事業者総数と比べると、太陽光以外の電源種で17％～50％のカバー率だが、個人事業者が大多数を占める太陽光のカバー率は0.3％である。本調査では、各事業者に中間財・サービスの調達地域比率において代表的な発電事業 1 件の回答を依頼したため、仮に回収率が100％でも全ての設備容量をカバーできるわけではないが、参考までに設備容量ベースのカバー率も示す。

　次に、早稲田大学次世代科学技術経済分析研究所により開発された「次世代エネルギーシステム分析用産業連関表」の「2005年再生可能エネルギー組込取引額表（124部門表）」（以下、「2005年全国表」）に基づき、全国を対象とした同表を福島県と福島県外に分割した2005年拡張地域間産業連関表を作成した（次世代科学技術経済分析研究所、2015）。産業連関表の作成を完了した2019年 8 月時点で、再エネ部門が明示化されており、各部門の取引額が公表されている全国表は、次世代エネルギーシステム分析用産業連関表の2005年及び2030年表のみであったた

表 6 - 2　福島県の再エネ発電事業者へのアンケート調査の回収率とカバー率

	太陽光	風力	地熱	小水力	木質バイオマス	合計
回答済みの事業案件数（A）	10	3	1	2	1	17
回答済みの事業者数（B）	9	3	1	2	1	16
調査を依頼した事業者総数（C）	23	4	2	12	2	43
回収率（B÷C）	39%	75%	50%	17%	50%	37%
福島県の事業者総数（D）	3,197	13	2	12	2	3,226
カバー率（事業者数ベース）（B÷D）	0.3%	23%	50%	17%	50%	0.5%
回答済みの事業案件の設備容量（MW）（E）	32	57	0.4	0.2	5.7	96
福島県の総設備容量（MW）（F）	4,036	169	30	3.8	18	4,258
カバー率（設備容量ベース）（E÷F）	0.8%	34%	1.4%	4.6%	32%	2.2%

注：福島県の総設備容量は2019年3月時点。事業者総数は、太陽光以外は FIT 認定に関わらず全ての発電事業を含む。太陽光のみ FIT 事業計画認定情報から事業者数データを得た。風力の回答に計画段階の事業1件が含まれるが、それ以外は全て既設である。

め、本研究はこれらに依拠している。また、公表されている福島県産業連関表では再エネ部門が明示化されていないため、表6-3に示されるように既存の関連部門を細分化し、再エネ部門を明示化した。最後に、上記のアンケート結果に基づき、福島県での再エネ発電事業実施に関わる中間財・サービスの調達地域比率と売電地域構成を修正した。具体的には、調達地域の情報により、中間投入を福島県内、県外、海外からの投入に再配分した。売電地域については、アンケート結果と整合するように県内消費と移出の割合を修正した。

　また、「次世代エネルギーシステム分析用産業連関表」の「2030年再生可能エネルギー想定取引額表（143部門表）」（以下、「2030年全国表」）を参考にして（鷲津他、2015）、同表を福島県と福島県外に分割した2030年版拡張地域間産業連関表を作成した。その際、2030年全国及び福島県表では2005年全国及び福島県表と同じ投入係数を用い、2030年と2005年の電力施設建設・発電部門の生産額を一定と想定している。電力部門の投入係数に関しては、2011年の「コスト等検証委員会報告書」にある各電源種の発電所建設単価を用いているため（エネルギー・環境会議、2011）、算出される各電源種の地域経済効果は、2011年時点の発電単価に基づくものであることに留意されたい。2030年表と2005年表とで異なる点は、2030年表では電源構成（設備容量及び発電電力量ベース）を独自に想定し、電力施設建設部門における2005年の総生産額を2030年に新規建設された設備容量比で、

表6-3　福島県産業連関表で細分化した部門の対応

	分割前		分割後
050	その他の電気機器	51110	太陽電池モジュール（多結晶シリコン）
		51900	その他の電気機器（除、別掲）
067	その他の土木建設	68110	事業用原子力発電施設建設
		68120	事業用火力発電施設建設
		68130	事業用水力・その他発電施設建設
		68211	太陽光発電（住宅設置用）施設建設
		68212	太陽光発電（除別掲）施設建設
		68221	風力・陸上用発電施設建設
		68222	風力・洋上用発電施設建設
		68230	中小水力発電施設建設
		68241	フラッシュ型地熱発電施設建設
		68242	バイナリー型地熱発電施設建設
		68243	電力施設建設（フラッシュ型地熱発電用補充井）
		68251	木質バイオ発電施設建設
		68252	メタン発酵ガス発電施設建設（食品残渣由来）
		68253	廃棄物焼却発電施設建設（大都市）
		68254	廃棄物焼却発電施設建設（中）
		68300	送配電施設建設
		68400	その他の土木建設
068	電力	69110	事業用原子力発電
		69120	事業用火力発電
		69130	事業用水力発電
		69211	太陽光発電（住宅設置用）
		69212	太陽光発電（除別掲）
		69221	風力発電・陸上
		69222	風力発電・洋上
		69230	中小水力発電
		69241	フラッシュ型地熱発電
		69242	バイナリー型地熱発電
		69251	木質バイオ発電
		69252	メタン発酵ガス発電（食品残渣由来）
		69253	廃棄物焼却発電（大）
		69254	廃棄物焼却発電（中）
		69300	送配電事業
		69400	自家発電

また、2005年の発電部門の総生産額を2030年の発電電力量比で按分していることである。

2030年の全国の電源構成シナリオに関しては、2030年全国表にならい、エネルギー・環境会議（2012）の「原子力20%シナリオ、慎重ケース[3]」の再エネ導入目標値を用いた。ただし、FIT 導入後の普及が著しい太陽光発電に関しては、2019年3月時点の FIT 認定設備容量を2030年の値として用いた。原子力発電に関しては、エネルギー・環境会議（2012）に基づいて設備容量を設定したが、東日本大震災後の原子力発電所の稼働状況を鑑み、発電電力量に関しては2018年度の実績値を用いた。火力発電に関しては、設備容量は2019年3月の実績値を用いた。エネルギー・環境会議（2012）の想定する2030年の発電電力総量に対して、原子力発電が減少する分を太陽光発電の追加的普及で補えない分は、火力発電で埋め合わせるとした。以上から、2030年の全国の設備容量ベースの電源構成は、火力49%、原子力9%、一般水力3%、再エネ（一般水力を除く）39%となる。また、発電電力量ベースの電源構成は、火力62%、原子力6%、一般水力5%、再エネ（一般水力を除く）27%となる（表6-4）。

福島県の電源構成の再エネ部分は、「福島県再生可能エネルギー推進ビジョン」にある2030年度再エネ導入目標値に基づいている。ただし、福島県における2019年3月時点の太陽光発電の FIT 認定設備容量が、既に再エネ推進ビジョンの2030年度導入目標値を超えていたため、この FIT 認定設備容量を2030年値として用いた。また、2030年の原子力発電の設備容量及び発電電力量はゼロ[4]、火力発電の設備容量は2019年3月時点の実績値を基にしているが、既に長期計画停止が決まっている東京電力の石油火力3基は廃止とした。また、2030年の火力発電電力量は、2005年と比べて18%減少すると想定した（エネルギー・環境会議（2012）の上記シナリオにおける全国の火力発電電力量と同じ減少率である）。以上から、2030年の福島県の設備容量ベースの電源構成は、火力41%、原子力0%、一般水力13%、再エネ（一般水力を除く）46%となる。また、発電電力量ベース

3）「慎重ケース」とは慎重な経済成長を前提としたケースのことで、実質経済成長率は2010年代平均1.1%、2020年代平均0.8%を想定している。

4）2030年までに福島県にある全ての原子力発電所の廃炉作業が完了するということではなく、発電施設として機能する設備容量がゼロになるという意味である。東京電力は2019年7月時点で、福島県内にある10基全ての原子力発電所を廃炉にすると決定している。

表 6 − 4　全国・福島県の電源構成シナリオ

| | 全国 | | | | | | | | 福島県 | | | | | | | |
| | 2005年 | | | | 2030年 | | | | 2005年 | | | | 2030年 | | | |
	設備容量(MW)	割合(%)	発電電力量(GWh)	割合(%)	設備容量(MW)	割合(%)	発電電力量(GWh)	割合(%)	設備容量(MW)	割合(%)	発電電力量(GWh)	割合(%)	設備容量(MW)	割合(%)	発電電力量(GWh)	割合(%)
火力・原子力・一般水力計	234,968	98.2%	1,060,279	98.7%	213,899	61.0%	707,695	72.7%	21,282	99.5%	112,952	99.6%	10,261	53.8%	52,997	75.7%
火力計	163,085	68.2%	678,599	63.2%	171,469	48.9%	599,186	61.5%	9,686	45.3%	56,613	49.9%	7,761*	40.7%	46,422*	66.3%
石炭	45,724	19.1%	302,455	28.2%	46,542	13.3%	220,018	22.6%					6,950	36.7%	44,216	63.2%
石油	55,647	23.3%	139,970	13.0%	42,007	12.0%	49,140	5.0%					600	3.2%	909	1.3%
LNG	61,714	25.8%	236,174	22.0%	82,920	23.7%	330,027	33.9%					0	0%	0	0%
原子力	49,580	20.7%	304,755	28.4%	30,650	8.7%	62,109	6.4%	9,096	42.5%	49,227	43.4%	0	0%	0	0%
一般水力	22,303	9.3%	76,925	7.2%	11,780	3.4%	46,400	4.8%	2,500	11.7%	7,112	6.3%	2,500	13.1%	6,575	9.40%
再エネ計(除・一般水力)	4,226	1.8%	13,728	1.3%	136,504	39.0%	265,805	27.3%	102	0.5%	442	0.4%	8,699	46.2%	16,980	24.3%
小水力					12,000	3.4%	63,100	6.5%					40	0.2%	245	0.4%
太陽光	1,422	0.6%	1,495	0.1%	81,660	23.3%	85,941	8.8%	19	0.1%	19	0.02%	3,929	21.2%	4,243	6.1%
風力	1,085	0.5%	1,901	0.2%	34,900	10.0%	66,300	6.8%	4	0.0%	7	0.01%	4,000	21.0%	8,760	12.5%
地熱	551	0.2%	3,165	0.3%	3,120	0.9%	21,800	2.2%	65	0.3%	342	0.3%	230	1.2%	1,235	1.8%
バイオマス計	1,169	0.5%	7,167	0.7%	4,824	1.4%	28,664	2.9%	15	0.1%	75	0.1%	500	2.6%	2,497	3.6%
木質バイオ					2,530	0.7%	15,033	1.5%					485	2.5%	2,420	3.5%
合計	239,195	100%	1,074,007	100%	350,403	100%	973,500	100%	21,384	100%	113,394	100%	18,960	100%	69,977	100%

注：小水力は1MW以下の水力発電施設を指す。石炭・石油・LNGは火力計の内数。木質バイオはバイオマス計の内数。福島県の2030年の火力計（*）は、燃料種不明の自家発電（211MW、1,297GWh）を含む。空欄は欠損データ。

の電源構成は、火力66％、原子力０％、一般水力９％、再エネ（一般水力を除く）24％となる（表6-4）。

　2030年産業連関表の作成には、2030年単年の電力施設建設及び発電に伴う生産額を求める必要がある。表6-4にある発電電力量は単年の値であるため、この構成比をもって2005年の発電部門の総生産額を按分した。施設建設に関しては、再エネ（小水力を除く）は2018年12月の設備容量の実績値から2030年想定値までの増分を12等分することで単年の設備容量増分を求め、これに鷲津他（2015）や経済産業省（2015）の想定する各電源種の建設単価[5]を乗じて生産額（資本費）を求めた。一般水力・小水力に関しては、エネルギー・環境会議（2012）にある2020年と2030年の設備容量想定値の差を10等分し、上記の建設単価を乗じた[6]。石炭・石油火力及び原子力に関しては、2019年３月の実績値から2030年まで新規増設はないと想定した。LNG火力に関しては2019年時点で複数の建設計画があるが、北海道電力石狩湾新港３号機のみが2030年に建設段階にあるため、この発電設備の資本費を建設年数（３年）で等分して、2030年の資本費を計算した[7]。これらにおいて、設備容量が減少する分は、資本費の計算に考慮していない。以上から得られた2030年単年の資本費の構成比によって、2005年の施設建設部門の総生産額を按分した。

　最後に、作成した拡張地域間産業連関表により、福島県での2030年までの電源構成の変化に伴う地域経済効果（生産波及、付加価値波及、雇用波及）を計算した。その際、以下の３つのシナリオを想定した。

●レファレンスシナリオ：福島県再エネ推進ビジョン等に基づく、独自の再エネ増加シナリオで、表6-4に示される2030年の電源構成を想定している。

5）鷲津他（2015）の建設単価の想定値は、原子力35万円/kW、火力（石炭・石油・LNGの単純平均）18万円/kW、一般水力85万円/kW、太陽光発電（住宅設置）47万円/kW、太陽光発電（非住宅設置）33万円/kW、風力発電・陸上30万円/kW、風力発電・洋上49万円/kW、中小水力135万円/kW、フラッシュ型地熱88万円/kW、バイナリー型地熱240万円/kW、木質バイオマス48万円/kW である。本研究は、基本的にこれらの値を用いているが、LNG火力発電の建設単価のみ、経済産業省（2015）に基づき、12万円/kW と想定した。

6）一般水力・小水力発電に関する統計は、設備容量による区分にばらつきがあるため、直近の実績値と2030年想定値を比較するのではなく、エネルギー・環境会議（2012）に依拠した。

7）北海道電力の2017年度における電源開発計画によると、石狩湾新港３号機は2027年３月に着工、2030年12月に運転開始予定である。

●再エネ県内調達率増加シナリオ：レファレンスシナリオと同じ電源構成を想定
　しつつ、福島県での再エネ発電事業における中間財・サービスの県内調達率を、
　アンケート結果で得られた最高値に引き上げるシナリオ（調達率の数値は後
　述）。
●石炭火力増加シナリオ：レファレンスシナリオにおける福島県での2019年3月
　〜2030年までの再エネ（一般水力を除く）の発電電力量の増分を、全て石炭火
　力発電で供給するシナリオである。福島県の火力発電の大半を石炭火力が占め
　るため（表6‐4）、レファレンスシナリオと比べて、再エネの発電電力量が約
　14.5TWh、設備容量が約7.2GW 減少する分、石炭火力の発電電力量が約
　14.5TWh、設備容量が約2.3GW 増加すると想定している[8]。

　つまり、レファレンスシナリオと再エネ県内調達率増加シナリオを比較するこ
とで、福島県での再エネ発電事業における中間財・サービスの調達地域の変化に
伴う地域経済効果を、レファレンスシナリオと石炭火力増加シナリオを比較する
ことで、福島県での再エネ発電の増分を石炭火力発電で置き換えた場合の地域経
済効果を明らかにすることができる。石炭火力増加シナリオは仮想的なシナリオ
であるが、日本の石炭火力発電所の新増設計画が国際的な批判を浴びるなか、再
エネと石炭火力発電の地域経済効果を定量的に比較分析することで、日本のエネ
ルギー政策に対して重要な示唆が得られると考える。
　雇用波及の計算には、次世代エネルギーシステム分析用産業連関表の就業係数
を用いている。再エネ発電の地域経済効果は、直接効果と間接一次効果の合計値
として算出した。直接効果とは、ある施策を実施することによって直接発生する
経済効果を指す。例えば、太陽光発電所を建設する際には、太陽電池モジュール
や架台などの発電設備、土木・建設工事、系統連系設備などへの需要が発生する。
また、間接一次効果とは、直接効果によって各産業部門に発生した需要が、産業
連関を通じて新たに各産業部門の生産をどれだけ誘発させるかを計測したもので
ある。例えば、太陽電池モジュールへの需要は、半導体産業におけるシリコンの
生産を、架台への需要は鉄鋼業での鋼材の生産を誘発する。これらの経済効果に
は、発電所建設に関わるイニシャル（事業）効果と、発電所運営に伴うランニン

8）2030年の石炭火力発電の設備利用率は、レファレンス・石炭火力増加シナリオで共に73%
　としている。

グ（継続）効果がある。電源種によって発電所の耐用年数は異なるが、簡易化のために単年のランニング効果を示し、施設建設部門と発電部門の経済効果に分けて比較する。

4　分析結果

4.1　福島県における再エネ発電事業の移輸出入構造

　本調査では地熱・木質バイオマス発電に関しては1事業ずつの回答しか得られなかったため、これらの調査結果は非公開とする。また、産業連関表では、太陽光発電は住宅設置用と非住宅設置用地、風力発電は陸上と洋上、地熱発電はフラッシュ型とバイナリー型に細分されるが、ここでは事業データの秘匿性を鑑み、集計化された結果のみを示す。

　まず、売電地域構成に関して、回答を得られた再エネ発電事業17件のうち大半（売電額ベースで約78％）は、東北電力ないし東京電力に売電していることが分かった。5件の事業が新電力会社（エネット、パルシステム電力、地球クラブ）に売電しているが、サンプル全体の売電総額に占める割合としては約22％である。

　東北電力などの電気事業者に売電された再エネ電力は、最終的には当該事業者の供給エリア内の需要家によって消費されるが、産業連関表を用いた地域経済効果の分析では、どの程度の再エネ電力が福島県内で消費されたかを推定する必要がある。再エネ電力の最終消費地を特定するためのデータは公表されていないので、2005年度の東北電力及び東京電力の電力総供給量に占める福島県の電力消費量の割合（それぞれ17％、4.8％）を用いた。地球クラブとパルシステム電力に関しては、事業者へのヒアリングに基づき、電力総供給量に占める福島県の割合を、それぞれ100％、2.1％と想定した。エネットは沖縄を除く全国で電気小売事業を展開しているが、売電地域構成の詳細は公表されていない。そのため、沖縄電力を除く全ての一般電気事業者の2005年度の電力総供給量に占める福島県の割合（1.6％）を用いた。

　各電気事業者の電力供給の福島県内・県外比率に、福島県の再エネ発電事業の年間売電額を乗じることにより、再エネ発電の売電地域構成を求めた（表6-5）。多くの再エネ発電事業が東北電力ないし東京電力に売電していることを反映し、

表6-5　福島県の再エネ発電事業の売電地域構成（売電額ベース）

	福島県内への売電 比率	福島県外への売電 比率
太陽光	5%	95%
風力	13%	87%
小水力	19%	81%
再エネ計（地熱・木質バイオマス含む）	9%	91%

福島県外への売電比率が9割前後と圧倒的に高くなっている。

　再エネ発電事業実施に関わる中間財・サービスの調達地域比率の推定の際には、事業規模の違いを考慮するために、各事業の費用項目ごとの調達額で重み付けして、調達地域比率の加重平均を取った。また、回答のあった発電事業のうち、費用項目ごとに県内調達率の最高値をベストプラクティスとして示す。調達地域比率は、基本的にはアンケートへの回答をそのまま反映しているが、以下に示すようにいくつかの想定を置いた。まず、買電電力料金の調達地域構成に関して、サンプルに含まれる発電事業は東北電力ないし東京電力から電力を購入しているが、電力の供給元（福島県内・県外）を特定するために、東北電力と東京電力の電力供給量に占める福島県内発電所の割合を算出した。2005年度に、東北電力の場合は福島県内割合が38%、東京電力は26%であった。連系工事負担金は、東北電力ないし東京電力への支払いとなるが、これも電力供給量に占める福島県内の発電設備容量の割合で、福島県内・県外に按分した。土木・建設工事は福島県外のゼネコンが受注し、工事は県内業者が請け負うケースが多いが、その利益配分の詳細までは把握できなかった。県外業者が受注している場合は、ヒアリング結果に基づき、1/3を県内、2/3を県外からの調達とした[9]。

　表6-6に、福島県の再エネ発電事業の平均調達単価と調達地域比率（加重平均とベストプラクティス）の概要を示す。産業連関表の作成に用いる情報は調達地域比率のみであるが、参考までに平均調達単価も示してある。施設建設費の調達地域率を加重平均で見ると、太陽光・風力・小水力発電ともに、県内調達率は

9）産業連関表では、土木・建設部門の生産額は需要発生地（ここでは福島県内）に100%割り当てるのが原則である。そのため、産業連関表の作成の際には、土木・建設工事費の調達地域比率は100%福島県内とした。ただし、この扱いは再エネのみならず全部門に共通するので、その他の電源種と比べて、再エネ発電事業の地域経済効果の過大評価につながるわけではない。

表6-6 福島県の再エネ発電事業の平均調達単価と調達地域比率

		平均調達単価(税別)		調達地域 (加重平均)			調達地域 (ベストプラクティス)		
				県内	県外	海外	県内	県外	海外
太陽光	施設建設費	320,103	円/kW	25%	38%	37%	47%	53%	0%
	運転維持費	10,000	円/kW・年	90%	10%	0%	98%	2%	0%
風力	施設建設費	308,593	円/kW	12%	47%	41%	15%	85%	0%
	運転維持費	11,057	円/kW・年	38%	30%	32%	50%	50%	0%
小水力	施設建設費	2,006,610	円/kW	25%	75%	0%	53%	47%	0%
	運転維持費	28,632	円/kW・年	77%	23%	0%	77%	23%	0%
再エネ計	施設建設費	327,748	円/kW	16%	49%	35%	30%	40%	30%
	運転維持費	20,825	円/kW・年	88%	8%	4%	88%	9%	3%

注：再エネ計は地熱・木質バイオマスを含む。太陽光のサンプルは10事業・計31,968kW、風力は3事業・計57,400kW、小水力は2事業・計172kWである。

調達額ベースで3割に満たない。電源種ごとの詳細な結果は表6-7～表6-9に示すが、太陽光・風力・小水力発電ともに、主要な費用項目である発電設備費に関しては、福島県外ないし海外からの調達に頼っており、県内調達率は1割に満たないことが分かる。ただし、もう一つの主要な費用項目である土木・建設工事費に関しては、太陽光発電の県内調達率は約9割、風力・小水力発電は約5割と比較的高くなっている。ベストプラクティスを見ると、太陽光発電の架台、土木・建設工事費、系統連系設備費、及び、小水力発電の土木・建設工事費の県内調達率が100%となっており、これらの分野での地元企業の参画は、現時点でも十分に可能であると言える。

運転維持段階では、太陽光・風力・小水力発電ともに、総じて県内調達率が高く、地域が主体となって事業運営していることが分かる。しかし、風力発電に関しては、最大の費用項目である設備修繕費の県内調達率（加重平均）が1%であり、主に海外からの調達に依存していることが分かる。ただし、ベストプラクティスでは県内調達率が15%となっており、今後の地元企業の参画の可能性を示している。また、小水力発電の資金調達費用の5割弱が県外からの調達となっており、地元の金融機関からの資金調達を促進することで、地域経済効果を高めることができる。

表6-7 太陽光発電事業の平均調達単価と調達地域比率（サンプル：10事業、計 31,968kW）

	平均調達単価（税別）		調達地域（加重平均）			調達地域（ベストプラクティス）		
			県内	県外	海外	県内	県外	海外
施設建設費								
発電設備費								
太陽電池モジュール	127,300	円／kW	0%	8%	92%	0%	100%	0%
パワコン	37,883	円／kW	0%	95%	5%	0%	100%	0%
架台	45,262	円／kW	7%	92%	1%	100%	0%	0%
土木・建設工事費	70,319	円／kW	88%	12%	0%	100%	0%	0%
系統連系設備費	33,217	円／kW	34%	66%	0%	100%	0%	0%
連系工事負担金	6,122	円／kW	38%	62%	0%	38%	62%	0%
運転維持費								
設備修繕費	805	円／kW・年	88%	11%	1%	100%	0%	0%
買電電力料金	322	円／kW・年	38%	62%	0%	38%	62%	0%
人件費	388	円／kW・年	100%	0%	0%	100%	0%	0%
土地賃借料	1,445	円／kW・年	100%	0%	0%	100%	0%	0%
資金調達費用	4,330	円／kW・年	86%	14%	0%	100%	0%	0%
保険料	1,217	円／kW・年	90%	10%	0%	100%	0%	0%

表6-8 風力発電事業の平均調達単価と調達地域比率（サンプル：3事業、計 57,400kW）

	平均調達単価（税別）		調達地域（加重平均）			調達地域（ベストプラクティス）		
			県内	県外	海外	県内	県外	海外
施設建設費								
調査費・実施設計費	1,436	円／kW	28%	72%	0%	30%	70%	0%
発電設備費	198,649	円／kW	0%	39%	61%	0%	100%	0%
土木・建設工事費	68,854	円／kW	41%	59%	0%	53%	47%	0%
系統連系設備費	27,563	円／kW	14%	69%	17%	18%	82%	0%
連系工事負担金	12,090	円／kW	37%	63%	0%	37%	63%	0%
運転維持費								
設備修繕費	4,643	円／kW・年	1%	24%	76%	15%	85%	0%
買電電力料金	263	円／kW・年	38%	62%	0%	38%	62%	0%
人件費	967	円／kW・年	72%	28%	0%	100%	0%	0%
土地賃借料	353	円／kW・年	100%	0%	0%	100%	0%	0%
資金調達費用	3,365	円／kW・年	91%	9%	0%	100%	0%	0%
保険料	1,466	円／kW・年	0%	100%	0%	0%	100%	0%

表6-9 小水力発電事業の平均調達単価と調達地域比率（サンプル：2事業、計172kW）

	平均調達単価（税別）		調達地域 （加重平均）			調達地域 （ベストプラクティス）		
			県内	県外	海外	県内	県外	海外
施設建設費								
発電設備費	915,314	円／kW	0%	100%	0%	0%	100%	0%
土木・建設工事費	1,066,594	円／kW	47%	53%	0%	100%	0%	0%
系統連系設備費	18,679	円／kW	0%	100%	0%	0%	100%	0%
連系工事負担金	6,023	円／kW	38%	62%	0%	38%	62%	0%
運転維持費								
設備修繕費	1,679	円／kW・年	100%	0%	0%	100%	0%	0%
買電電力料金	131	円／kW・年	38%	62%	0%	38%	62%	0%
人件費	11,190	円／kW・年	100%	0%	0%	100%	0%	0%
資金調達費用	14,286	円／kW・年	55%	45%	0%	55%	45%	0%
保険料	1,347	円／kW・年	100%	0%	0%	100%	0%	0%

4.2 福島県における再エネ普及の地域経済効果

　まず、福島県内で各電力部門への最終需要が1単位（100万円）増加したときの経済波及を、施設建設段階（図6-7）と発電段階（図6-8）に分けて示す。ここでは簡易化のため、レファレンスシナリオの結果のみを示す。経済波及は直接効果と間接一次効果を含み、経済波及の指標として生産波及、付加価値波及、雇用波及を用いる。2005年及び2030年に想定する電源構成の違いから、それぞれの年次の産業連関表に含まれる電力部門が異なるため、2005年表と2030年表での分析結果を組み合わせて示す。ただし、原子力発電に関しては、2005年及び2030年に福島県での新設がなく、施設建設に伴う経済効果を計算できない。そのため、原子力発電は発電部門の経済波及のみを示す。

　施設建設部門の生産波及を比べると、再エネ電源の福島県内への生産波及は、火力・一般水力とほぼ同等であることが分かる（図6-7 a）。ただし、再エネ電源の福島県外への生産波及が火力・一般水力より大きい分、全国への生産波及に占める福島県の割合（以下、県内率）は、再エネ電源の方が低くなっている。これは、再エネ発電事業の施設建設（特に、発電設備）が、県外・海外からの調達に依存していることを反映している。また、再エネ電源の福島県内への付加価値波及は、火力・一般水力よりも小さくなっている（図6-7 b）。特に、太陽光

a）施設建設部門の生産波及（需要100万円当たり）

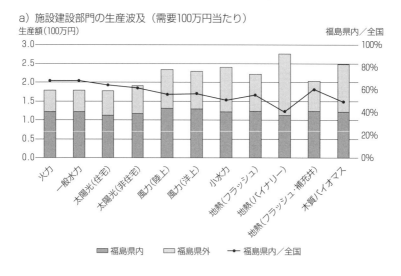

b）施設建設部門の付加価値波及（需要100万円当たり）

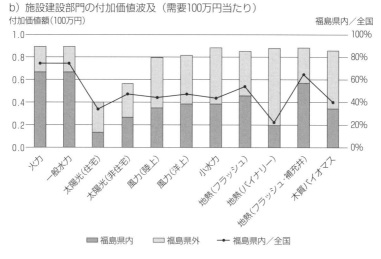

（住宅・非住宅設置用）に関しては、福島県外への付加価値波及も小さいため、全国計が顕著に低い値となっている。これは、再エネ電源の施設建設費が相対的に高いこと、中間財・サービスを県外・海外からの調達に依存していることが主な理由として挙げられる。雇用波及に関しても、付加価値波及と同様の傾向が見

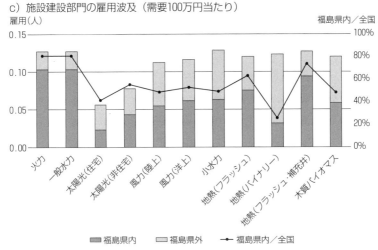

c）施設建設部門の雇用波及（需要100万円当たり）

注：火力・一般水力は2005年表、その他の電源種は2030年表に基づく分析結果である。
2005年と2030年に福島県での原子力発電所の新設がないため、原子力の経済波及は示されていない。

られる（**図6-7 c**）。ただし、付加価値波及に関しては、県外企業が事業主体である場合（例えば、火力、一般水力、大型風力、メガソーラー事業）、福島県で発生した付加価値の多くが、県外の本社所在地に流出する可能性がある。そのため、付加価値波及の電源種間の比較は難しいが、生産・雇用波及から判断する限り、施設建設部門においては、火力・一般水力と比べて、再エネ電源の地域経済効果の面での優位性は確認できない。

　発電段階の生産波及に関しては、原子力・火力・一般水力と比べて、木質バイオマスの福島県内への生産波及が顕著に大きく、それ以外の再エネ電源に関してはほぼ同等であることが分かる（**図6-8 a**）。県内率に関しては、電源種間で大きな違いは見られない。付加価値波及の解釈には、上記の事業主体に関する制約があるが、木質バイオマス以外の再エネ電源の福島県内への付加価値波及とその県内率は、原子力・一般水力と同等で、火力よりも大きいことが分かる（**図6-8 b**）。雇用波及に関しては、再エネ電源の福島県内への雇用波及は、原子力・火力・一般水力と同等以上であり、特に、小水力・地熱（バイナリー）・木質バイオマスの雇用波及が大きいことが分かる（**図6-8 c**）。以上から、発電部門においては、化石燃料の輸入を必要とせず、運転維持を地元企業で実施するこ

図 6 - 8　福島県で各発電部門への需要が1単位（100万円）増加したときの福島県内・県外への経済波及（レファレンスシナリオ）

a）発電部門の生産波及（需要100万円当たり）

b）発電部門の付加価値波及（需要100万円当たり）

とのできる再エネ電源は、福島県内への生産・雇用波及において、火力よりも優位、原子力・一般水力と同位であると言える。

　次に、レファレンスシナリオ、再エネ県内調達率増加シナリオ、石炭火力増加シナリオに伴う経済波及を表6-10に示す。ここでは、需要1単位（100万円）当

c）発電部門の雇用波及（需要100万円当たり）

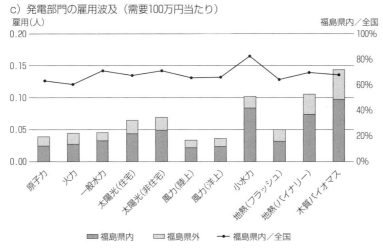

注：原子力は2005年表、その他の電源種は2030年表に基づく分析結果である。

たりの経済波及ではなく、福島県の各電力部門への最終需要が誘発する経済効果の絶対値を示している。上述のように、事業主体の違いを十分に評価できないため、付加価値波及の解釈には注意が必要である。

　レファレンスシナリオに関して注目すべきは、発電部門における福島県内への経済波及の方が、施設建設部門のそれよりも、生産波及・付加価値波及・雇用波及を平均して約30倍大きいことである。ここでは発電部門の経済効果は単年で示してあるが、発電設備の耐用年数は数十年であることから、発電事業のイニシャル効果よりもランニング効果の方が圧倒的に大きいことが分かる。レファレンスシナリオで想定する電源構成を達成した場合、施設建設部門においては、単年での福島県内への生産波及は159.9億円、付加価値波及は43.4億円、雇用波及は699人となる。発電部門においては、単年での福島県内への生産波及は5,187.2億円、付加価値波及は1,834.3億円、雇用波及は9,915人である。

　再エネ県内調達率増加シナリオとレファレンスシナリオを比較すると、再エネ発電事業の県内調達率が向上することで、福島県内（及び県外）への経済波及が増加することが分かる。既に地元企業の参画が進んでいる発電部門よりも、施設建設部門における増加率の方が高い。レファレンスシナリオと比べて、施設建設部門においては、単年での福島県内への生産波及は7.6億円の増加、付加価値波及は2.6億円の増加、雇用は28人の増加となる。発電部門では、福島県内への生

表6-10　各シナリオにおける福島県内・県外への経済波及

		レファレンス	再エネ県内調達率増加	石炭火力増加	レファレンスシナリオからの変化			
					再エネ県内調達率増加		石炭火力増加	
施設建設部門								
生産波及	県内	15,995	16,755	15,830	760	4.8%	-165	-1.0%
(100万円)	県外	12,314	15,687	7,852	3,374	27.4%	-4,461	-36.2%
	全国	28,309	32,442	23,683	4,134	14.6%	-4,626	-16.3%
付加価値波及	県内	4,349	4,615	8,177	266	6.1%	3,828	88.0%
(100万円)	県外	5,169	6,555	3,248	1,385	26.8%	-1,921	-37.2%
	全国	9,519	11,169	11,425	1,651	17.3%	1,906	20.0%
雇用波及	県内	699	727	1,353	28	4.0%	654	93.5%
(人)	県外	643	782	368	139	21.6%	-275	-42.8%
	全国	1,342	1,509	1,721	167	12.4%	379	28.2%
発電部門								
生産波及	県内	518,720	519,121	511,392	401	0.1%	-7,328	-1.4%
(100万円)	県外	112,666	113,444	112,579	778	0.7%	-87	-0.1%
	全国	631,387	632,566	623,971	1,179	0.2%	-7,416	-1.2%
付加価値波及	県内	183,435	183,622	162,465	187	0.1%	-20,970	-11.4%
(100万円)	県外	50,733	51,059	50,686	325	0.6%	-48	-0.1%
	全国	234,169	234,681	213,151	513	0.2%	-21,018	-9.0%
雇用波及	県内	9,915	9,937	8,978	23	0.2%	-937	-9.4%
(人)	県外	5,609	5,646	5,549	38	0.7%	-59	-1.1%
	全国	15,523	15,584	14,527	61	0.4%	-996	-6.4%

産波及は単年で4.0億円の増加、付加価値波及は1.8億円の増加、雇用は23人の増加となる。これらは、現時点でのベストプラクティスまで県内調達率を引き上げた場合の経済波及であるが、今後、地元企業の参画を推進することで、さらなる地域経済効果が期待できる。

　以上は再エネ普及による地域経済効果であるが、2019年3月～2030年にかけての福島県での再エネ発電の増分を、全て石炭火力発電で置き換えた場合にはどうなるだろうか。石炭火力増加シナリオとレファレンスシナリオを比較すると、施設建設段階においては、単年での福島県内への生産波及は1.6億円の微減となるが、付加価値波及は38.2億円の増加、雇用波及は654人の増加となる。ただし、発電部門においては、単年での福島県内への生産波及は73.2億円の減少、付加価

値波及は209.7億円の減少、雇用は937人の減少となる。また、発電部門の経済効果は全国でもマイナスになることが分かる。石炭火力発電所の建設に伴い、一時的には福島県内でのプラスの付加価値・雇用波及が見込めるものの、発電段階における燃料の輸入などによるマイナスの影響の方が圧倒的に大きいことが分かる。

おわりに

　本章では、福島県における再エネ普及に伴う地域経済効果を、再エネ発電事業者へのアンケート調査と拡張地域間産業連関表に基づき、定量的に評価した。福島県における発電部門の単年の地域経済効果は、施設建設部門のそれよりも平均して約30倍大きく、発電設備の耐用年数（数十年）に渡って発生するものなので、再エネ発電事業の地域経済効果を考える上で、より重要であると言える。

　福島県再エネ推進ビジョンの2030年度目標を基にした独自の再エネ増加シナリオでは、施設建設部門における単年での福島県内への生産波及は159.9億円、付加価値波及は43.4億円、雇用波及は699人となった。また、発電部門における単年での福島県内への生産波及は5,187.2億円、付加価値波及は1,834.3億円、雇用波及は9,915人という結果になった。さらに、再エネ発電事業の県内調達率をベストプラクティスまで引き上げた場合、特に、施設建設部門での地域経済効果が向上することが分かった。現時点で地元企業の参画余地の大きい分野として、太陽光発電の架台設備の製造、土木・建設工事、系統連系工事、風力発電の設備修繕、小水力発電の土木・建設工事、資金調達などが挙げられる。

　2019年3月～2030年にかけての福島県における再エネ発電の増分を石炭火力発電で置き換えた場合、施設建設部門においては、単年での福島県内への生産波及は1.6億円の微減となるが、付加価値波及は38.2億円の増加、雇用波及は654人の増加となる。ただし、発電部門においては、単年での福島県内への生産波及は73.2億円の減少、付加価値波及は209.7億円の減少、雇用は937人の減少となる。つまり、燃料を輸入に頼る石炭火力発電よりも、燃料費がほぼ不要で、運転維持を地元企業で実施できる再エネ電源の方が、地域経済効果の面で優位性を持つと言える。

　最後に、本研究の限界を述べた上で、今後の研究の方向性を示す。本研究で用いた2005年及び2030年産業連関表では、2011年時点の発電単価を用いているため、

それ以降の技術改善による発電単価の低下を反映できていない。これは各電源種間の地域経済効果の比較を妨げるものではないが、再エネに関しては2011年以降の発電単価の低下が顕著であるため、より近年の発電単価を用いれば、再エネ普及に伴う付加価値波及は更に大きくなると考えられる。2019年10月に公表された次世代エネルギーシステム分析用産業連関表の2011年版では、2018年時点の再エネの発電単価を用いているため、これを用いて本分析をアップデートすることが望ましい。また、福島県の再エネ発電事業者へのアンケート調査では、代表性を担保できるほどの回答数は得られなかった。そのため、中間財・サービスの調達地域及び売電地域構成の調査結果に関しては、改善の余地がある。さらに、事業主体が地元企業かどうかは、地域経済効果（付加価値の帰着先など）に大きな影響を与える。産業連関表ではこの点を十分に評価できないため、個別事業の分析によって補完する必要がある。

謝辞

　本研究は JSPS 科研費 16H01800の助成を受けたものである。本研究の調査にご協力いただいた発電事業者と福島県庁の方々、相川高信氏、近藤恵氏、斉藤哲夫氏、齋藤徹氏、竹濱朝美氏、田島誠氏、中島大氏に厚く御礼申し上げる。また、加河茂美氏、本藤祐樹氏、山下英俊氏からは、研究遂行のための大変有益なコメントをいただいた。

参考文献

石川良文・中村良平・松本明（2012）「東北地域における再生可能エネルギー導入の経済効果：地域間産業連関表による太陽光発電・風力発電導入の分析」RIETI Policy Discussion Paper Series 12-P-014。

エネルギー・環境会議（2011）「コスト等検証委員会報告書　参考資料1　各電源の諸元一覧」、www.cas.go.jp/jp/seisaku/npu/policy09/archive02_hokoku.html（最終閲覧日：2019年7月17日）

エネルギー・環境会議（2012）「エネルギー・環境に関する選択肢」、www.cas.go.jp/jp/seisaku/npu/policy09/sentakushi/database/index.html（最終閲覧日：2019年7月3日）

火力原子力発電技術協会（2012）「火力・原子力発電要覧（平成23年改訂版）」。

経済産業省（2015）「長期エネルギー需給見通し小委員会に対する発電コスト等の検証に関する報告：発電コストレビューシート」、www.enecho.meti.go.jp/committee/

council/basic_policy_subcommittee/（最終閲覧日：2019年8月31日）

経済産業省（2019a）「固定価格買取制度における再生可能エネルギー発電設備導入状況」、www.fit-portal.go.jp/PublicInfoSummary（最終閲覧日：2019年8月28日）。

経済産業省（2019b）「電力調査統計表」、www.enecho.meti.go.jp/statistics/electric_power/ep002/results.html（最終閲覧日：2019年8月28日）

国立研究開発法人新エネルギー・産業技術総合開発機構（NEDO）（2018）「日本における風力発電設備・導入実績」、www.nedo.go.jp/library/fuuryoku/state/1-01.html（最終閲覧日：2018年9月24日）

次世代科学技術経済分析研究所（2015）「次世代エネルギーシステム分析用産業連関表」、www.f.waseda.jp/washizu/index.html（最終閲覧日：2019年7月17日）

新エネルギー財団（n.d.）「住宅用太陽光発電システムモニター事業及び住宅用太陽光発電導入促進事業に係る年度別・都道府県別太陽光発電システム導入状況」、www.so-lar.nef.or.jp/josei/zissi.htm（最終閲覧日：2018年9月24日）

電力土木技術協会（n.d.）「水力発電所データベース」、www.jepoc.or.jp/hydro/（最終閲覧日：2018年9月24日）

中村良平・中澤純治・松本明（2012）「木質バイオマスを活用したCO$_2$削減と地域経済効果：地域産業連関モデルの構築と新たな適用」『地域学研究』42（4）、799-817頁。

福島県（2012）「福島県再生可能エネルギー推進ビジョン（改訂版）」

福島県（2016）「福島県県民経済計算」、www.pref.fukushima.lg.jp/sec/11045b/17017.html（最終閲覧日：2019年8月14日）

福島県（2019）「福島県勢要覧」、www.pref.fukushima.lg.jp/sec/11045b/15839.html（最終閲覧日：2019年8月29日）

内閣府（2019）「県民経済計算」、www.esri.cao.go.jp/jp/sna/data/data_list/kenmin/files/files_kenmin.html（最終閲覧日：2019年8月14日）

兵法彩・本藤祐樹・森泉由恵（2015）「地域の雇用変化に着目したバイオマス事業のソーシャルライフサイクル評価」『日本エネルギー機関誌』第94巻第2号、159-169頁。

増田久和（2017）「福島の復興を牽引する再生可能エネルギープロジェクト」『日本風力エネルギー学会誌』第41巻第1号、34-38頁。

松本直也・本藤祐樹（2011）「拡張産業連関表を利用した再生可能エネルギー導入の雇用効果分析」『日本エネルギー学会誌』第90巻第3号、258-267頁。

森泉由恵・本藤祐樹・中野諭（2015）「再生可能エネルギー部門拡張産業連関表の開発と応用」『日本エネルギー機関誌』第94巻第12号、1397-1413頁。

ラウパッハ＝スミヤ ヨーク・中山琢夫・諸富徹（2015）「再生可能エネルギーが日本の

地域にもたらす経済効果：電源毎の産業連鎖分析を用いた試算モデル」諸富徹編『再
　生可能エネルギーと地域再生』日本評論社、125-146頁。

鷲津明由・中野諭・新井園枝（2015）「スマートエネルギー社会の産業連関分析に向け
　て：次世代エネルギーシステム分析用産業連関表の作成と応用」『経済統計研究』第
　43巻第3号、12-31頁。

鷲津明由・中野諭・新井園枝（2016）「再生可能エネルギーの高度利用に向けて：地域
　間次世代エネルギーシステム分析用産業連関表の作成と応用」『経済統計研究』第44
　巻第3号、21-38頁。

Nakano, S., Arai, S., and Washizu, A.（2017）"Economic Impacts of Japan's Renewable
　Energy Sector and the Feed-In Tariff System: Using an Input-Output Table to Analyze
　a Next-Generation Energy System," *Environmental Economics and Policies Studies*,
　Vol. 19, pp. 555–580.

第7章 脱炭素、地域分散型エネルギー転換におけるエネルギー効率向上の役割

歌川学

　温室効果ガス排出削減のためには、再生可能エネルギー（以下、再エネ）の普及に加え、エネルギー消費そのものを削減する必要がある。エネルギー消費削減は、省エネルギー（以下、省エネ）設備への投資を行えば、企業活動や、生活の質・快適さを損なわずに達成可能である。

　本章では、地域分散型エネルギーシステム移行にあたっての省エネの役割、省エネ技術の可能性を示したうえで、日本でのエネルギー消費削減の可能性について試算する。その上で、今後必要と考えられる政策を提示する。

1　炭素・地域分散型エネルギー転換と省エネの関係

　脱炭素化と地域分散型エネルギーへの転換が課題になっている。2050年までに日米欧を含む世界120カ国以上がCO_2排出実質ゼロを達成する目標（以下、2050年CO_2排出実質ゼロ目標）を発表、中国も2060年CO_2排出実質ゼロ目標を示した。加えて2030年温室効果ガス排出削減目標があいついで強化され、英国68％減、EU55％減（1990年比）、米国50〜52％減（2005年比。1990年比43〜45％減）、日本も46％減（2013年比。1990年比40％減）に引き上げた。自治体、企業の2050年CO_2排出実質ゼロ目標もあいつぎ、国内自治体は2021年6月22日現在、40都道府県を含む410自治体が2050年にCO_2排出実質ゼロ目標を宣言している。

　CO_2排出量を1990年比で2030年に半分以下にし、2050年ゼロにするには、省エネ・エネルギー効率向上が大きな役割を果たす。エネルギー需要全体を小さくし、再生可能エネルギー供給量を増やし再エネの割合を高めること、エネルギー需要を再エネの供給にあわせて変えていくこと、再エネの利用しにくいエネルギー利用形態を再エネに適した形態に変え、無理なく無駄なく効率化することなどであ

る。

省エネの規模については、日本で最終エネルギー消費を2050年に2010年比で半分以下に削減可能であるとする試算がある（槌屋、2017; 槌屋、2020; 歌川・外岡、2017; 歌川・堀尾、2020; 気候ネットワーク、2020; 自然エネルギー財団・LUT・Agora、2021; 未来のためのエネルギー転換研究グループ、2021）。国立環境研究所も2050年に2018年比41％削減を推計している（国立環境研究所、2020）。近年、エネルギーシステムにおいては、化石燃料や原子力など環境負荷やリスクの大きなエネルギー源から再エネへの転換、大規模・集中型エネルギーシステムから地域分散型エネルギーシステムへの転換が進行している。その際に、省エネすなわちエネルギー効率向上の寄与は大きい。

省エネの役割は幾つかある。その前に、まずはエネルギーの需給構造を簡単に説明する。

エネルギーは、エネルギー転換部門（発電所など）、産業部門（製造業など）、業務部門（オフィスなど）、家庭部門、運輸旅客部門、運輸貨物部門で使われる。エネルギー利用を用途別でみると、電力、熱利用、運輸燃料に分けられる。電力においては再エネ転換が世界で進み、コスト低下も著しく、再エネによる大量供給が期待できる。熱利用は、温度帯別に低温熱利用、中温熱利用、高温熱利用に分けられる。このうち低温熱利用は熱のままであっても、あるいは電化して再エネ電力（太陽光、風力、水力、地熱、バイオマスなどのエネルギーからえられた電力）を使用するかたちであっても再エネへの転換ができる（中温熱利用、高温熱利用の課題については4.1(2)参照）。運輸燃料は再エネ転換が進まなかったが[1]、電化したうえで再エネ電力を使うことで、運輸においても再エネ転換が容易にできるようになった。

省エネ、エネルギー効率化は、再エネ転換の際に大きな役割がある。省エネ、エネルギー効率化の基本は、各エネルギーの消費を、電気、熱利用、運輸燃料それぞれで用途別に効率化して削減することである。省エネは、脱炭素、再エネ転換と統合的に実施する必要がある。

省エネ・再エネの相乗効果を得るにあたって重要な点が2つある。第1に、再

1）バイオマス燃料供給増加により運輸燃料に占めるバイオマス燃料割合増加が目指されたが、割合を大きく増やすことがなかった。バイオマス燃料には、資源制約の問題に加え、持続可能性、食用作物との競合の課題がある。

エネ電力とりわけ太陽光・風力の発電量に応じて、エネルギー需要を管理することである。例えば、太陽光発電の割合が大きい地域では、多需要期の夏冬の夕方[2]の需要を抑え、朝・夕方・夜の需要を昼間に移したり、電気自動車の充電や暖房給湯の蓄熱を昼間に移したりといった需要管理が有効である。蓄電蓄熱を効率的にするのも省エネの役割である。

　第2に、再エネ転換で、エネルギー用途を変える（熱利用から再エネ電力、運輸燃料から再エネ電力等）際に、省エネ選択を同時に行うことである。例えば、電化による再エネ転換をする際、高効率のヒートポンプを利用すると、省エネが進む。

　これらのことを実施することにより、脱炭素、再エネ転換を、電力だけでなく、熱利用や運輸燃料も含めたかたちで無理なく効果的、効率的、費用効果的に実現することができる。

2　脱炭素とエネルギー効率化

2.1　世界のCO_2排出と必要な対策

　ここでは、気候変動による被害を抑えるために必要な脱炭素とその速度、時間フレームについて確認する。IPCC（気候変動に関する政府間パネル）報告（IPCC, 2013; 2018）から試算すると[3]、気温上昇を1.5℃未満に抑制（産業革命前比）するためには2018年から排出ゼロに至るまでの累積CO_2排出量を最近のCO_2排出量の10〜18年分に抑えなければならない[4]。**図7-1**に、1.5℃に抑制するための代表的排出経路（2030年に2010年比45％削減、2050年に排出ゼロ）を示

2）電力需要から再エネ供給を差し引いた「残余需要」は朝か夕方がピークになることが多い。
3）IPCC（気候変動に関する政府間パネル）の第5次報告書（IPCC, 2013）は、世界の平均気温上昇を産業革命前から2℃未満に留めるには、2011年以降のCO_2累積排出量を1,010ないし1,120Gt-CO_2（Gtは十億トン）以内に抑えることが必要と指摘した。また、IPCCの「1.5℃特別報告書」（IPCC, 2018）は、世界の平均気温上昇を産業革命前から1.5℃未満に留めるためには、2018年以降のCO_2累積排出量を420ないし770Gt-CO_2以内に抑えることが必要であると指摘した。最近の世界のCO_2排出量は約42Gt-CO_2（IPCC, 2018）である。累積排出量に幅があるのは、各気温上昇抑制の達成確率50％と66％を挙げているためである。気温上昇1.5℃未満抑制の幅が大きいのは、新しい知見により試算の方法論を追加したためである。

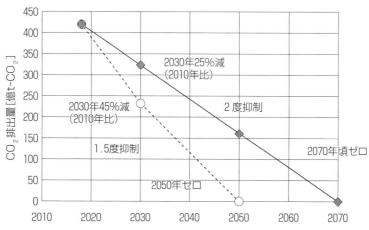

図7-1　気温上昇1.5℃、2℃のための世界の CO_2 排出経路

出所：IPCC「1.5℃特別報告書」をもとに作成。

した。気温上昇を2℃未満に抑制にしようとすれば、2018年から排出ゼロに至る
までの累積 CO_2 排出量を最近の CO_2 排出量の約18〜21年分におさえなければな
らない[5]。この代表的排出経路（2030年に2010年比25％削減、2070年頃に排出ゼ
ロ）も図7-1に示す。

　国連環境計画（UNEP）のまとめによれば（UNEP は CO_2 を含む温室効果ガス
で整理）、各国の排出削減目標を達成したとしても気温上昇は2℃を大幅に超え
る（UNEP, 2020）。産業革命前からの気温上昇を1.5℃、2℃未満に抑制してい
くには、世界規模で目標・対策の大幅な強化が必要である。

<hr>

4）IPCC1.5℃特別報告書で示された気温上昇1.5℃未満抑制のカーボンバジェット（累積排出
　　量上限、2018年から排出ゼロの年まで）420〜770Gt-CO_2 を、世界の最近の CO_2 排出量
　　42Gt-CO_2 で割り、産業革命前からの気温上昇を1.5℃未満に抑制するために世界で2018年以
　　降排出できる CO_2 排出量が最近の排出量の10〜18年にすぎないことが得られる。
5）IPCC第5次評価報告書で示された気温上昇2℃未満抑制のカーボンバジェット（累積排
　　出量上限、2012年から排出ゼロの年まで）1,010〜1,120Gt-CO_2 をまず世界の最近の CO_2 排出
　　量をもとに2018年以降の値に補正し、これを最近の CO_2 排出量42Gt-CO_2 で割ると、気温上昇
　　を2℃未満に抑制するために世界で2018年以降排出できる CO_2 排出量が最近の排出量の
　　18〜21年にすぎないことが得られる。カーボンバジェットの値は IPCC 第6次評価報告書で
　　最新知見を得て修正され、2021年発表予定である。

図7-2　気温上昇1.5℃、2℃のための日本のCO_2排出経路

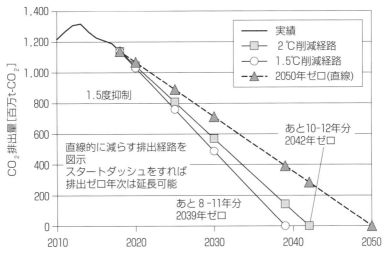

出所：IPCC「1.5℃特別報告書」と人口統計をもとに作成。

2.2　日本の CO_2 排出と必要な対策

　次に、日本の累積排出量の上限を試算する。ここでは、CO_2排出削減に関して、世界各国が公平であるべきであるとの観点から考えてみることにしたい。

　世界の排出量を公平性の観点で各国に配分する方法は幾つかある（IPCC, 2013）。最も簡明な配分方法は、一人当たり累積排出量を同一にして各国に割り当てるというものである。この配分方法に従うと、気温上昇1.5℃未満抑制のため、2018年度から排出ゼロになるまでの日本の累積CO_2排出量を2018年度CO_2排出量の6〜11年分に抑制しなければならない[6]。2018年から直線で（毎年の削減量が一定になるように）減らすとすれば2030〜2040年に排出ゼロにする計算になる。気温上昇2℃未満抑制のためには、2018年度から排出ゼロになるまでの日

6）気温上昇1.5℃未満抑制のための世界の2018年以降の累積排出量上限を2017年の世界人口で各国に配分すると、2018年以降の日本の累積排出量上限は7〜13Gt-CO_2である。また、気温上昇を2℃未満に抑制するための2018年以降の累積排出量上限を2017年の人口比で配分すると、2018年以降の日本の累積排出量上限は13〜15Gt-CO_2である。これを2018年のCO_2排出量1.19Gt-CO_2と比較し、今後の累積排出量が今の排出量の何年分にあたるかを求めることができる。

本の累積CO_2排出量を2018年度CO_2排出量の「11～12年分」に抑制しなければならない。2018年から直線で減らすとすれば、2040～2043年に排出ゼロにする計算になる（図7-2）。また、2050年CO_2排出ゼロとし、2018年以降の一人当たり累積CO_2排出量が世界で一定になるように日本の2030年削減率を求めると1990年比70％削減になる。

想定した気温上昇以下に抑制するのに許される累積の排出量総量のことを「カーボンバジェット」という。「カーボンバジェット」は、科学的知見の限界から一定の不確実性があるものの、予防原則を導入する際には重要である。大幅な温室効果ガス排出削減を実現するために、カーボンバジェットの考え方を基礎において、政策立案をすることが必要である。また、企業や公共セクターが投資判断を行う際にも、カーボンバジェットの考え方に基づき、根拠をもって温室効果ガス排出削減を達成しうる。

3　日本のエネルギー需給と省エネ促進、再エネ転換の可能性

3.1　日本における CO_2排出実態、エネルギー消費実態

(1)全体の推移

まず、エネルギー需給実態とCO_2排出実態について述べる。2011年3月の福島原発事故の前後で傾向が大きく変化したので、その前後で分けて分析する。

日本の1990～2019年度の一次エネルギー供給、電力消費量、CO_2排出量の推移を図7-3に示す（環境省、2021；経済産業省、2021）。1990～2010年度はCO_2排出量、一次エネルギー供給、電力消費量とも、2008～2009年のリーマンショック（世界同時不況）の時などを除き増加が続いた。原発事故後の2010～2019年度には一次エネルギー供給、電力消費量が減少し、2019年度には一次エネルギー供給は2010年度比13％減、1990年度比3％減となった。電力消費量は2010年度比10％減少した。また、CO_2排出量は2013年度まで増加しその後減少、2019年度には1990年度比5％減少した。2013年度以降は、各部門の省エネに加え、発電所のCO_2排出量も減少した。これは省エネによる電力消費量削減と再エネ電力増加の両方により火力の発電量が減少したことによる。

図 7 - 3　日本のエネルギーと電力消費量、CO₂排出量

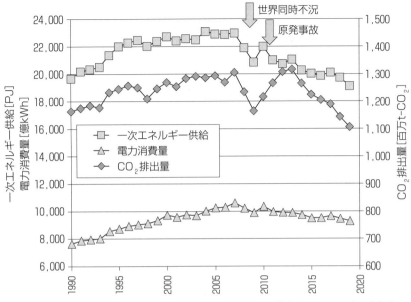

出所：経済産業省「総合エネルギー統計」、環境省「温室効果ガス排出インベントリ」より作成。

図 7 - 4　日本の CO₂排出割合

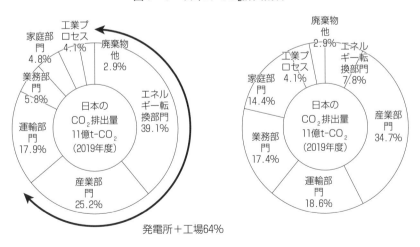

(a)直接排出　　　　　　　　　(b)電力熱配分後

出所：環境省「温室効果ガス排出インベントリ」より作成。

⑵部門別の CO_2 排出割合

CO_2 排出割合（図7-4、環境省、2021）は2通りの示し方がある。まず、発電時の CO_2 排出を発電所の排出とする「直接排出」[7]である。これでみると、エネルギー転換部門39%、産業部門25%で、両部門あわせて日本全体の約3分の2を占める。この方法では大排出源の割合や排出構造がつかめる。次に「電力熱配分後」は、発電時の CO_2 排出量を電力消費量に応じて産業、業務、家庭の各部門などに配分するものである。

⑶部門別の CO_2 排出推移

部門別にみると、図7-5（a）にみるように CO_2 排出量（直接排出）は、エネルギー転換部門が2010年度以前も含め大きく増加してきたものの、2013年度以降は減少傾向にある。これは前述の通り、省エネによる電力消費量削減と再エネ電力増加によって火力による発電電力量が減少したからである。産業・業務・家庭・運輸の各部門の「直接排出」CO_2 排出量も省エネにより減少傾向にある。

「電力熱配分後」の CO_2 排出量は複雑な動きをしている。産業部門は2009年度まで減少傾向、業務部門と家庭部門は増加傾向であった。2010年度以降は直接排出のエネルギー転換部門の増加と同じような傾向があり、2010〜2013年度は各部門とも増加、2013年度以降減少で推移している。運輸部門は2000年度頃まで増加、その後減少している（図7-5（b））。

CO_2 排出量は、温暖化対策等による「エネルギー消費量あたり CO_2 排出量」の増減、温暖化対策・省エネ対策による「活動量あたりエネルギー消費量」の増減、「活動量」の増減で変化する。エネルギー消費総量も「活動量あたりエネルギー消費量」の増減、「活動量」の増減で変化する。排出減は、対策により「エネルギー消費量あたり CO_2 排出量」「活動量あたりエネルギー消費量」が改善したか、単に「活動量」が減っただけか、の2つが考えられる。過去の CO_2 排出増減においてどの要因が支配的だったかの分析は将来の対策に役立つ。

以下に CO_2 排出量、エネルギー消費量、活動量データが得られている1990〜2018年度の事業用発電[8]、製造業[9]、業務部門、家庭部門、運輸旅客部門、

7）これは IPCC ガイドライン、条約ガイドライン、多くの国際統計と共通。
8）事業用発電は、エネルギー転換部門の排出量の大半を占めている。
9）製造業は、産業部門の排出量の大半を占めている。

図7-5　日本の部門別のCO₂排出量推移

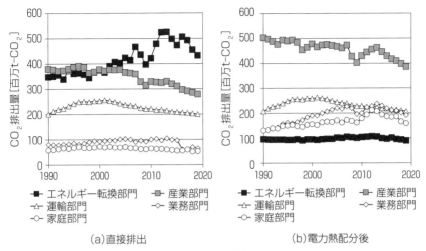

(a)直接排出　　　　　　　　　　　(b)電力熱配分後

出所：環境省「温室効果ガス排出インベントリ」より作成。

運輸貨物部門、の活動量変化[10]、CO₂排出量（事業用発電は「直接排出」、他は
「電力熱配分後」）、エネルギー消費量の増減の要因分析を行った。結果を図7-6
に示す（環境省、2021；経済産業省、2021）。図では「活動量あたりエネルギー
消費量」をエネルギー効率、「エネルギー消費量あたりCO₂排出量」をCO₂係数
としている。

　1990〜2010年度は、事業用発電のCO₂排出量（直接排出）、および製造業、業
務部門、家庭部門、運輸貨物部門のCO₂排出量（電力熱配分後）は、エネルギ
ー効率、CO₂係数はほぼ変わらず、活動量とほぼ比例して増減、つまり「対策無
し」に近い推移を示した。事業用発電、業務部門、家庭部門でのCO₂排出量が
増加した主な原因は「活動量」の増加であった。また産業部門と運輸貨物部門の
CO₂排出量が減少した主な原因は「活動量」の減少である。運輸部門のうち、運
輸旅客部門はエネルギー効率（活動量あたりエネルギー消費量）が悪化している。

　2010〜2018年度つまり原発事故後は、事業用発電と運輸貨物部門以外は、エネ
ルギー効率が向上した。

10）活動量を、事業用発電は発電量、製造業は生産指数、業務部門は床面積、家庭部門は世帯
　　数、運輸旅客は旅客輸送量（人キロ）、運輸貨物は貨物輸送量（トンキロ）とする。

図 7-6 CO₂増減の要因

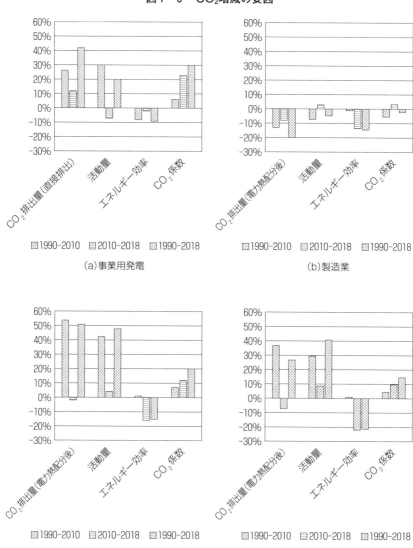

(a)事業用発電

(b)製造業

(c)業務部門

(d)家庭部門

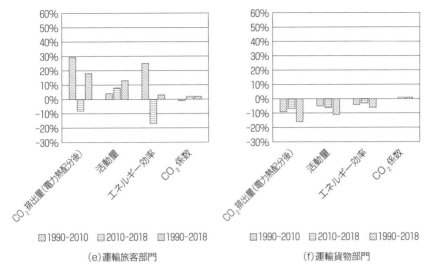

(e)運輸旅客部門　　　　　　　　　　(f)運輸貨物部門

出所：環境省温室効果ガス排出インベントリ、経済産業省総合エネルギー統計、などより作成。

以上のことから、省エネ技術自体は向上したものの1990～2010年度は全体として
エネルギー効率の改善が進まなかったが、原発事故後は進んだことがわかる。

3.2　エネルギー構造とエネルギーロス

日本ではエネルギーの有効利用分は約3分の1のみで、3分の2は排熱として
失われてきた（平田、2002）。有効利用されず失われるエネルギーのことを「エ
ネルギーロス」という。

一次エネルギー供給の約3分の1、部門別にみても、エネルギー転換部門（主
に事業用発電）、産業部門、業務部門、家庭部門、運輸旅客部門、運輸貨物部門、
いずれでも約3分の1が「エネルギーロス」として失われている。この「エネル
ギーロス」は今の技術でゼロにはできないものの、省エネによって大きく削減で
きる。

3.3　省エネと再エネ転換の両立

エネルギー利用は用途別に、電力、熱利用（低温熱、中温熱、高温熱）、運輸

図7-7　エネルギー利用と再エネ転換

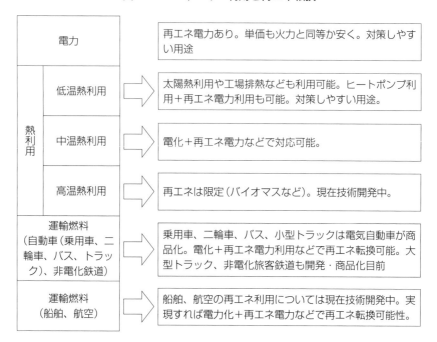

燃料（自動車（乗用車、二輪車、バス、トラック）、非電化鉄道、船舶、航空等における燃料消費）に分けられる。これと脱炭素・再エネ転換の関係について、エネルギー用途の転換や技術的課題を含め**図7-7**に示す。

　以下では、各部門において使われている化石燃料（火力発電の電力、化石燃料をもとにした熱利用、化石燃料の運輸燃料消費など）を再エネ電力、再エネ熱利用、再エネ運輸燃料へと転換し脱炭素を図る課題と、省エネ対策との関連を示す。

　ここで、再エネ電力と再エネ熱利用は次のような意味である。再エネ電力とは、太陽光、風力、水力、地熱、バイオマスなどの電力である。また、再エネ熱利用とは再エネ熱源（例えば太陽熱温水器）からの熱供給、地域熱供給の再エネ熱プラントからの熱供給を指す。

　用途別には、電力は、一定の条件のもとで火力発電所の電力中心から再エネ電力への転換が可能である。熱利用のうち、低温熱利用では、化石燃料で得られた熱供給から再エネ熱利用への転換が可能である。あるいは、電化した上で、再エ

ね電力への転換も比較的容易である。再エネへの転換が難航していた運輸燃料のうち、自動車は電化した上で再エネ電力への転換が可能である。

　部門別には、業務部門、家庭部門では使用するエネルギーの大半が電力と低温熱利用である。業務部門、家庭部門では、電力は再エネ電力への転換、低温熱利用は再エネ熱利用への転換が比較的容易である。産業部門においても、電力は再エネ電力への転換、低温熱利用は再エネ熱利用への転換が比較的容易である。これに加え、中温熱利用を電化し、ヒートポンプによって省エネを進めながら再エネ電力に転換できる可能性がある。運輸部門の自動車は、ほとんどが内燃機関自動車であり、排熱を使えず大きなエネルギーロスがある。自動車については、電気自動車に転換することで、エネルギーロスの大幅な削減が可能である。

4　省エネ、エネルギー効率化対策

4.1　機器類や設備のエネルギー効率化と再エネ転換との関係

　この節では、部門ごとにエネルギー効率化の技術的可能性を紹介する。

(1)事業用発電における対策

　発電側での温暖化対策としては、なにより再エネの割合の増加が効果的である。この際、エネルギーロスの削減も可能となる。火力発電所で発電する場合は投入エネルギーの半分以上が排熱になり排熱利用をしない限りロスになるのに対し、バイオマス以外の再エネ発電所で発電する場合はこのようなロスがないためである。

　火力の温暖化対策では、天然ガス火力発電所における天然ガスコンバインドサイクル発電へ転換（現在、フル稼働の場合の発電効率は最高で約55％である。今後フル稼働できなくなると発電効率は低下すると考えられる）が効果的である。石炭火力については、発電効率、CO_2排出係数のいずれも、天然ガス発電の水準を超える見通しがない。CO_2排出係数（発電電力量または消費量あたりのCO_2排出量）で、石炭火力を天然ガス火力と同等にするにはCCS（炭素回収貯留技術）の商業化が不可欠であるが、技術的にも経済的にも困難である。

表 7-1　産業部門のエネルギー利用と再生可能エネルギー

			省エネ	再エネ転換
生産設備	電力		高効率機器更新、インバータ化など	再エネ電力使用
	熱利用	高温熱利用	高効率機器更新、「熱の使い回し」、配管断熱など	【電化】再エネ電力使用
		中温熱利用	【熱のまま】高効率機器更新、「熱の使い回し」(より高温の工程の排熱を利用)、配管断熱など	【電化】ヒートポンプ化し再エネ電力
		低温熱利用		【熱のまま】再エネ熱利用【電化】ヒートポンプ化し再エネ電力
			【電化】ヒートポンプ化	
従業者むけ冷暖房、給湯			【熱のまま】高効率機器更新、「熱の使い回し」(より高温の工程の排熱を利用)、配管断熱、建物断熱など【電化】ヒートポンプ化	【熱のまま】再エネ熱利用【電化】ヒートポンプ化し再エネ電力

(2)産業部門における対策

　産業部門（製造業、農林水産業、鉱業、建設業）の対策について述べる。

　製造業は、素材系製造業（鉄鋼、セメント、製紙、化学工業の有機素材・無機素材製造）と、非素材系製造業（食品、繊維、機械、化学工業の素材以外（医薬品など））に分けられ、エネルギーの約7割が素材系製造業で消費される。

　素材系製造業は多くの省エネ技術があり、それを組み合わせて導入し、平均的工場の設備を優良工場レベルの設備にするだけで大きな省エネ効果がみこまれる[11]。非素材系製造業では、電気設備、熱利用設備、設備をつなぐシステムでそれぞれ大きな省エネが可能である[12]。

　次に、脱炭素・再エネ転換と省エネの関連を述べる（表7-1）。

---

11) 鉄鋼高炉で約10％削減、電炉普通鋼約17％削減、電炉特殊鋼約49％削減、セメント製造業約4％削減、洋紙製造業約52％削減など。省エネ法に基づく「省エネ法ベンチマーク」として優良工場と平均のエネルギー効率が公表されている（資源エネルギー庁、2021）。これを利用すれば、平均レベルの工場が優良工場なみになった場合の削減可能性が業種毎に試算できる。

12) 省エネ設備への更新、機器のインバータ化（これによる出力調整実施）など。熱利用では高温の排熱をより低温の工程に使う熱の「使い回し」など。また工場照明のLED化、冷暖房設備の高効率空調への転換も可能である。

　産業部門における熱利用は材料をつくる高温熱利用から、工場の冷暖房用や一部生産工程の低温熱利用（100℃以下）まで幅が広い。このうち低温熱利用は、熱利用のまま再エネ熱利用に転換しても、電化して再エネ電力に転換しても、脱炭素化が可能である。電化を選ぶ際に高効率のヒートポンプを使えば、エネルギー消費量を大きく削減できる。

　中温熱利用（100〜200℃）は、熱のままでは再エネに転換しにくい。より高温の工程の排熱を使うことや、電化して再エネ電力を使用することが考えられる。排熱利用は、熱利用の主要な省エネ手段である。また、中温熱利用を電化して再エネ電力を使用する場合、ヒーターでなく100〜200℃に温度を上げるヒートポンプを使い、大きな省エネをしながら再エネ電力に転換できる。

　高温熱利用（200℃以上）での再エネ利用には技術的課題がある。化石燃料の高温熱利用をバイオマス以外の再エネ熱利用に転換することは難しく、またバイオマスには資源制約がある。ただ、鉄鋼高炉（鉄鉱石の石炭による還元・製造）を電炉（リサイクル鉄の電気による製造）に転換すると、鉄鋼を生産するエネルギー消費量を4分の1に削減でき、加えてエネルギー種が石炭から電気に変わり再エネ転換も容易になる。さらに、近年では鉄鉱石からの鉄鋼生産、他の高温熱利用（セメント、ガラス、化学工業など）も電化などで再エネに転換することが検討されている。

(3)業務部門

　業務部門のエネルギー消費は、暖房用、冷房用、給湯用、厨房用、照明動力用に分けられる。

　このうち暖房用エネルギー消費は、省エネ機器と断熱建築の導入により大幅に削減できる。日本でも従来の断熱基準レベルを大きく超えるエネルギー消費削減を行う「ゼロエミッションビル」の普及が始まった。機器で省エネを進めれば、冷房暖房用、給湯用、厨房用、照明用、動力用それぞれで大きな省エネが可能である。

　業務部門のエネルギー消費は基本的に電力と低温熱利用であるため、電力は再エネ電力への転換、低温熱利用は、再エネ熱利用への転換または電化して再エネ電力を用いることが可能である。

　電力需要が大きく再エネ電力供給が少ない夕方の時間帯の需要を省エネ、ある

いは他の時間帯へのシフトで減らすことができる。給湯用・暖房用蓄熱では、再エネ電力の余る昼間などの時間帯を中心に蓄熱することが可能である。

⑷家庭部門

　家庭部門のエネルギー消費は、業務部門と同様、暖房用、冷房用、給湯用、厨房用、照明動力用に分けられる。暖房用エネルギー消費は、省エネ機器と断熱建築により大幅な削減が可能である。日本でも「ゼロエミッション住宅」[13]の普及が始まり、これにより断熱基準住宅を大きく超えるエネルギー消費削減が可能である。省エネ機器でも、冷房暖房用、給湯用、厨房用、照明動力用のそれぞれで費用対効果の高い大きな省エネが可能である。

　家庭部門も、業務部門同様、消費エネルギーは電力と低温熱利用のため、電力は再エネ電力へ、低温熱利用は再エネ熱利用への転換が容易である。

　今後、系統電力に占める再エネ電力の割合が増加、特に太陽光や風力の発電量が需要を上回る時間帯が多くなることが予想される。その際、給湯用、暖房用の蓄熱を、再エネ電力が需要を上回る時間帯を中心に行うことで再エネ利用に資することが可能である。また、夕方の電力需要を省エネで減らすか、他の時間へシフトさせることができる。

⑸運輸部門

　運輸部門は電気自動車技術の進展で注目されている。運輸旅客、運輸貨物ともエネルギー消費量全体の９割を占める自動車が対策の重点である。運輸部門の対策は、機器のエネルギー効率改善、インフラ自体の転換、まちづくりなど様々な手段がある。本節では輸送機器のエネルギー効率改善をとりあげる。

　ガソリン車・ディーゼル車は化石燃料エネルギーのせいぜい２割しか有効利用していないのに対し、電気自動車はロスが小さく、エネルギー消費量はガソリン車・ディーゼル車の３分の１から５分の１ですむ。

　近年、電気自動車技術が進展し、乗用車、バス、小型トラックの商業化が進み、大型トラックも商業化が進んでいる。電気自動車のバッテリーの大型化と省エネ

13）日本の基準によれば、エネルギー消費量の一次エネルギー換算値（電力消費量を、発電ロスも含めて換算し化石燃料消費量、再エネ熱消費量との和をとる）を現状標準の８割にとどめるものをいう。

による航続距離増加に加え、急速充電技術の向上も航続距離の事実上の増加に寄与、電気自動車の普及に寄与している。加えて電気自動車は、太陽光発電や風力発電の発電が需要を上回る時間帯に蓄電でき、これらの普及に寄与する。

4.2　エネルギーを消費する経済社会システムの転換による省エネ

(1)サーキュラーエコノミー（循環型経済）への転換

材料製造は大量のエネルギーを使用し、CO_2を排出する。素材系製造業は、日本の CO_2 排出量の約 2 割（直接排出）、産業部門の約 8 割を占める。ここでは、リサイクル率を高めるなどの循環型経済への転換が有効である。例えば、素材系に含まれる鉄鋼業では、鉄鉱石から鉄をつくる高炉製鉄が、リサイクル鉄、電炉の 3 ～ 4 倍のエネルギーを消費する。鉄鋼業では、リサイクル鉄の利用割合を増やすことでエネルギー消費を大幅に減少させられる。

材料使用期間延長もエネルギー消費削減に寄与する。例えば建築物寿命延長がある。欧米の建築物の使用期間に比較し、日本の建築物は半分から 3 分の 1 で建替え、材料消費を増やしている。建物の長寿命化、使用期間延長で素材生産量を減らし、エネルギー消費量を削減できる。

(2)公共交通機関、共同輸送への転換と交通体系・インフラ転換

運輸部門では、自動車単体の省エネ化だけでなく、旅客では自家用車から公共交通への転換、貨物ではトラックから鉄道や船舶への転換が有効である。貨物では都市部や都市間で共同輸配送し積載率を上げることに大きな省エネ可能性がある。

人や物の移動は、都市構造に依存している。そこで、計画的なまちづくりで移動距離自体を変化させたり[14]、公共交通利用を増加させたりするなどして、エネルギー消費を削減できる。

旅客輸送では、シェアリング、共用化などにより、自動車の稼働率向上と自動車保有台数削減を進めることができる。さらに、これらにより生産台数を削減できれば製造時のエネルギー消費削減の可能性がある。都市構造の作り直し、イン

---

14) 例えば公共施設や商業施設、病院などを公共交通機関で移動可能な地域に立地させるか、郊外立地の場合も公共交通機関を同時に整備するなどが考えられる。

表7-2 省エネ技術普及対策の想定

部門		2030年度	2050年度
産業部門	素材製造業（鉄鋼、セメント、化学工業、製紙）	省エネ法ベンチマーク水準を各業種で達成 電炉割合50%	2030年水準維持 電炉割合70%
	非素材製造業、非製造業	生産設備：補助事業やESCO等の実績水準 冷暖房照明は業務部門なみ改善	2030年水準維持
運輸部門	旅客	乗用車、バスの平均燃費は現在の燃費規制のトップレベルに 自家用乗用車で電気自動車普及20%、タクシー・バスで3%	乗用車、二輪車、バスは電気自動車転換 鉄道、船舶、航空は2030年水準維持
	貨物	トラックの平均燃費は現在の燃費規制のトップレベルに トラックの電気自動車」普及3%	トラックは電気自動車に転換 鉄道、船舶、航空は2030年水準維持
業務部門、家庭部門		照明・機器の省エネ機器転換、断熱建築普及	断熱建築普及

注：新技術開発を見込まない（トラックの電気自動車化のみ。商品化間近）。他に旅客で自家用乗用車の5％を鉄道、5％をバスへ。貨物でトラックの2％を鉄道、8％を船舶へ。

フラ整備を伴う対策は、実現に時間がかかるので、計画的に取り組むことが必要である。

5 対策の試算例

　ここでは、技術対策を考慮した2030年度、2050年度のエネルギー消費量を推計する。省エネ技術普及対策および再エネ・燃料転換対策（表7-2、表7-3）においては、商業化されていない新技術は基本的に想定せず[15]、現時点で商業化されている省エネ技術の導入を想定した。また活動量は、政府想定と同一の場合[16]と、人口に応じて漸減する場合（活動量中位）とに分けて試算した。また、再エネへのエネルギー転換のため、産業部門での鉄鋼の一部の電炉化、その他の

---

15) 電気自動車は商業化一歩手前の技術も想定している。他については商業化技術のみを想定している。
16) 2030年までは経済産業省の「長期エネルギー需給見通し」の活動量にあわせている。

表7-3　再エネ普及と燃料転換に関する想定

対象		2030年度まで	2050年度まで
電力		再エネ拡大（約44％）、石炭石油終了	再エネ転換
熱利用	業務・家庭（低温熱利用）	再エネ拡大、一部天然ガス転換	再エネ転換
	高温熱（鉄鋼高炉）	石炭利用、一部天然ガス転換	石炭利用、一部天然ガス転換
	高温熱（高炉以外）	一部天然ガス転換	天然ガス転換
	産業中温熱利用	一部天然ガス転換、一部電化、排熱利用など	一部電化（再エネ電力使用）、天然ガス転換
	産業低温熱利用	再エネ拡大、排熱利用	再エネ転換
運輸燃料	乗用車、バス、トラック	一部電気自動車転換	電気自動車転換（再エネ電力使用）
	船舶、航空		石油利用

産業部門での熱利用の一部の電化、運輸部門での自動車燃料の電化などを想定している。

　活動量中位の場合の試算結果を図7-8に示す。最終エネルギー消費は2010年度比で2050年度に約65％削減（図7-8（a））、エネルギー用途別には、図にはないが熱利用と運輸燃料をあわせて2050年度に約80％削減、電力消費量は2050年度には2010年度比約40％削減になった（図7-8（b））。またCO$_2$排出量は2030年度に約60％削減、2050年度に1990年度比約95％削減になり（図7-8（c））、商業化された技術の普及に限定した試算でも、2050年脱炭素対策の大半が可能、またCO$_2$以外の温室効果ガス排出が仮に減らなくても日本の2030年新目標（温室効果ガス排出量を2013年比46％減）以上の削減が可能であるとの結果が得られた。

6　経済との関係

　省エネ対策には、企業・家庭の光熱費を削減し、地域からの光熱費流出を抑え、地場産業に需要と雇用をもたらすという効果がある。この検討の前に2つのことを確認する。

　ひとつは「投資回収」についてである。この章では「投資回収」は、省エネ設備投資費用を、省エネによる累積光熱費削減額（年間光熱費削減額×その設備の

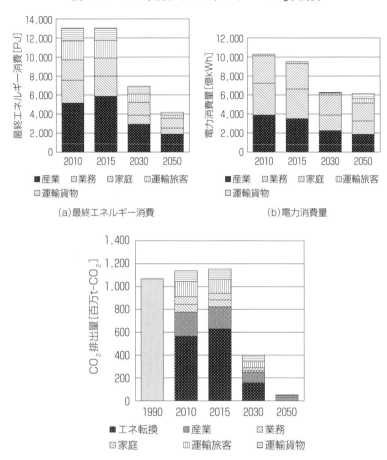

図7-8　2050年度までのエネルギー・CO₂予測例

（a）最終エネルギー消費

（b）電力消費量

（c）エネルギー起源CO₂

出所：歌川・堀尾（2020）をもとに作成。

使用年数）が上回り、省エネ設備投資費用を省エネによる累積光熱費削減額で「もと」をとった後は光熱費削減による利益が毎年蓄積することを指す。省エネ設備投資費用を光熱費削減額で割って得られた年数を「投資回収年」という。「投資回収年」は費用対効果を現す指標である。

　もうひとつは、光熱費の地域外流出についてである。現在、企業・家庭は化石

燃料や電力を地域外から購入している。そのため、多くの光熱費が地域から流出している。

　本来、地域内には再エネ資源がある。地域内に、再エネ発電設備や再エネ熱利用設備を導入すれば再エネを利用できる。また、断熱建築や省エネ設備機器の導入により消費エネルギーを減らすことができる。省エネも含めて地域内部でエネルギーを生み出せば、化石燃料や電力の外からの購入を減らすことができる。地域単位でみれば、地域から無駄な支出分だけお金が出ていくのを防止できる。地域主体は再エネの場合は売電収入や従来の外部からのエネルギー購入の削減、省エネの場合は外部からのエネルギー購入の削減ができる。これを通じて地域主体が利益も得て、地域企業の売上を増やし地域の雇用を増やすことにつながる。

6.1　取り組み主体の費用対効果

　産業部門における省エネ技術の導入（設備更新、改修）は、投資回収可能である。投資回収年は設備改修で短期、設備更新は短期（数ヶ月〜3年）から中期（4〜8年程度）である。業務部門、家庭部門の省エネ設備・機器更新対策も投資回収可能で、投資回収年は短期または中期である。断熱建築対策の投資回収年は中期である。運輸旅客部門、運輸貨物部門の省エネ機器更新対策も投資回収可能で、投資回収年は短期または中期である。乗用車の電気自動車導入は投資回収可能になり、今後も普及により値段が下がり投資回収年が短くなっていくことが予想される。バス、トラックの電気自動車は今後の普及で徐々に価格が下がり、投資回収年も普及につれ短くなっていくことが予想される。

　省エネ対策は再エネ普及とともに進めることができ、投資回収後は、企業・家庭の「利益」になり、他の投資や消費に回すことができる。省エネ対策は、同時に光熱費を大幅に削減することでもある。5節の対策シナリオでは化石燃料輸入費（2018年度年間約19兆円）が90％以上削減できる。光熱費と投資額を比較すると、累積光熱費削減が、累積設備投資額を大きく上回る[17]。

---

17) 2020〜2050年の累積光熱費約500兆円削減に対し、設備投資額はその半分程度と推定される。但し省エネだけでなく再エネ普及対策を含む（歌川・堀尾、2020）。別の試算では2010〜2050年の累積光熱費約450兆円削減に対し、設備投資額は350億円である。これも省エネだけでなく再エネ普及対策を含む（槌屋、2017）。

6.2 国・地域経済への影響

　省エネ対策の副次効果には2つの効果がある。第1に、省エネ対策を実施した企業や家庭が、光熱費の削減により、設備投資に要した資金を回収することである。第2に、地域への経済効果である。これには、省エネ対策設備投資を地域内企業が受注するときの効果と、地域外への光熱費流出防止がある。

⑴省エネ対策設備の地域内企業による受注

　まず、地域の省エネ対策設備の発注を地域の企業が受注する効果がある。省エネ対策の多くは設備投資が必要である。設備投資は支払う側にとっては支出であるが、受注側企業にとっては設備に対する需要が増えることでもある。必要となる設備の製造や設置を国内企業が行えば国内の需要拡大に、また当該投資が行われる地域で、地域の企業が受注すれば地域振興・地域発展がもたらされる（未来のためのエネルギー転換研究グループ、2021）。

　化石燃料の消費や、火力発電由来の電力消費は、国内から国外へ資金が流出する。これに対し、省エネ対策は、断熱住宅建築や各種改修などで地域内の事業者が受注できる可能性がある。また、多くの省エネ機器導入や改修でも国内企業が製品を供給、設置工事では地元事業者が関与できる。省エネ対策は、資金を地域に循環させることにつながる。

　5節で説明した省エネシナリオでは、平均設備投資額は追加的に年間7〜10兆円になった。国内光熱費は2030年に約20兆円、2050年に約30兆円削減される。

⑵化石燃料輸入額と地域光熱費の削減

　次に、国全体の化石燃料輸入額と地域光熱費の削減効果がある。省エネと再エネ普及は、日本の化石燃料輸入額を大きく削減しうる。

　地域の企業と家庭は光熱費を支出している。前述のように地域には再エネ資源、省エネ資源があるにもかかわらず、多くの場合、十分活用されず、外部からエネルギーが購入されている[18]。これらの一部は、電力事業、ガス事業等の地域事務所や地域内の燃料事業者などの利益になりうるとしても、多くが地域外に流出

---

18) 光熱費の規模を地域のエネルギー種別部門別消費量から試算すると、東京都は約3兆円、人口約190万人の岡山県は約9,000億円、福島県は約6,000億円などとなっている（2017年度）。

コラム●デカップリング

　先進国では経済発展と温室効果ガス排出量、CO_2排出量とを切り離す「デカップリング」が進んでいる。

　1990〜2019年に先進国全体のCO_2排出量は約13％減少した。この期間にGDPは約7割上昇した。GDPあたりCO_2排出量は約半分、GDPあたり一次エネルギー供給は約6割になった。GDPあたりCO_2排出量、GDPあたり一次エネルギー供給をみると、先進国では多くの国で日本以上に改善している。国別の「GDPあたりのCO_2排出量」の改善率[19]で、日本は先進国40カ国中40位だった（**図7-9（a）**）。「GDPあたり一次エネルギー供給」の改善率[20]は日本は40カ国中32位だった（**図7-9（b）**）（UNFCCC, 2021; IEA, 2020）。

する。地元主体による省エネ対策と再エネ普及を進めることで、光熱費総額の削減や地域外への光熱費流出の削減が可能である（地球環境市民会議、2019）。節約したお金は、地域発展に活用できる。

7　日本において省エネ対策が進まない理由と政策

7.1　省エネ対策が進まない理由

　日本において省エネ対策は2010年まで停滞が続いた。費用対効果が高い優良な対策技術があるにもかかわらず、省エネ対策はなぜ進まないのか。コストダウンに取り組んでいるはずの企業が、投資回収年の短い省エネ対策投資を行わず、高いエネルギーコストに甘んじているのはなぜなのだろうか。理由は幾つか考えら

---

19)「GDPあたりCO_2排出量」の1990年値と2019年値の比較。具体的には次式。（GDPあたりCO_2排出量の2019年値）/（GDPあたりCO_2排出量の1990年値）−1

20)「GDPあたり一次エネルギー供給」の1990年値と2019年値の比較。具体的には次式。（GDPあたり一次エネルギー供給の2019年値）/（GDPあたり一次エネルギー供給の1990年値）−1。2019年の一次エネルギー供給値が得られなかった非OECDの10か国は2018年値で比較。

図7-9　GDPあたりのエネルギー、CO₂排出量削減率

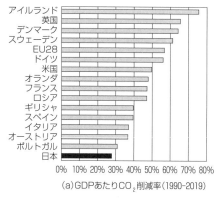

(a)GDPあたりCO₂削減率(1990-2019)

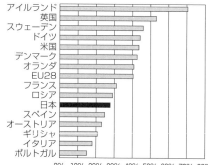

(b)GDPあたり一次エネルギー供給の削減率(1990-2019)

れる。

7.1.1　情報に関する問題

⑴省エネのイメージ

　まず、「省エネ」に対する誤解がある。一般に、省エネとは、現場での運用、とりわけ我慢やこまめな対策のことであるととらえられている。省エネ設備導入をせず効率の悪い設備を放置し運用変更もなく、日々労力や苦痛を伴うような取り組みを続けさせられると、参加者は苦痛でしかない。また、取り組みをやめてしまうと省エネ効果はなくなってしまう。

　この章では、一貫して、設備投資により建物断熱性能や設備機器の省エネ性能を向上させることで大きな省エネ効果が得られることを強調してきた。設備投資によるエネルギー効率改善を行えば、労力なしにエネルギー消費を減らすことができる。また経年劣化などを除いて後戻りすることもない。

　省エネ設備投資の意思決定を行いうるのは、企業であれば経営者や設備投資担当役員などである。これらの企業経営にかかわる者は、全体像把握、優先順位整理、費用対効果をもとに判断し、計画的に投資を行う必要がある。省エネ投資は、経営判断の一部として捉えなければならない[21]。

⑵情報の欠如

省エネが進まない理由に情報の欠如もあると考えられる。

まず対策に関する物理的・量的情報が欠如している。日本では業種毎の対策情報、現有設備におけるエネルギー効率の優れた技術の情報、優良技術を導入した場合のエネルギー効率向上や削減効果の情報などが欠如している。また後述のように公的で中立の情報が極端に少ないことも問題である。

次に、コスト情報も欠如している。省エネ機器、設備は、汎用品以外、価格を知ること自体が難しい。省エネ投資の投資回収年を知る上で、必要投資額を知ることは投資を行うか否かを判断する上で決定的に重要である。にもかかわらず、投資額に関する情報が得にくい。また、地域の小規模事業者や家庭が、こうした情報を得ることは一層難しい。

中立的、客観的情報も欠如している。省エネ技術に関する公的な専門家による相談やエネルギーアドバイスの機会もないか、極めて少ない。

7.1.2　政策の方向性、対策担保の政策の少なさ

省エネ対策の実施を担保し、また専門的知見の提供で後押しする政策の少なさも課題である。

大口エネルギー消費事業者には、対策技術の専門家がいるものと考えられる。具体的な目標が政府によって示され、規制や経済的手法が実施されていれば、大口エネルギー消費事業者の対策が進むものと考えられる。しかし、現状では、省エネが自主的取組に任されているため、対策が不十分になっている。

家庭や中小企業などでは、エネルギーに関する専門家がいないことが多い。そのため、家庭や中小企業がエネルギー効率的な技術を専門的知見に基づき選択することは困難である。このような状況のもとでは、政府がエネルギー消費の観点から市場に出回る商品の規制を強化するなどして、流通する商品のエネルギー効率水準を担保することが必要である。さらに、税などで価格差をつけたり、省エネ性能に関する情報を提示することを義務づけたりして、家庭や中小企業が優れ

21）運用が効果を発揮することもある。その場合は我慢ではなく、例えばクリーンルームや恒温室の温度湿度の合理的設定管理で、技術のプロが対応する。エコドライブも、家庭の自家用車ではなく、緑ナンバーのプロの運転手、あるいは企業の自家用車の運転手の取組が重要である。

た省エネ製品を選べるようにすべきである。

　政策を強化することによって、企業の対策が大きく進展した例は存在する。例えば、東京都では、排出量取引制度（総量削減義務化制度）導入以前に、企業の自主的排出削減目標自体が小さく、取り組みはほとんど進まなかった。しかし、排出量取引制度導入後には、義務づけられた目標を達成するために、対象企業は費用対効果の高い対策を行った。その結果、目標を大きく上回る削減効果が見られた。

7.2　対策を進める政策

(1)明確な政策目標の設定と義務化

　省エネをより一層進めるためには、政府が、エネルギー消費に関する具体的目標と省エネ技術普及に関する施策を確定するなどして、長期的な方向性を示すことが必要である。

　次に、家庭や中小企業などが使用する建築物やエネルギー多消費機器について述べる。エネルギー多消費機器の一部は省エネ法によって規制されている。エネルギー消費効率に関する規制を新たに設け、規制を満たさないものについては販売禁止を行うなどの措置が必要である。建築物については、小規模建築物も含め[22]、日本版ゼロエミッションビル、日本版ゼロエミッション住宅相当の断熱を実現させるために少なくとも新築の断熱規制化が必要であり、将来は基準自体も欧米なみに引き上げていくことも課題である。

　エネルギー消費に関する規制に加え、例えば、より効率性の高いものの選択を促すために、エネルギー効率を基礎とした経済的手法を活用したり、情報提供したりといった施策を実施すべきである。大口エネルギー消費事業所については、事業所毎の目標を、努力目標ではなく義務化することも必要である。

(2)情報提供

　建築や設備機器については、省エネ対策、性能情報、費用対効果に関する情報を、政府や自治体が提供することが必要である。特に建築物については、政府や

---

22) 床面積300m^{2}未満の建築物には新築時についても規制がない（規制化を検討中と伝えられている）。また新築と大規模改修以外は、賃貸借用途も含めて規制がない。

自治体が、持ち主に対し、エネルギー効率や再エネ比率に関する情報などを表示させたり、契約時に建物の断熱性能についての情報を提供させたりすることも求められる。

　業種ごとのエネルギー効率情報、CO_2原単位情報の提供も有効である。エネルギー効率情報、CO_2原単位情報とは、産業部門であれば、生産量あたりエネルギー消費量やCO_2排出量である。業務部門であれば、主に床面積あたりエネルギー消費量やCO_2排出量（上下水道などは処理量あたりエネルギー消費量やCO_2排出量）、運輸部門であれば、輸送量あたりエネルギー消費量やCO_2排出量である。同じ業種に属する事業者であっても、エネルギー効率、CO_2原単位には差がある。これらの指標があれば、各部門の事業者が、自らの省エネ対策の現状について客観的に把握することが可能となる。

　国や自治体は、大口事業者の業種ごとのエネルギー原単位（生産量あたりエネルギー消費量、床面積あたりエネルギー消費量、輸送量あたりエネルギー消費量など）やCO_2原単位（生産量あたりCO_2排出量、床面積あたりCO_2排出量、輸送量あたりCO_2排出量など）のデータを取得しているとみられるが、十分活用できていない。国や自治体は、大口事業所および公的施設のエネルギー効率情報、CO_2原単位情報を業種ごとに公開し、各業種のトップ効率（最良事業所・事業者の値）を平均とあわせて公開すべきである。これにより、事業者は同じ業種内の自らの立ち位置を把握し、エネルギー効率改善可能性、CO_2原単位改善可能性、エネルギー消費量削減可能性、CO_2排出量削減可能性を判断し、対策を考えることができる。また、業種別の売上高あたりの光熱費の情報を公開し、省エネが進まないと経営にも悪いことを気がついてもらうことも有効である。

(3)情報提供〜専門家実務家のアドバイス

　家庭や中小企業に対しては、断熱建築や設備機器について、専門家が中立の立場で省エネアドバイスを行うことが効果的である。省エネ対策が進まない理由に、どこから手をつけていいかわからないこと、最適な対策技術がわからないこと、その費用対効果（何年で「もと」がとれるか、あるいはそもそも持ち出しになるのか）がわからないこと、などがある。そのため、対策効果があり費用対効果も高い対策が検討もされなかったり、的外れな技術が選択されたりといったことが起こる。省エネ機器導入、断熱建築工事の前に、専門家のアドバイスを受ける機

会があれば、よりよい技術が選択され費用対効果の高い対策が選択される。

　省エネアドバイスは地域の実情に詳しい実務家があたることが望ましい。アドバイスする専門家の費用の多くは国・自治体が負担することが望ましい[23]。専門的知見・情報を提供し、アドバイスのできる専門家・実務家を集めたエネルギー事務所などの専門機関を国や自治体が地域に設置することが望まれる。

　国や自治体機関の職員も、エネルギーに関する専門家ではないため、政策立案や政策の実施の際に困難に直面することがある。国や自治体の職員に対しても専門的アドバイス、中間支援組織による支援が必要である。欧州には自治体に対し知見を提供し政策実施を共に考える支援組織がある。

(4)中小企業向けの支援

　省エネ対策工事、改修などは大手だけのものではない。地域の企業が受注できれば対策工事費用支出のお金も地域で循環する。断熱建築、企業の省エネ改修などで地元事業者が基準を満たす工事ができるよう、中小企業向けに研修制度をもうけることも有効であろう。

　また、地域の省エネ対策設備投資事業（および再エネ設備投資事業）を計画し、金融機関に融資を申し込んでも、融資を受けられないケースが各地でみられる。一般に省エネ設備投資（および再エネ設備投資）は、光熱費削減や売電収入が見込め、その他の用途の設備投資に比較しても投資回収の確実性が高い。省エネ設備投資への融資が円滑に行われるように、投資回収の確実性が高いことを行政機関が金融機関に説明する機会を設けることが望ましい。

まとめ

　省エネ・エネルギー効率向上については、エネルギー消費総量の削減、再エネ電力にあわせた需要管理、再エネ転換が容易なエネルギー種への転換の際のエネルギー効率向上、などが重要な役割を果たす。

　日本では、1990～2010年度までエネルギー効率が停滞した。原発事故を契機に省エネが進展したが、対策は十分ではない。エネルギー消費の各部門における省

---

23) 相談料が必要になれば中小企業や家庭はしない可能性が高い。省エネアドバイスのための予算措置は、例えば設備投資補助金やそれに関する実証事業予算を削減すれば捻出できる。

エネ可能量の把握、産業部門、運輸部門の電化、再生可エネルギー転換と省エネの統合的実施が重要である。こうしたことを着実に実施すれば、2050年 CO_2 排出ゼロに向け、エネルギー効率を上げて2050年にエネルギー消費量を半分以下に減らすこと、2030年 CO_2 半減以下に向け、エネルギー消費量を大きく削減することが可能である。

　省エネ・エネルギー効率向上は、エネルギー利用にともなう資金の国外・地域外への流出を抑制し、国内での産業発展、雇用創出や、地域内での経済発展などをもたらす。その意味で、省エネ・エネルギー効率向上は、個々の経済主体だけでなく、国や地域全体にとっても利益がある。

参考文献

歌川学・外岡豊（2017）「2050年に向けた技術対策および人口減社会のスリム化によるエネルギー需給と CO_2 削減可能性」、『エネルギー資源学会講演論文要旨集』

歌川・上園・氏川・近江・塩飽・外岡（2019）「気温上昇1.5℃未満カーボンバジェットを考慮した日本の CO_2 排出削減経路」、『日本環境学会講演予稿集』

歌川学・堀尾正靱（2020）「90％以上の CO_2 削減を2050年までに確実に行うための日本のエネルギー・ミックスと消費構造移行シナリオの設計」、『化学工学論文集』、46-4、91-107頁。

環境省（2021）「温室効果ガス排出インベントリ」

気候ネットワーク（2020）:「2050年ネットゼロへの道すじ」（https://www.kikonet.org/info/publication/net-zero-2050）

経済産業省（2021）「総合エネルギー統計」

国立環境研究所（2020）:「2050年脱炭素社会実現の姿に関する一試算」、総合資源エネルギー調査会第34回基本政策分科会。

自然エネルギー財団・LUT・Agora（2021）:「脱炭素の日本への自然エネルギー100％戦略」（https://www.renewable-ei.org/activities/reports/20210309_1.php）

資源エネルギー庁（2021）「エネルギーの使用の合理化等に関する法律に基づくベンチマーク指標の報告結果について（令和２年度定期報告分）」

地球環境市民会議（2019）「地域脱炭素発展戦略の政策提言」（https://www.casa1988.or.jp/2/57.html#N571）

槌屋治紀（2017）『脱炭素社会に向けた長期シナリオ』（https://www.wwf.or.jp/activities/activity/464.html）

槌屋治紀（2020）『2050年 脱炭素社会にむけたエネルギーシナリオ』（https://www.wwf.or.jp/activities/data/20201215climate01.pdf）

平田賢（2002）「21世紀：水素の時代を担う分散型エネルギーシステム」、『機械の研究』第54巻第4号、423-431頁。

未来のためのエネルギー転換研究グループ（2021）：「レポート2030、グリーン・リカバリーと2050年カーボン・ニュートラルを実現する2030年までのロードマップ」（https://green-recovery-japan.org/）

IEA（2020）*Global CO₂ emissions in 2019.*

IPCC（2013）*Climate Change 2013: The Physical Science Basis.*

IPCC（2018）*Special Report Global Warming of 1.5ºC.*

Jacobson, M.et al.（2017）"100% Clean and Renewable Wind, Water, and Sunlight All-Sector Energy Roadmaps for 139 Countries of the World."（https://web.stanford.edu/group/efmh/jacobson/Articles/I/CountriesWWS.pdf）

LUT, Energy Watch Group（2017）"Global Energy System based on 100% Renewable Energy".（https://research.lut.fi/converis/portal/Publication/10576002?auxfun=&lang=en_GB）

UNEP（2020）*UNEP Emissions Gap Report 2020.*

UNFCCC（2021）"National Inventory Submissions"（https://unfccc.int/ghg-inventories-annex-i-parties/2021）

第8章 **大規模集中型電源(原子力、石炭火力、LNG 火力)のコスト問題**

大島堅一

　地域分散型エネルギーの役割が増加するにつれ従来の電源の利用のあり方が問題になってきた。特に原子力と石炭火力は、環境保全の観点から縮小、廃止が必要である。従来、経済性は、エネルギー政策における電源選択で最も重視されたものの一つである。本章では、原子力と石炭火力をはじめとする大規模集中型電源が、発電コストの観点からみてどのような状況にあるのか検討する。

1　発電コスト検証ワーキンググループのコスト検証の内容

1.1　発電コストの検証方法と本章の対象電源

　日本政府は、総合資源エネルギー調査会（2000年までは総合エネルギー調査会）や原子力委員会などの各種の審議会を通じて、不定期に電源毎の1kWh 当たりの発電コスト（以下、発電単価）を公表してきた。しかしながら、東日本大震災以前は、情報公開が不十分で計算過程をつぶさにトレースすることはできなかった。これができるようになったのは、2011年に「エネルギー・環境会議」の下に、コスト等検証委員会が設置されて以降のことである。民主党政権では、震災後、エネルギー政策に関連して多くの改革が行われた。発電単価計算の透明性が確保されるようになったのもその一環である。

　発電単価を知るための方法としては、大きく分けて 2 つの方法がある。第 1 に、平準化発電コスト（LCOE: Levelized Cost of Electricity）を計算する方法、第 2 に、実績値を推計する方法である[1]。本章では、基本的に前者の方法をとる。

---

1 ）実績値を計算した例としては、室田（1991）、園武（1998）、大島（2010）、松尾・永富・村上（2012）等がある。いずれも電力各社が発表している有価証券報告書を基礎にしている。

平準化発電コストは、資本費、運転維持費、燃料費からなる発電費用を発電期間にわたって合計し、それを発電期間に得られる発電電力量で割ることによって得られる。評価時点は発電開始時とするのが通例である。発電期間は長期にわたるので発電費用と発電電力量は現在価値に換算して合計する。長期にわたる計算であるので、現在価値換算に用いる割引率の設定いかんによって発電単価は変化する。

　これはOECDをはじめ、世界各国で使われている方法である。日本のコスト等検証委員会（2011）や発電コスト検証ワーキンググループ（2015）などは基本的にこの方法の考え方に沿っている。平準化発電コストの推計方法には、多くのバリエーションがある（Aldersey-Williams and Rubert, 2019）。本章では、日本で標準的に用いられている発電コスト検証ワーキンググループの計算方法を踏襲する。

　本章の対象は、既存の大規模集中型電源である石炭火力、LNG火力、原子力とする。石油火力は、1979年の第3回IEA閣僚理事会において、石油火力のベースロード電源としての利用を最小限にするという決定がされて以来、日本において、事実上石油火力発電所の建設が行われなくなったので検討から外す。また、水力についても、大型水力発電所が今後開発されるとは考えられないのでこれも検討の対象としないことにする。

1.2　電源毎の費用の特徴

　まず、発電単価を検証する前に、発電コスト検証ワーキンググループ（2015）の試算結果を参照しながら、各電源の費用についての特徴を述べる。図8-1①、②は、発電コスト検証ワーキンググループ（2015）の計算結果から、各電源の比較を行ったものである。

①　原子力

　原子力は、他の電源と比べた場合（図8-1①）、資本費、運転維持費、政策経費が高く、燃料費と社会的費用が低い。資本費、運転維持費は、運転しているか否かにかかわらず必要な費用であるから固定費である。全体の発電に占める固定費の割合は図8-1②にみるように68.5％になる。原子力の特徴は固定費の割合

図 8 - 1

① 各電源の費用項目別比較

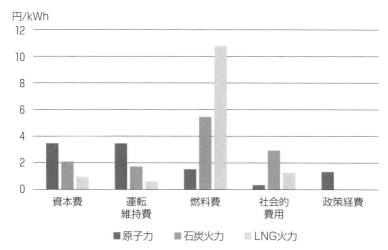

出所：発電コスト検証ワーキンググループが公表したエクセルシートより作成。

② 各電源の費用項目の割合

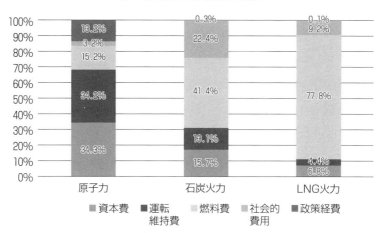

出所：発電コスト検証ワーキンググループが公表したエクセルシートより作成。

が大きいという点にある。

　原子力の固定費について詳しくみると、建設費の割合が大きいのは、核分裂連鎖反応を制御しながら発電するため、放射性物質を封じ込め、事故を防ぐことを

目的とした設備が必要となり、それにともない建設費用が増大するからである。これに加え、福島原発事故後、安全対策のために追加的工事が行われるようになったことも資本費が大きい原因となっている。発電コスト検証ワーキンググループ（2015）は、「追加的安全対策」のための費用も資本費に加えている。また、固定費のなかの運転維持費も原子力は他電源に比べて大きい。その理由は、運転停止中であっても核燃料を冷却し続ける必要があるなど、他電源とは異なって発電設備のメンテナンスに独自の対策が必要であるからと考えられる。

　同じ固定費ではあるものの、資本費と運転維持費では費用の発生の仕方が異なっている。資本費は、建設時または工事期に要する。これは他電源と同じである。原子力の運転維持費は、発電所の停止中であっても運転時とほとんど変わらずに発生する。停止していても運転維持費が必要なのは原子力特有の性質である。固定費が大きいことから、発電設備の停止は原子力の経済性を悪化させる。福島原発事故後、多くの原発が停止した際、経済性が大きく悪化した理由の一つはここにある。

　社会的費用は、原子力は、大規模電源の中で最も小さい。ここでいう原子力の社会的費用とは、福島原発事故のような重大事故に対応するための費用（事故リスク対応費用）と政策経費（技術開発や立地対策のための費用）である。福島原発事故が発生しながら小さくなっている理由は事故リスク対応費用の計算方法にある。コスト等検証委員会（2011）は、事故リスク対応費用総額を約6兆円以上と推計し、これを基礎に0.5円/kWh（設備利用率70％）以上[2]であるとした。これに対し、発電コスト検証ワーキンググループ（2015）は、事故リスク対応費用総額が約12兆円以上であるとしつつも、発電量当たりに換算すると0.3円/kWhに減少するとした。

　社会的費用が、発電コスト検証ワーキンググループ（2015）で減少した理由は、事故リスク対応費用を1kWhあたりに換算する方法に変更が加えられたことにある。2011年検証の際、1kWh当たりのコストを計算する際は、費用総額を、原発50基を40年間運転した際の総発電電力量で割るという方法が用いられた。この方法に事故発生頻度という概念は用いられなかった。というのは原発事故の発

2）ここで、「以上」となっているのは、福島原発事故の費用総額が確定しておらず、将来も増加すると考えられているからである。そのため、原子力の発電単価は「円/kWh以上」と標記されている。本章では、これ以降「以上」を省略する。

生頻度についてコスト等検証委員会で一致した見解を見いだすことができなかったからである。事故発生頻度は、IAEA（国際原子力機関）の安全基準で10万炉年あたりに1回とされている。他方で、福島原発事故を3機の事故とみて事故発生回数を3回と見るとおよそ500炉年に1回、福島原発事故の事故発生回数を1回としてみるとおよそ2000炉年に1回である。500炉年に1回と10万炉年に1回との間には、非常に大きな差がある。そのため事故リスク対応費用の計算にあたって、事故発生頻度は用いられなかった。

　発電コスト検証ワーキンググループ（2015）は、これを改め、2011年の計算方法が、事故発生頻度を2000炉年に1回と想定したものであると新たに解釈しなおしている。そのうえで、追加的安全対策が取られたことを評価すべきであるとしたワーキンググループ会合での委員の意見に基づき、事故発生頻度が半分に下がったと想定するようになった。事故発生頻度が半分になったことに関して特に説得力のある根拠はない。この読み替えと事故発生頻度を低くしたことにより、事故費用総額自体が増加したにもかかわらず、1 kWh あたりの事故リスク対応費用は減少した。当時の発電コスト検証ワーキンググループの配付資料には、今後事故費用総額が増大しても、事故発生頻度が減れば1kWh 当たりの費用が減少することを示す図が含まれている。つまり、事故費用総額が増えても、事故発生頻度が減れば計算上1kWh 当たりの費用が減少するようになった。

　実際には、福島原発事故の費用総額は増大している。2015年の評価時は事故費用総額が12兆円とされたところ、2016年になると21.5兆円とされた。この事故費用総額には、除去土壌の最終処分費用や、福島第一原発サイト内で発生した大量の放射性廃棄物処分費用が含まれていない。それゆえ、これらの費用が判明すると、事故費用総額は必然的に上振れする。例えば、日本経済研究センター（2019）は事故費用総額を35〜79兆円とみている。これらのことからすれば、発電コスト検証ワーキンググループ（2015）の見積りは過小評価になっていると考えられる。

　発電コスト検証ワーキンググループ（2015）の計算方法は、事故発生頻度について十分な検証ができていない上に、事故費用が桁違いに大きいことも無視している。事故費用は、規模そのものが大きな意味をもっている。事故費用の規模そのものの大きさに対応するリスクプレミアムを追加するべきであったが、この点も、発電コスト検証ワーキングルループ（2015）は考慮していない。原子力の社

会的費用については検討の余地がある。

②　LNG 火力

　LNG 火力は、他電源に比べて資本費、運転維持費、政策経費が小さく燃料費が大きい。社会的費用は、原子力と石炭火力の中間に位置する。また LNG 火力の発電コストに占める燃料費の割合は総費用の77.8% にもなる。

　LNG 火力の社会的費用は、CO_2価格である。発電コスト検証ワーキンググループ（2015）では、EU の排出量取引市場の平均値をとり、長期的には、IEA（国際エネルギー機関）が発表した World Energy Outlook 2014の新政策シナリオのトレンドを延長して長期にわたる CO_2価格を設定している。現実をみると、日本は、石油石炭税の一部が地球温暖化対策税として徴収されている。だが、地球温暖化対策税の税率は EU の CO_2価格よりも低い。したがって、CO_2価格と地球温暖化対策税の差額に相当する額は、現実には支払われていないことに注意すべきである。

　LNG 火力の費用の中で最も高い割合をしめる燃料費は、燃料価格の影響を大きく受ける。燃料価格は常に変動する。発電事業者は LNG 買い付けにあたって長期契約を結んでいると考えられるとはいえ、市場での価格変動の影響は受ける。発電コスト検証ワーキンググループ（2015）では、LNG 火力の発電単価の推定にあたって、貿易統計の2014年度の天然ガスの平均価格（CIF 価格、円建て）をとっている。

　天然ガス価格は、2014年以降、大きく下がっている。これは、「シェール革命」により、アメリカを中心に天然ガスを大量に採掘できるようになったためで、市場に出る量が増えたことによる。これによって、アメリカの LNG 輸出が拡大し、価格が値下がりした。価格は需給関係で決定されるため今後も変動が見込まれる。

　LNG 火力は、燃料価格の影響を受けやすい反面、固定費（資本費、運転維持費）が小さいので、停止した際の経済的な影響は他電源に比べて小さい。技術的に見ても、LNG 火力は起動時間が短く、また出力変化速度も速い。これは、再生可能エネルギーが大量導入された場合のフレキシビリティーの一つとして LNG 火力が有効である理由にもなっている。コスト面でも、発電機の停止の影響が小さく、再生可能エネルギーとの親和性が高い。

③　石炭火力

　石炭火力は、原子力とLNG火力の中間的な特徴をもっている。まず、資本費、運転維持費からなる固定費はLNG火力に比べて大きく、原子力よりも小さい。石炭火力の資本費がLNG火力に比べて大きいのは脱硫装置を含め公害対策投資が必要だからである。この点は、安全対策、環境対策のために設備投資が必要な原子力と似ている。また、立ち上げがLNG火力と比べて遅く運転維持費が大きい。

　他方で、燃料費はLNGに比べて小さい。これは熱量ベースで見た場合の価格が、天然ガスよりも石炭のほうが安価であるからである。しかし、比較的安定しているとはいえ、石炭価格は天然ガスと同様変動する。2014年は、天然ガスよりも石炭の方が相対的に安価であったが、石炭と天然ガスの価格変動により、トータルでみた発電コストに逆転が起こることもありうる。

　社会的費用については、石炭火力が最も大きい。石炭火力にかかわる環境問題には、地球温暖化問題、大気汚染、水質汚染等がある。このうち、発電コスト検証ワーキンググループ（2015）が評価しているのは、温室効果ガス排出の側面である。社会的費用は、LNG火力と同じ想定が用いられている。

　発電コスト検証ワーキンググループ（2015）が計算した石炭火力の社会的費用は、実際に日本では未払い部分が大きい。未払い部分があるのはLNG火力の場合と同様である。ここで仮にコスト検証ワーキンググループの標準ケースで計算すると、社会的費用の総額は運転期間全体で8000億円以上にもなる。未払い部分があるのは、原子力発電所1基が支払っている事故費用よりも遙かに大きい。発電コスト計算のための仮置きの数値とはいえ、この部分が未払いになっている電源であることは念頭におくべきである。

2　標準的ケース（設備利用率70%）での各電源の発電単価

2.1　諸元と計算結果

　本節では、原子力と石炭火力、LNG火力の諸元を見直し、標準的な発電単価の推計を行う。前節で述べたように、発電単価に影響を与えるものは原子力については資本費、火力については燃料費である。まずはこの費用を2020年6月時点で判明しているものに変更する。

表 8-1　主な諸元

各電源共通
設備利用率70%。 IEA新政策シナリオのドル表示CO_2価格を日本円にする際の為替レート１ドル＝110.53円（注１） 原子力 　追加的安全対策費　2183億円（１機当たり）（注２） 　福島原発事故費用　21.5兆円 石炭火力、LNG火力 　燃料価格　2017-19年の３カ年平均（CIF価格、円建て）（注３） 　上記以外は計算方法、諸元は発電コスト検証ワーキンググループ（2015）と同一。

注１：IMF, International Financial Statistics の Period Average の2017〜19年平均。
　２：電力各社の回答に基づく。
　３：貿易統計による。

　諸元は表8-1の通りである。燃料費について、評価年次の2014年は燃料価格が比較的高い時期であり、かつ単年の価格であった。そこで、ここではより現実的に2017-19年の３年の平均（CIF 価格、円建て）とした。

　原子力については、2020年６月時点で判明している追加的安全対策費の平均値をとり、１機あたり2183億円とする。また事故費用については、東京電力改革・1F 問題委員会で提示された21.5兆円としている。

　図8-2は、政府の発電コスト検証ワーキンググループ（2015）と、本章での再計算で得られた発電単価を図にしたものである。計算方法は同一であるので、基本的に評価時点とかわったものは、現状をあらわす想定のみである。

　発電単価に顕著な増加がみられたのは原子力である。これは、おもに追加的安全対策費の増加によって資本費と運転維持費が増えたことによる。これらの固定費の増加だけで、合計１円/kWh ほど増加している。また事故費用が増えたことにより、社会的費用も増加した。

　他方でLNG 火力は大幅に発電単価が減少した。これは、燃料価格の低下によるものである。これにより、最も安価な電源はLNG 火力になった。石炭火力も、燃料価格が下がっているもののLNG 火力ほどではなく、他方で社会的費用が増加したため、発電単価もまた増加している。なお、石炭火力とLNG 火力は、発電コスト検証ワーキンググループ（2015）の想定によりCO_2価格が増大するの

図8-2　発電コスト検証ワーキンググループと再計算結果の比較

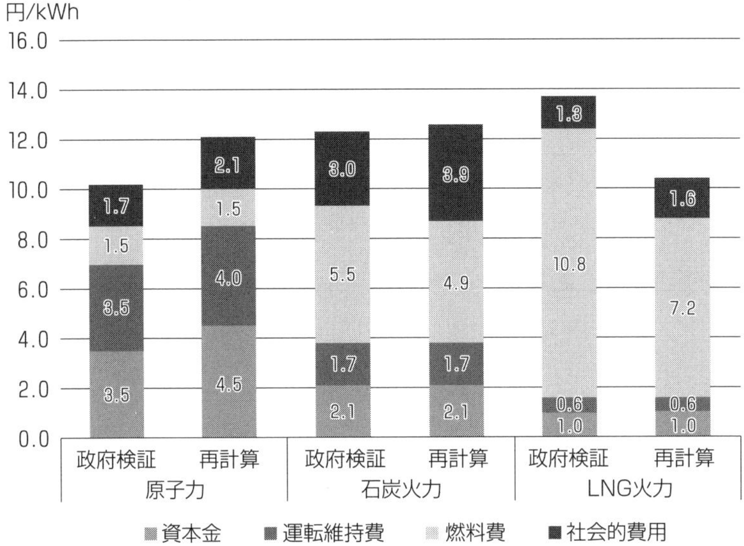

円/kWh

出所：筆者作成。
注：図の「政府検証」とは、発電コスト検証ワーキンググループ（2015）の標準的ケース（設備利用率70％）である。

で、社会の費用も増加している。トータルで見た場合の発電単価が最も高いのは石炭火力で、原子力はほぼ同額となっている。

　これからまず言えることは、現在、原子力を含めて発電単価は短期間の間に変化し、発電コスト検証ワーキンググループが発表した値とは大きく異なっているということである。

　次に、電源別に述べる。原子力については発電単価が減少する要素はない。というのも、大きな費用増加要因となっている追加的安全対策費は今後も増加しこそすれ、減少しないからである。事故費用は、2016年に開かれた東京電力改革・1F問題委員会で21.5兆円が上限であるとされているものの、これには含まれていない対策もあることから、今後も増加するのは確実である。一方、石炭火力とLNG火力については、国際市場での需要の変化によって燃料価格が変動することは十分にありうる。また、温室効果ガス排出削減のための費用もまた、今後は現実の必要となるだろう。

これからすれば、発電単価に関する検証は、数年おきではなく毎年に近い間隔で検証する必要がある。特に原子力は2015年の発電コスト検証によって安価であるとされ、それが2018年に策定されたエネルギー基本計画でも強調された。しかし現実は大きく変わっている。このような、一時期にのみ当てはまることをもって、中長期のエネルギー政策をつくることは望ましくない。より早いタイミングで費用検証を行い、現実の政策に生かすべきである。

2.2 設備利用率と燃料価格の変化の影響

本節では、前節までの計算方法を踏襲しつつ、今後、設備利用率と燃料価格が変化した場合、どのような費用となりうるのか、推計することにする。

第1のケースでは、表8-1の諸元のうち設備利用率のみを変化させる。大規模電源は、福島原発事故以前は比較的安定した設備利用率であった。しかし事故以降、特に原子力の設備利用率は大きく低下している。ここでは個別の発電所の設備利用率の影響を分析するものではなく、モデルプラントで設備利用率が下がった場合にどのような発電単価になるか評価する。

結果は、図8-3①、図8-3②のとおりである。まず、発電コスト検証ワーキンググループ（2015）の示した標準的な試算例、すなわち社会的費用を含む発電単価をみると（図8-3①）、LNG火力は、設備利用率がどのように変化しても発電単価が最も低い。LNG火力は、資本費が小さいという特徴をもつため、設備利用率が低下しても発電単価が大きくは上がらない。LNG火力はフレキシブルに利用されることが多いため、実際の設備利用率自体も50％程度になっている。仮に設備利用率が50％であっても、設備利用率90％の10.0円/kWhから1円程度の上昇にしかならない。

次に、原子力は、設備利用率が90％にまであがったとしても、LNG火力よりも発電単価が高い。原子力は、設備利用率を高く維持すればLNG火力に接近することもある。しかしながら、福島原発事故後、設備利用率が急落しているという現実からすれば、むしろ、設備利用率の低下による発電単価の上昇にこそ注目すべきである。原子力は、設備利用率70％までは石炭火力よりも発電単価は低いが60％を下回ると発電単価が大きく上昇し始める。このことから、原子力は、運転期間中、設備利用率を高く維持できる条件のもとでのみ経済性をもつ電源であ

図8-3
① 設備利用率と発電単価（社会的費用含む）

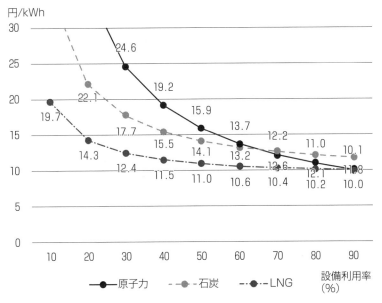

出所：筆者作成。

ると判断できる。

　石炭火力は、設備利用率が90％となった場合でも発電単価は11.8円/kWhで、同じ火力のLNG火力よりも高い。また、原子力ほどではないものの、資本費が高いために、設備利用率が下がれば次第に発電単価は上昇する。全国平均でみた石炭火力の設備利用率は60％〜70％であるから現時点ではLNG火力よりも1円以上高いと言える。

　次に、発電コスト検証ワーキンググループの標準的ケースではなく、社会的費用を含まないケースをみる（図8-3②）。実際、発電事業者は、政策経費等の社会的費用を大部分支払っていないので、発電事業者にとってはむしろこのほうが現実に近い。

　これをみると、図8-3①とは異なり、設備利用率90％で最も安価になるのは原子力である。このときの原子力の発電単価は6.9円/kWh、石炭火力7.9円/kWh、LNG火力8.4円/kWhである。すなわち、設備利用率を非常に高くとっ

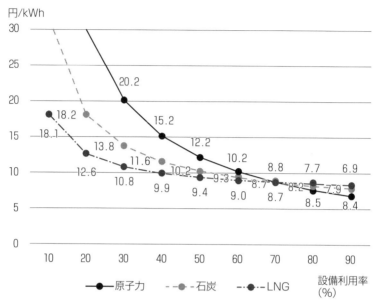

図 8 - 3

② 設備利用率と発電単価（社会的費用含まない）

出所：筆者作成。

た場合には、原子力、石炭火力がLNG火力の発電単価を下回る。原子力、石炭火力は、通常できるだけ高く設備利用率を高く運転しようとするはずであるから、発電事業者にとってはより一層LNG火力よりも安価に感じられるはずである。とはいえ、原子力の設備利用率が90％となったことはなく、福島原発事故以前は70％であったから、これほど発電単価が下がることはない。

　原子力、石炭火力、LNG火力の発電単価が同等になるのは、設備利用率70％のときで、このとき原子力は8.8円/kWh、石炭火力8.7円/kWh、LNG火力8.7円/kWhとなる。社会的費用を含まない場合に原子力と石炭火力は、表面上、LNG火力と同等の経済性をもつように見える。

　原子力は、今後も事故費用と追加的安全対策費の増大が見込まれる。2020年6月時点で、特定重大事故等対処施設（以下、特重施設）とばれるテロ対策工事が完成している原子力発電所は存在しない。特重施設工事には数百億円かかるとみられている。こうなると、石炭火力、LNG火力を上回る発電単価となる可能性

図8-4

① 燃料価格と発電単価（社会的費用含む）

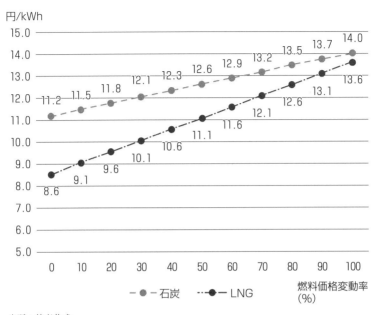

出所：筆者作成。

が高い。原子力は、安全対策をほどこせば安全性が高まる反面、資本費が増大し経済性が悪化する。

2.3　燃料費の増加による効果

　次に、燃料費が変動するケースを考える。対象となるのは火力（石炭火力、LNG火力）である。燃料価格は、気象や国際政治、経済状況、政策を反映した国際的な需給関係で決まるため常に変動する。一般炭価格、天然ガス価格ともに過去10年間（2010〜19年）をとると、この期間の最低価格の約2倍を上限に変動している。そこで、ここでは過去10年間の燃料価格の円建ての最低価格を基準に、これからの燃料価格変動率と発電単価の関係をみることにする。10年を超えて燃料価格を遡ると、燃料価格が非常に安価になるため、現実的ではないと判断した。

　計算結果は図8-4①、②に示す。図8-3①は、発電コスト検証ワーキングg

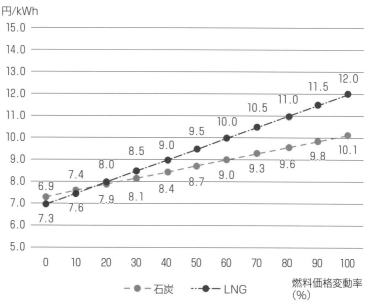

図 8 - 4
② 燃料価格と発電単価（社会的費用含まない）

出所：筆者作成。

ループ（2015）と同じく社会的費用を含む標準的なケースである。これからすると、過去10年間にみられる価格変動におさまるのであれば、LNG火力の発電単価は石炭火力のそれを下回る。もちろん、石炭と天然ガスの価格が同じタイミング、同じ変動率で価格が変わるわけではないので、時期によっては逆転することもある。

　一方、社会的費用を含まないケース図 8 - 4 ②をみると、20％の価格上昇率を境に石炭火力と LNG 火力の発電単価が逆転する。発電コスト検証ワーキンググループ（2015）が想定したような CO_2 価格は日本において存在しない。そのような状況では、この図 8 - 4 ②が、日本社会での現実をよく表すものである。しばしば、発電事業者が LNG 火力ではなく石炭火力を選択する理由は、社会的費用を課していないという政治状況によって生み出されているものであると判断できる。

3　原子力発電所毎の発電単価

3.1　安全対策費の増大と運転期間の減少の影響

　東日本大震災後、大規模集中型電源のうち、電源の位置づけで最も大きな変化があったのは原子力である。ここでは、原子力についても現実的な想定を行い、発電単価を推計することにする。

　原子力が直面した課題は、安全性という技術的課題と、安全性を背景とした社会的課題である。前者は新規制基準に対応するための追加的安全対策工事、後者は、政治的判断や差し止め裁判、差し止め仮処分などの司法的判断である。いずれも、原子力の経済性に大きな影響を与える。

　まず追加的安全対策工事について述べる。コスト等検証委員会（2011）、発電コスト検証ワーキンググループ（2015）は、福島原発事故後、追加的安全対策費が必要となったという現実を想定している。これは直接的に資本費を押し上げる。だが、コスト等検証委員会（2011）も発電コスト検証ワーキンググループ（2015）も、追加的安全対策工事にともなって、工事期間分、発電所の稼働期間が短縮することは考慮していない。発電所の稼働期間が短くなれば、その分発電電力量が減少するので発電単価は上昇する。ごく簡単に式に表すと**数式 1**のようになる。

　この数式にみるように、安全対策をとれば発電単価を構成する費用部分は増大する。その一方で、稼働期間は減少するので、発電電力量は減少する。これはいずれもが発電単価を押し上げる。すでに、これらのことは現実に起きているので、これを踏まえた発電単価の検討を行う。

　以下では、次のような 2 つの発電単価を計算する。

　第 1 に、2011 年度を起点として、2011 年度以降の発電電力量と必要になる費用のみを考慮した場合の発電単価を推計する。原子力発電所を持つ電力会社は、いくつかの原子力発電所を廃止にする一方で、多額の資金を投じて原子力発電所の再稼働を進めてきた。そうした意思決定がどのようなことをもたらしたのか、2011 年度以降に必要となった費用のみを考慮することによって評価を行うことができるだろう。

$$\text{発電単価(円/kWh)} = \frac{\text{発電に要する費用(円)}}{\text{発電電力量(kWh)}}$$

⬆ 増加

⬆ 増加

⬇ 減少

第 2 に、運転期間全体にわたる発電単価である。これは、発電開始時点を起点として発電単価を考慮する従来の方法である。ここでは、2011年度以降の追加的安全対策と発電所の停止期間を考慮し、より現実に適合した発電単価を推計する。これによって、発電期間トータルでみた発電所の経済性を評価できる。

発電所毎の発電単価を計算するにあたって、運転維持費や燃料費についての実データはえられない。こうした実データがえられない費用については発電コスト検証ワーキンググループ（2015）の想定を踏襲する。

3.2　2011年度以降の費用のみを考慮した発電単価

ここでは、2011年度を起点として、それ以降の発電単価を発電所毎に試算する。すなわち、発電所自体の建設費はゼロとする。要する費用は、2011年度以降に必要となった追加的安全対策費、運転維持費、廃止費用である。発電電力量については発電所毎に停止状況も考慮する。

原子力発電所は、本稿執筆時点で再稼働にいたった 9 機（関西電力大飯 3 、4 号機、高浜 3 、4 号機、美浜 3 号機、九州電力玄海 1 、2 号機、川内 1 、2 号機）と未稼働のものとにわかれる。ここでは、再稼働した発電所については全て、未稼働のものについては新規制基準適合性審査の申請を行っている既設の発電所について発電単価の計算を行う。再稼働した発電所の発電電力量については、新規制基準策定までの停止時期、訴訟の結果による停止時期、追加的安全対策を講じているときの停止時期については発電電力量をゼロとおく。稼働している期間は、年単位ではなく月単位で判断する。具体的には、当該年度から停止期間の月数に対応する発電電力量を控除する。これによって、停止による発電電力量の減少を近似的に考慮することができる。多くの発電所で個別の発電量データは得ら

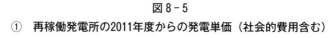

図 8 - 5

① 再稼働発電所の2011年度からの発電単価（社会的費用含む）

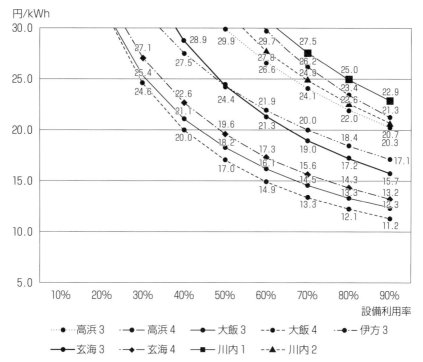

出所：筆者作成。

れないので、稼働期間の設備利用率は一律70％とする。

　未稼働発電所については再稼働時期を個別に予測し、発電期間を設定すること
は困難である。そこで特重施設の建設期間が半年から１年であることを考慮し、
一律に2022年度より再稼働したと想定する。また再稼働以後は差し止め訴訟も政
策転換も行われないとする。適合性審査の進展状況からすれば、これは非常に楽
観的な想定である。

　再稼働発電所の計算結果は、**図 8 - 5 ①**、②のとおりである。まず、社会的費
用を含む発電単価（**図 8 - 5 ①**）をみる（高浜１、２号機は、60年間の運転が決
まっているのでグラフには示していない）。これでみるとわかるように、最も安
価なものは大飯４号機である。しかし、この大飯４号機であっても、標準的ケー

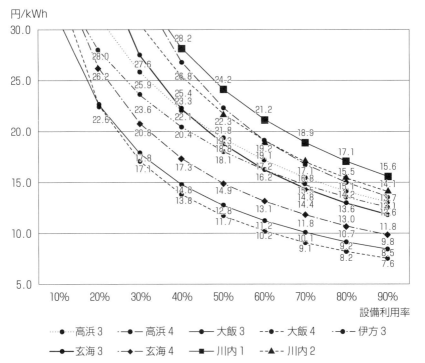

図 8 - 5

② 再稼働発電所の2011年度からの発電単価（社会的費用含まない）

円/kWh

凡例：
······●······ 高浜 3　　─●─ 高浜 4　　─●─ 大飯 3　　─●─ 大飯 4　　─●─ 伊方 3
─●─ 玄海 3　　─◆─ 玄海 4　　─■─ 川内 1　　─▲─ 川内 2

出所：筆者作成。

ス（設備利用率70％）で、すでに発電単価は13.3円/kWh である。他の発電所
は、さらに高く、川内 1 号機では27.5円/kWh にもなっている。この発電単価
は、図 8 - 2 で示したような LNG 火力と比べても非常に高い。

　次に、社会的費用を含まない発電単価をみると（図 8 - 5 ②）、設備利用率70％
においては、大飯 3 、4 号機がそれぞれ9.1円/kWh、10.1円/kWh となってお
り、これら 2 機のみが図 8 - 2 の LNG 火力よりも発電単価が低い。他は、社会
的費用を含まない場合であっても、11円/kWh を大きく上回っている。このこ
とからすれば、2011年度以降に廃止せず、追加的安全対策を講じたことは、40年
間運転を前提にすれば経済性を顧みない行為であったと言える。

　次に、運転期間60年の場合をみる。「核原料物質、核燃料物質及び原子炉の規

図8-6
① 2011年度からの発電単価（社会的費用含む、60年運転）

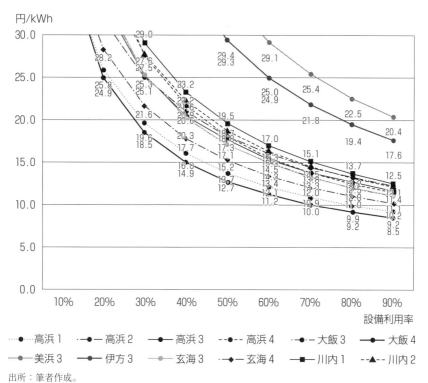

出所：筆者作成。

制に関する法律」（原子炉等規制法）の2012年改正第43条の3の32により、原子
力発電所は原子力規制委員会の確認がとれて以降40年間と定められており、原子
力規制委員会の認可により20年を超えない範囲で運転延長が認められる。改正時
の国会審議における担当大臣の説明によれば、運転期間の延長は例外的なものと
されている。したがって、全ての再稼働した発電所で20年の運転延長が認められ
るかどうかはわからない。ここでは、すでに認可を受け、かつ既に再稼働した発
電所について60年運転した場合の、2011年度を起点とした発電単価を計算する。
　結果は、図8-6①のとおりである。この図からわかるように、まず既に60年
運転が認められた高浜1、2号機や美浜2号機よりも、大飯3、4号機のほうが
発電単価は低い。ただし、設備利用率70％で図8-2のLNG火力（10.4円／

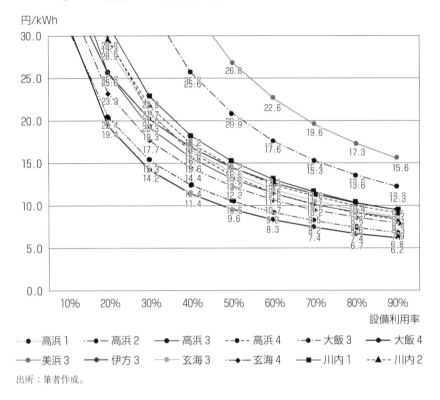

図 8 - 6

② 2011年度からの発電単価（社会的費用含まない、60年運転）

円/kWh

出所：筆者作成。

kWh）よりも低くなるのは大飯4号機のみである。つまり、大飯4号機であっても、今後設備利用率を高く維持し、今後追加的費用を必要としないことが経済性維持のための必須の条件である。60年運転にあたっては、適合性審査のために、追加的工事が必要になることも想定されるうえに、福島原発事故の費用が増大することはほぼ確実とみてよいので、この条件を満たすことはほぼ不可能である。

　大飯3、4号機以外の発電所は、既に60年運転の許可を得た高浜1、2号機も発電単価が高い。高浜1、2号機は設備利用率70％で21.8円/kWhにもなる。したがって、60年運転の場合であっても、社会的費用を考慮すれば、原子力には経済性はない。

　次に、60年運転かつ社会的費用を含まない場合の発電単価を試算する。条件は、

運転期間を60年に変更したこと以外は、40年運転の場合と同じである。結果は図8-6②のとおりである。この結果から、社会的費用を含めない場合は、大飯3号機8.2円/kWh、同4号機7.4円/kWh、高浜3号機10.2円/kWh、同4号機10.2円/kWhの4機については、社会的費用を含めたLNG火力（図8-2、10.4円/kWh）よりも低くなる。ただし、社会的費用を含めない場合、LNG火力は8.8円/kWhとなるので、これより低い発電所は、大飯3、4号機のみとなる。

　これらの結果からすると、再稼働した発電所についても、他電源に比べて経済性があるとはいえなくなっている。経済性を確保するには、できるだけ安全対策費用を節約し、運転期間を60年にまで伸ばし、差し止め訴訟や政策転換、規制基準の強化がないという条件をみたさなければならない。これらの条件を満たしたとしても、2011年度を基準にした場合、他電源に比べて経済性をもつ可能性があるのは、大飯3、4号機のみである。

3.3　運転期間全体でみた場合の発電所毎の発電単価

　ここでは、運転期間全体（すでに運転期間の延長を認められた発電所については60年、他の発電所は40年）で見た場合の発電所毎の発電単価を試算する。この場合、運転開始時点から発電単価を評価することになる。諸元は、前節までと同じである。異なるのは、初期の発電所の建設費と維持費を考慮しているということである。発電所毎に設備利用率は異なるが、ここでは2010年度までは一律に70％としている。

　結果は表8-2のとおりである。これから読み取れるのは、標準的な設備利用率70％では高浜1、2号機（60年運転）のみがLNG火力なみであるということである。それ以外は、全ての発電所でLNG火力を上回る。つまり、2011年以降の追加的安全対策と運転期間の短縮、事故費用の増加により、現実の発電単価は相当程度上昇している。今後、設備利用率を高く維持すること以外に原子力発電所の経済性向上は見込めない。仮に、設備利用率90％を残りの期間で達成したとしても、大飯4号機のみが10.1円/kWhとなり、LNG火力と同等になるに過ぎない。

表 8-2　既設発電所の発電単価

(円：kWh)

			設備利用率（注 1）				
			50%	60%	70%	80%	90%
再稼働	関西電力	高浜 1（注 2 ）	10.6	10.4	10.3	10.1	10.0
		高浜 2（注 2 ）	10.5	10.4	10.2	10.1	9.9
		高浜 3	14.2	14.0	13.8	13.6	13.5
		高浜 4	13.4	13.1	12.9	12.7	12.5
		大飯 3	13.7	13.3	12.9	12.6	12.3
		大飯 4	11.5	11.1	10.8	10.4	10.1
		美浜 3	13.6	13.6	13.6	13.6	13.6
	四国電力	伊方 3	16.9	16.4	15.9	15.4	15.0
	九州電力	玄海 3	15.7	15.2	14.7	14.3	13.8
		玄海 4	14.7	14.1	13.6	13.0	12.6
		川内 1	15.3	15.0	14.8	14.6	14.4
		川内 2	14.5	14.3	14.1	13.8	13.6
未再稼働	北海道電力	泊 1	21.2	20.8	20.4	20.0	19.7
		泊 2	18.6	18.2	17.7	17.3	16.9
		泊 3	19.3	17.2	15.5	14.2	13.2
	東北電力	女川 2	21.3	20.5	19.8	19.1	18.5
	東京電力	柏崎刈羽 6	19.3	18.5	17.8	17.2	16.6
		柏崎刈羽 7	19.5	18.6	17.8	17.1	16.5
	中部電力	浜岡 3	15.2	15.1	14.9	14.7	14.6
		浜岡 4	15.2	14.9	14.7	14.4	14.2
	北陸電力	志賀 2	14.5	14.1	13.7	13.3	13.0
	中国電力	島根 2	19.0	18.7	18.4	18.1	17.8
	日本原子力発電	東海第 2（注 2 ）	12.6	12.4	12.1	11.9	11.7

注 1 ：再稼働発電所については2021年度以降の設備利用率。未再稼働発電所については2022年度以降の設備利用率。

　　2 ：高浜 1、2 号、東海第 2 については、40年運転とすると、評価時点（2020年時点）で廃止となってしまうので60年運転とした。

4　まとめ

　本章を通じて、東日本大震災後の状況を踏まえた大規模集中型電源の発電単価について検討した。検討の結果は次のことがいえる。

　第 1 に、2015年の発電コスト検証ワーキンググループの計算結果は当時の諸元の値に制約を受けている。諸元の値には、2020年時点にすでに大きな変化がみら

れるようになっている。重要な変化は、石炭火力、LNG 火力については燃料価格、原子力については追加的安全対策費、事故費用の増大と稼働期間の減少である。

　第2に、発電コスト検証ワーキンググループの方法を基本的に踏襲した上で、石炭価格、天然ガス価格の変化と、追加的安全対策費、事故費用の増加を考慮に入れ、設備利用率を共通の70％とおくと、2020年時点で、社会的費用を含めた発電単価が最も低いのは LNG 火力の10.4円/kWh である。他方、原子力は12.1円/kWh 以上、石炭火力は12.6円/kWh となっており、LNG 火力との差は2円程度ある。

　第3に、設備利用率を変化させた場合、影響が最も大きいのが原子力、次いで石炭火力であった。設備利用率が低下した場合、原子力と石炭火力は発電単価が逆転する。LNG 火力は資本費が小さいため大きな影響をうけにくい。

　第4に、燃料価格の変動は、石炭火力、LNG 火力ともに大きな影響を与える。特に LNG 火力は、燃料費の割合が高いので燃料価格の変動による影響は大きい。とはいえ、過去10年程度にみられた価格変動の幅に収まっているのであれば、石炭火力を大きく上回ることはないと考えられる。

　第5に、原子力は、追加的安全対策費の増大と長期にわたる停止により、発電単価が上昇している。現実に経済性を現時点もかろうじて保ちうる発電所は、初期に建設され建設費の安い高浜1、2号機か、あるいは比較的早く再稼働にこぎ着け、追加的安全対策費を低く抑えた大飯4号機のみである。他の発電所は、すでに他電源に比べて発電単価が高い。原子力は、資本費部分が大きいため、すでに支払ってしまった資本費は減少させることができないので、発電単価は今後低下する見込みはない。このことからすれば、福島原発事故以後、再稼働をめざして安全対策を行ったことに経済的合理性は見いだせない。

　以上は、発電単価の試算から言えることである。発電単価の計算結果は、エネルギー政策形成に重大な影響を及ぼしてきたし、今後もそうであろう。こうした経済性にかかわる情報は積極的に公表する必要がある。そうしたことによって、エネルギー転換に必要な施策がいかなるものであるのか、合理的に判断できるようになると考えられる。

参考文献

大島堅一（2010）『再生可能エネルギーの政治経済学』東洋経済新報社。

コスト等検証委員会（2011）「コスト等検証委員会報告書」12月19日。

園武紀文（1998）「わが国における原子力発電のコスト構造分析―電力九社の財務諸表
　　に基づく経済性評価」電力中央研究所、研究報告 Y98003。

日本経済研究センター（2019）「事故処理費用、40年間に30兆～80兆円に」3月7日。

発電コスト検証ワーキンググループ（2015）「長期エネルギー需給見通し小委員会に対
　　する発電コスト等の検証に関する報告」5月。

松尾雄司・永富悠・村上朋子（2012）「有価証券報告書を用いた火力・原子力発電コス
　　ト構造の分析」『エネルギー・資源学会論文誌』33（5）21-30頁。

室田武（1991）「日本の電力独占料金制度の歴史と現況―1970～89年どの九電力会社の
　　電源別発電単価の推計を含めて―」『経済学研究』32、75-160頁。

Aldersey - Williams, T. Rubert（2019）"Levelised cost of energy – A theoretical
　　justification and critical assessment", *Energy Policy*, 124, pp.169-179.

第9章 2019年3月期に全原発を廃止した場合の財務的影響

金森絵里

はじめに

　この章では、大手電力会社等の経営に焦点を当てる。電力やエネルギーの供給は、国の経済政策において重要であると同時に、実際に供給を行っている事業者の経営においても組織の存続を左右する重要な問題である。特に2011年3月の原発事故以降のさまざまな環境変化のなかで、電力各社はそれまでに経験したことのない困難な経営課題に直面し、それを克服する努力を重ねてきた。本章では、現在における大手電力会社等の状況を概観するとともに、本書が目指す地域分散型エネルギー社会の構築に向けて、中央集中型電源である原発を廃止した場合にいかなる財務的影響が生じるかを検討する。

1　福島原発事故後の大手電力会社等の状況

　2011年3月の福島第一原子力発電所事故（以下、福島原発事故）は、原子力発電の有する危険性を再確認させるものだった。原子力発電は、エネルギー自給率の低い日本において、①安定供給の確保（Energy Security）、②電力コストの引下げ（Economic Efficiency）、③温室効果ガス排出の抑制（Environment）という3つのEを達成するエネルギー源として推進されてきたが、いったん事故が起きるとその負の影響が甚大であることを改めて知らしめることとなった。

　これを受けて2012年6月、事故の教訓を踏まえた法改正が行われ、2013年7月、原子力発電所（以下、原発）に対する新規制基準が施行された。これにより、シビアアクシデントを防止するための基準が強化されるとともに、万一シビアアクシデントやテロが発生した場合に対処するための基準が新設された。これらの基準をクリアするハードルは高く、新規制基準施行後は18基[1]が廃止決定され、

2020年3月5日現在、運転可能炉33基のうち運転再開したのは9基[2]にとどまっている。その結果、日本の商用原発の平均設備利用率は2018年に15.0％、2019年に21.4％と低い水準にある。

　また、2013年4月、「電力システム改革に関する改革方針」が閣議決定され、①広域系統運用の拡大、②小売及び発電の全面自由化、③法的分離の方式による送配電部門の中立性確保という3段階からなる改革方針が示された。これは、それまで原則として地域ごとに独占的に行われてきた電力の供給体制を一変させるものであった。本章で対象とする旧一般電気事業者（原子力発電所をもつ北海道・東北・北陸・東京・中部・関西・中国・四国・九州の9つの大手電力会社（以下、大手電力会社））は、地域を超えた需給調整や、新規参入電力会社を含めた多数の電力会社間での競争という新しい経営環境に直面することになった。

　さらに、2014年4月のエネルギー基本計画では、「原発依存度を可能な限り低減させる」ことが打ち出され、2015年3月には「原発依存度低減に向けて廃炉を円滑に進めるための会計関連制度について」が公表された。これは、廃炉を円滑に進めるために、財務会計上の制度を改正するものであった。通常の会計の考え方では、原発を廃止すると、電力会社は原発設備や核燃料の減損処理を行うことになり、それに伴う特別損失を計上する。しかし、新しい会計制度では、原発を廃止しても一切の特別損失を計上せず、全額を将来に繰り延べることになった。

　本章では、本書が目指す地域分散型エネルギー社会への移行にあたり、中央集中型電源である原発を廃止した場合に、大手電力会社と、同じく原子力発電所をもつ日本原子力発電株式会社（以下、日本原電）の計10社（以下、大手電力会社等）にいかなる財務的影響が生じるかを検討することを目的としている（本書では小型原子炉による発電については地域の資源を利用していないという意味で地域分散型エネルギーの定義に含まれない）。そのために、まず、「1. 福島第一原

1）福島第一5・6号機（廃止決定2014年1月31日）、敦賀1号機（同2015年4月27日）、美浜1・2号機（同2015年4月27日）、玄海1号機（同2015年4月27日）、島根1号機（同2015年4月30日）、伊方1号機（同2016年5月10日）、もんじゅ（廃止措置計画認可申請2017年12月6日）、大飯1・2号機（廃止決定2018年3月1日）、伊方2号機（同2018年5月23日）、女川1号機（同2018年12月21日）、玄海2号機（同2019年4月9日）、福島第二1-4号機（同2019年9月30日）の18基である。

2）高浜3・4号機、大飯3・4号機、伊方3号機、玄海3・4号機、川内1・2号機の9基である。

図9-1　電気料金平均単価の推移

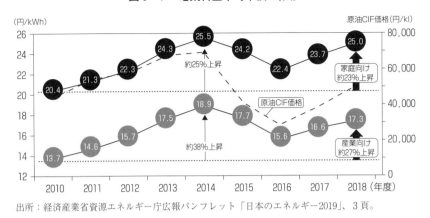

出所：経済産業省資源エネルギー庁広報パンフレット「日本のエネルギー2019」、3頁。

発事故後の大手電力会社等の状況」では、大手電力会社等の財務状況が、2011年
3月の原発事故以降における上述の経営環境の変化のなかでいかなる推移をして
きたのかを、電気料金との関係（1.1）と他社との比較（1.2）から概観する。次
に、「2.分析方法」では、過去に電力会社が原発を廃止した時にどのような会
計処理を行っていたのかを確認し（2.1）、それが2015年の廃炉会計制度改正によ
りどのように変更されたのかを総括し（2.2）、これらの内容を踏まえたうえで本
章における分析方法について説明する（2.3）。「3.分析結果」では、分析結果
を示すとともに分析の限界について指摘し、さらに原発を廃止した場合の財務的
インパクトを把握するために、純資産・当期純利益・原子力発電費との比較を行
う。「4.結論」では、本章のまとめを記す。

1.1　電気料金と大手電力会社等の業績

　図9-1は、2010年度から2018年度における電気料金の推移である。原発事故
後、2014年度までは電気料金は上昇し、家庭向けで25％増、産業向けで38％増と
なった。その後、原油価格や外国為替相場の変動を電気料金に自動的に反映させ
る燃料費調整制度により2015年度・2016年度と電気料金は低下したが、2017年
度・2018年度と再び上昇に転じ、2018年度には原発事故前と比較して、家庭向け
で23％、産業向けで27％の増加となった。

図9-2　大手電力会社等の営業収益の推移

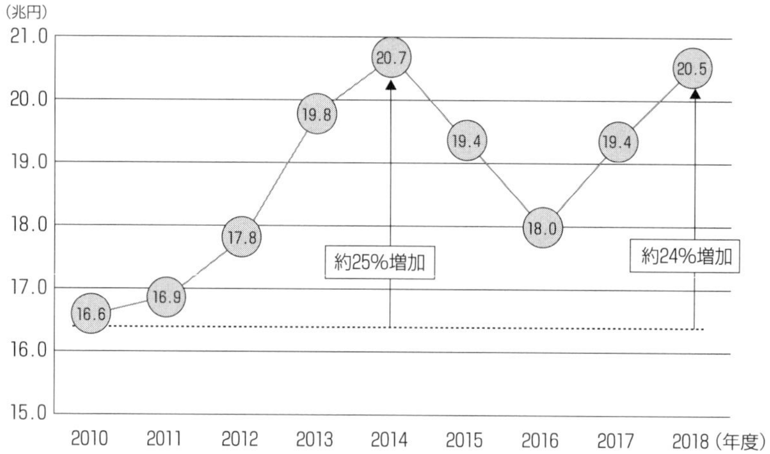

（兆円）

- 2010: 16.6
- 2011: 16.9
- 2012: 17.8
- 2013: 19.8
- 2014: 20.7
- 2015: 19.4
- 2016: 18.0
- 2017: 19.4
- 2018: 20.5

約25%増加

約24%増加

出所：各社有価証券報告書より筆者作成。

　それでは、同時期における大手電力会社等の収益はどのように推移しているのだろうか。**図9-2**によると、図9-1と同様に、大手電力会社等の営業収益は2014年度までは上昇し、2015年・2016年度にいったん下落した後、2017年・2018年と再び上昇に転じている。また、その増加率は2010年度比で2018年度は約24％の増加となっており、図9-1の電気料金と同様の水準であるといえる。

　他方で、大手電力会社等の営業費用は、営業収益の増加と比較して上昇率が高い。**図9-3**は営業費用の推移であるが、最も原油価格の高かった2014年度には約30％のコスト増、直近の2018年度には約28％のコスト増となっている。

　営業収益の増加率よりも営業費用の増加率のほうが大きいということは、結果として、営業利益の低下を招くということである。**図9-4**は営業収益から営業費用を差し引いた営業利益の推移を示している。これによると、直近の2018年度は福島原発事故前の2010年度と比較して、営業利益が約28％減少している。

　以上から、現在の大手電力会社等の業績は、原油価格や外国為替相場の変動が電気料金に反映されているものの、それ以外の費用が増加したために収益性が悪化している状況にあるといえる。

　もちろん、収益性の低下には費用のみならず営業収益の変化も影響を及ぼして

図 9 - 3　大手電力会社等の営業費用の推移

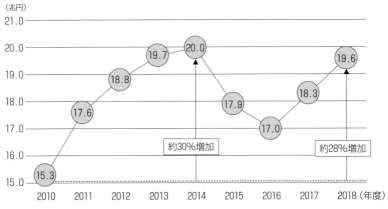

出所：各社有価証券報告書より筆者作成。

図 9 - 4　大手電力会社等の営業利益の推移

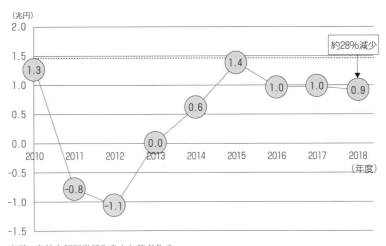

出所：各社有価証券報告書より筆者作成。

いる。特に、福島原発事故後、販売電力量の落ち込みは無視できない。第 1 に、省エネルギーの進展等により国内エネルギー需要の減少傾向が続いていることである。電力でみると、2010 年度には 11,494 億 kWh であった発受電電力量が 2016 年度には 1 割弱（10,560 億 kWh）となっている（エネルギー白書 2019、156 頁）。

表9-1　大手電力会社等（東京電力を除く）の営業費用の主な内訳（2010年度比）（億円）

	汽力発電費	原子力発電費	他社購入電力料	送電費	配電費	一般管理費	営業費用合計
2010年度(a)	28,115	13,432	11,483	6,105	10,156	8,356	96,027
2018年度(b)	32,618	10,845	28,214	5,454	10,099	6,796	123,409
b/a	1.16	0.8	2.45	0.89	0.99	0.81	1.28

出所：各社有価証券報告書より筆者作成。

発受電電力量と販売電力量は必ずしも一致しないが、傾向としては同様の推移をしているであろう。第2に2006年4月における新電力による販売電力量は、販売電力量全体の5.2％だったが、2018年12月における新電力による販売電力量は14.7％まで増加した（エネルギー白書 2019、158頁）。これらによる販売電力量減少の影響は、電気料金の上昇率と比較して営業収益の増加率が比較的低いことにあらわれている。このような収益面での分析も重要であろう。

　しかし、相対的に電気料金と営業収益は似た推移をみせており、これらと比較すると営業費用の増加率が大きいことは特徴的であるといってよい。例えば、2010年度比で、2014年度の営業収益が約25％の増加だったのに対して営業費用は約30％増加しており、2018年度の営業収益率は約24％の増加だったのに対して営業費用は約28％増加している。

　収益の増加に比して費用の増加が大きい1つの要因として、燃料費の上昇が電気料金に反映されるタイムラグが挙げられるだろう。電気料金に燃料費の上昇が反映される前に決算が行われれば、その期の収益は増加せず、費用のみが増加するからである。ただ、2016年度から3年間にわたって利益水準が低位で推移していることを考えると、一時的なタイムラグだけでは説明できない。

　もう1つの要因としては、原発の平均設備利用率が低迷しており、これを補うための費用がかさんでいることが挙げられる。これを確認するために、2018年度の営業費用の主な内訳を2010年度比であらわしたものが表9-1である。ただし、東京電力はこの表から除いている。その理由は、東京電力が2016年度から持ち株会社化しており、営業費用の内訳が一部確認できなくなっているからである。なお、表9-1は東京電力を除いた数字であるが、2018年度の営業費用合計が2010年度比で28％増と、図9-3と同じ数字になっており、一定の傾向は読み取るこ

とができるものと思われる。

　表９-１によると、営業費用の増加に最も影響を与えているのは他社購入電力料であり、2010年度比で2.45倍になっている。汽力発電費も2010年度比で16％増加しているが、他社購入電力料の増加率には及ばない。送電費や一般管理費については、2010年度比で８割になっており、コスト削減が行われていることがわかる。配電費はあまり変わらない。

　ここで他社購入電力料とは、旧一般電気事業者が旧一般電気事業者以外から購入した場合の料金支払額である。旧一般電気事業者以外とは、電源開発、日本原電、公営電気事業者、共同火力、IPP、卸電力取引所、再生可能エネルギー（以下、再エネ）の発電設備などである（旧一般電気事業者が旧一般電気事業者から購入した場合は、地帯間購入電力料という）。これらのうち、近年目覚ましい発展を遂げているのが再エネであることは周知の事実である。つまり、原発の設備利用率の低下を再エネが補っていることが表９-１より示唆される。

　再エネ発電設備からの購入電力料には、固定価格買取制度導入による購入分が含まれている。いわゆる回避可能価格に相当する部分である（回避可能価格については、木村・大島（2019）を参照）。他社購入電力料のうち、どの程度が再エネ由来で、どの程度が回避可能価格に相当するのかは不明であるが、費用が2.45倍になっているという現状は、固定価格買取制度の影響との関連を示唆している。固定価格買取制度は、国が定めた価格・期間で再エネの電力を買い取ることを電気事業者に義務づける制度であり、そのコストは固定的で削減不可能なものだからである。再エネ発電設備からの電力買取が増加するほど電力会社が支払う回避可能価格は増加する。その結果が2010年度比で2.45倍という数字の一部を説明するものと思われる。

　このように、原子力発電設備の平均設備利用率の低下は、費用の面からみると、再エネを含む他社購入による電力が補っており、それに続いて火力による電力がこれを補っている。なお、再エネ発電設備からの購入電力料である回避可能価格は過小評価されていることが指摘されている（木村・大島（2019）を参照）が、表９-１によると、原発事業者の経営上は大きな影響を及ぼしていることがわかる。事業者にとって重要なのは、この回避可能価格が、節約不可能なものであるうえに将来の一定期間継続するということである。これは、新規参入電力会社を含めた電力会社間の競争が導入された環境下において、とりわけ重要になってい

る。

1.2 ROA の他社比較

　図9-1にみられる電気料金の上昇に対して国は、①電力会社間の競争・②原発の再稼働・③再エネのコスト低減によって抑制に努めるとしている。3つの施策のうち、本書のテーマである地域分散型エネルギー社会の構築という観点からすれば、②原発の再稼働は中央集中型システムであるので選択肢に含まれない。また、③再エネのコスト低減については第4章で取り上げているので、ここでは、①電力会社間の競争について概観する。

　電気料金の抑制という観点からすると、電気事業のうち小売部門における競争に焦点があてられる。小売部門においては、2016年4月に全面自由化が始まった。この2016年4月末時点での登録小売電気事業者数は291事業者だったが、2018年12月21日時点では550事業者に増加した（エネルギー白書 2019、158頁）。また、旧一般電気事業者を除く登録小売電気事業者及び特定送配電事業者（以下、新電力）による販売電力量は、2016年4月においては35億 kWh と販売電力量全体の5.2%だったが、2018年12月には103億 kWh と販売電力量全体の14.7%まで増加した（同上）。さらに、一般家庭が主な対象となる電力契約の供給者変更（スイッチング）申込件数は、2016年4月末時点では81万9,500件だったが、全面自由化後2年を経過してもペースは落ちず、2019年3月末時点では1,128万6,200件にまで増加し、全体の約18%が電力契約の切替えを申し込んだ（同上）。このように、競争は確実に激しくなっている。

　これまで、電力会社は地域独占の環境下で安定した経営を行ってきた。そこでは、電力の安定供給や電気料金の抑制といったことが経営目標であったが、これからは、一般的な企業会計上の経営目標をも意識する必要に迫られる。一般的には、経営目標として ROE や ROA といった資本利益率が業績評価に用いられることが多い。本節では、新電力の ROA と大手電力会社等の ROA を比較してみる。ROE ではなく ROA を用いるのは、本業の活動成果たる営業利益をもとに資本利益率を比較するためである。最終利益である当期純利益には、本来の営業活動には含まれない要素が含まれるため、福島原発事故や金品受領問題などの異常な事件の影響を抱える電力会社の分析には不向きであると考えた。なお、

表9-2　大手電力会社等の ROA の推移

決算期	東京電力HD	中部電力	関西電力	中国電力	北陸電力	東北電力	四国電力	九州電力	北海道電力	日本原電
2010年度	2.7%	3.3%	3.7%	1.7%	3.6%	2.8%	4.3%	2.4%	2.6%	1.5%
2011年度	-1.8%	-0.7%	-3.0%	1.9%	0.8%	-3.4%	0.4%	-4.2%	0.2%	1.0%
2012年度	-1.5%	-0.2%	-4.1%	-0.1%	0.8%	-1.3%	-3.6%	-6.6%	-7.0%	0.1%
2013年度	1.3%	-1.0%	-0.9%	0.3%	1.4%	2.0%	0.2%	-2.1%	-4.5%	1.1%
2014年度	2.2%	1.9%	-1.0%	2.3%	2.7%	4.1%	2.1%	-0.9%	-0.9%	1.0%
2015年度	2.7%	5.1%	3.5%	1.6%	2.5%	4.6%	1.8%	2.5%	2.4%	0.8%
2016年度	2.1%	2.5%	3.2%	1.1%	0.7%	3.1%	1.5%	2.7%	1.5%	0.9%
2017年度	2.3%	2.5%	3.3%	1.2%	0.9%	2.5%	2.2%	2.2%	1.8%	1.4%
2018年度	2.4%	2.1%	2.8%	0.6%	0.8%	2.0%	1.9%	1.8%	2.2%	1.2%
平均	1.4%	1.7%	0.8%	1.2%	1.6%	1.8%	1.2%	-0.2%	-0.1%	1.0%

出所：筆者作成。

表9-3　大手電力会社以外の小売事業者の電力需要実績上位10社（2019年12月）(1,000kWh)

1	テプコカスタマーサービス	1,006,102
2	(株)エネット	929,805
3	東京ガス(株)	758,933
4	ＪＸＴＧエネルギー(株)	482,670
5	ＫＤＤＩ(株)	419,017
6	大阪瓦斯(株)	379,124
7	(株)エナリス・パワー・マーケティング	343,754
8	(株)F-Power	264,577
9	九電みらいエナジー(株)	261,169
10	丸紅新電力(株)	240,986

出所：経済産業省資源エネルギー庁、電力調査統計、電力需要実績、
2019年12月。

ROA は、総資産合計に対する営業利益の割合で求められる。

　表9-2は、大手電力会社等の ROA の推移を示している。2010年度から2018年度までの平均は1％前後であることがわかる。

　これに対して、大手電力会社等の競争相手はどれくらいの ROA であろうか。まず表9-3は、大手電力会社以外の小売事業者の電力需要実績上位10社をリストアップしたものである。うち、3位の東京ガス、4位の JXTG エネルギーの親会社 JXTG ホールディングス、5位の KDDI、6位の大阪瓦斯、7位のエナリス・パワー・マーケティングの親会社エナリス、10位の丸紅新電力の親会社丸紅（以下、大手新電力）の ROA を表9-4に示している。1位のテプコカスタ

表9‒4 大手新電力の ROA の推移

決算期	東京ガス	JXTG エネルギー	JXTG ホールディングス	KDDI	大阪ガス	エナリス	丸紅
2010年度	6.7%	–	5.3%	12.5%	6.2%	25.9%	3.1%
2011年度	4.1%	–	4.9%	11.9%	5.2%	8.9%	3.1%
2012年度	7.3%	–	3.5%	12.6%	5.4%	-3.6%	2.1%
2013年度	7.6%	–	2.7%	13.4%	6.0%	-7.3%	2.2%
2014年度	7.6%	–	-2.9%	11.8%	5.6%	2.9%	2.1%
2015年度	8.5%	–	-0.9%	14.2%	8.0%	4.2%	1.5%
2016年度	2.6%	–	4.5%	14.6%	5.2%	–	1.3%
2017年度	5.0%	–	5.8%	14.6%	4.1%	–	1.7%
2018年度	3.9%	–	6.3%	13.8%	3.3%	–	2.5%
平均	5.9%	–	3.2%	13.3%	5.4%	5.2%	2.2%

出所：日経 NEEDS の各社データより筆者作成。

マーサービスは東京電力グループであり、9位の九電みらいエナジーは九州電力グループであるため除外した。2位のエネットは NTT グループであるが中核事業ではないため、8位の F-Power は上場しておらず投資ファンド・IDI インフラストラクチャーズの傘下にあるため、それぞれ除外した。

　表9‒4 によると、大手電力会社等の競争相手となっている大手新電力の ROA は、2％台から13％台と幅があるものの、いずれも大手電力会社等よりも高い数値であることがわかる。これは一般的な企業会計の観点からすると、大手電力会社等の競争力がこれらの大手新電力と比較して低いことを示唆している。ROA を高めるためには、総資産合計を減少させるか、営業利益を増加させるかが必要である。しかし1.1でみたとおり、後者は難しい。競争環境下での料金値上げは難しく、また長期固定的な他社購入電力料が利益を圧迫していることを考慮すると、営業利益の増加は簡単には見込めないからである。とするならば、前者が効果的な方策となる。資産の減少にあたっては、無駄な資産を切り落とすことが重要になる。ここで、無駄な資産とは何だろうか。繰り返し述べているとおり、本書の目指す地域分散型エネルギー社会の観点からすると中央集権型エネルギーシステムである原子力発電は廃止することが望ましく、また ROA 向上の観点からは2018年の設備利用率が15％しかない原子力発電設備を資産圧縮の対象とすることは一定の合理性がある。

　次節では、かかる状況を踏まえたうえで、原発を廃止した場合における財務的影響について考察するために、廃炉に係る会計処理を確認する。

2　分析方法

2.1　廃炉会計処理の実例

　大手電力会社等が全原発を廃止した場合の財務的影響について検討するにあたり、廃炉に係る会計処理を確認する。福島第一原発事故以降、廃炉に関する会計処理方法が2013年と2015年の2回改正された。したがってここでは、改正前の会計処理と、2013年改正後の会計処理、そして2015年改正後の会計処理の実例をそれぞれ確認し、何がどう変わってきたのかを明らかにするとともに、現行制度における会計処理の特徴を理解し、本章の目的である全原発を廃止した場合の影響を検討するための材料とする。

　改正前の会計処理として取り上げるのは東京電力福島第一原子力発電所1～4号機の事例であり、2013年改正後の会計処理は同5・6号機の事例、2015年改正後の会計処理は関西電力美浜原子力発電所1・2号機の事例とする。なお、ここで取り上げる改正前・2015年改正後の事例はいずれも典型例である。すなわち、改正前には、福島第一原子力発電所1～4号機の廃炉に先立ち、中部電力浜岡原子力発電所1・2号機が廃止されたが、その廃炉会計処理は福島第一原子力発電所1～4号機と同様であった。2015年改正後は、九州電力玄海原子力発電所1号機、中国電力島根原子力発電所1号機、四国電力の伊方原子力発電所1号機なども廃止されたが、いずれも関西電力美浜原子力発電所1・2号機の廃炉会計と同じ処理が施されている。なお、2013年改正後から2015年改正前までの期間に廃止になったのは、東京電力福島第一原子力発電所5・6号機のみである。

　まず、改正前の会計処理として東京電力福島第一原子力発電所1～4号機を取り上げる。2011年3月期の連結損益計算書の特別損失項目には「災害特別損失」1,020,496百万円が計上された。福島第一原子力発電所1～4号機の廃炉はその一部に含まれ、合計207,017百万円の廃止に関する費用または損失が計上された。そのうち、原子力発電設備の減損損失が101,692百万円、原子力発電施設の解体費用が45,842百万円、核燃料の損失が44,855百万円、核燃料の処理費用が14,627

百万円とされた。すなわち、当時、廃炉にあたって特別損失に計上された項目は、①原子力発電設備に関する減損損失、②原子力発電施設の解体費用、③-1核燃料の損失および③-2核燃料の処理費用、の4つであったことがわかる。

災害特別損失に含まれる費用または損失の計上方法

イ原子炉等の冷却や放射性物質の飛散防止等の安全性の確保等に要する費用または損失

　（省略）

ロ福島第一原子力発電所1～4号機の廃止に関する費用または損失

①被災した原子力発電設備について、被災状況から今後の復旧が見込めない設備であると合理的に判断できるものの、その資産の特定が困難であるものについては、固定資産の減損処理に基づく損失額を計上している。

②原子力発電施設の解体費用について、「原子力発電施設の解体引当金に関する省令」（経済産業省）に基づく総見積額と発電実績に応じて計上した累計額との差額を計上している。

③装荷核燃料および加工中等核燃料のうち、今後の使用が見込めない核燃料に係る損失について、評価損を計上するとともに、当該核燃料の処理費用について、使用済燃料再処理等準備費に準じて計上している。

ハ福島第一原子力発電所5・6号機及び福島第二原子力発電所の原子炉の安全な冷温停止状態を維持するため等に要する費用または損失

　（省略）

ニ福島第一原子力発電所7・8号機の増設計画の中止に伴う損失

　（省略）

ホ火力発電所の復旧等に要する費用または損失

　（省略）

出所：東京電力有価証券報告書、2011年3月期、75-77頁。

災害特別損失の主な内訳（百万円）

イ原子炉等の冷却や放射性物質の飛散防止等の安全性の確保等に要する費用または損失	426,298
ロ福島第一原子力発電所1～4号機の廃止に関する費用または損失	207,017
うち①原子力発電設備に関する減損損失　101,692	

　②原子力発電施設の解体費用　　　45,842
　③核燃料の損失　　　　　　　　　44,855
　　核燃料の処理費用　　　　　　　14,627

ハ福島第一原子力発電所5・6号機及び福島第二原子力発電所の原子炉の安全な冷温
停止状態を維持するため等に要する費用または損失　　　　　　　　211,825
ニ福島第一原子力発電所7・8号機の増設計画の中止に伴う損失　　　39,360
ホ火力発電所の復旧等に要する費用または損失　　　　　　　　　　49,724
へその他　　　　　　　　　　　　　　　　　　　　　　　　　　　86,270
　合計　　　　　　　　　　　　　　　　　　　　　　　　　1,020,496

出所：東京電力有価証券報告書、2011年3月期、77頁。

災害特別損失に含まれる減損損失
イ資産のグルーピングの方法
　（省略）
ロ減損損失を認識した資産または資産グループ

資産	場所	種類	減損損失（百万円）
福島第一原子力発電所1〜4号機	福島県双葉郡大熊町	建物 構築物 機械装置 建設仮勘定 等	101,692

固定資産の種類ごとの内訳
建物　　　　　　2,335百万円
構築物　　　　　2,103百万円
機械装置　　　90,169百万円
建設仮勘定　　45,241百万円
その他　　　　　1,204百万円

出所：東京電力有価証券報告書、2011年3月期、78頁の一部を抜粋。

　次に、2013年改正後の会計処理の事例として東京電力福島第一原子力発電所

5・6号機の廃炉会計を取り上げる。2013年改正は「電気事業会計規則等の一部を改正する省令」（平成25年経済産業省令第52号）の施行によるものである。原子力発電設備を「廃止措置資産」とそれ以外の「発電のみに使用される資産」に区分するようになった。いずれも、2013年に初めて導入された用語である。廃止措置資産とは、「原子炉の廃止に必要な固定資産および原子炉の運転を廃止した後も維持管理を要する固定資産」（電気事業会計規則別表第1）を指し、発電のみに使用される資産とは、原子力発電設備のうち廃止措置資産以外の部分を指す。廃止措置資産については、あたかも稼働中の原子力発電設備であるかのように資産計上と減価償却を継続する。発電のみに使用される資産については、従来と同様に減損処理を行うことになった。

　この廃炉会計処理が適用されたのが福島第一原子力発電所5・6号機である。この廃止にあたっては、2014年3月期の連結損益計算書の特別損失項目として「福島第一5・6号機廃止損失」39,849百万円が計上された。その内訳は、発電設備の損失19,686百万円、核燃料の損失及び処理費用20,083百万円とされた。なお、減損損失を認識した資産または資産グループに「福島第一原子力発電所（廃止措置資産を除く）」の記載があり、廃止措置資産は減損処理から除外されていることがわかる。以上から、当時、廃炉にあたって特別損失に計上された、①-2発電設備（廃止措置資産を除く）の損失と③核燃料の損失及び核燃料の処理費用の2つであることがわかる。福島第一原子力発電所1～4号機の事例と比較すると、特別損失に計上される項目が半減したことがわかる。

福島第一5・6号機廃止損失の内容
　平成25年12月18日開催の取締役会において、福島第一原子力発電所5・6号機の廃止について決定した。これに伴い、発電設備の損失額等を当連結会計年度において特別損失に計上している。なお、主な内訳は以下のとおりである。
　　　発電設備の損失　　　　　　19,686百万円
　　　核燃料の損失及び処理費用　20,083百万円
また、上記に含まれる減損損失の内訳は以下のとおりである。
（1）資産のグルーピングの方法
　　　（省略）
（2）減損損失を認識した資産または資産グループ

資産	場所	種類	減損損失（百万円）
福島第一原子力発電所（廃止措置資産を除く）	福島県双葉郡大熊町及び双葉町	建物 構築物 機械装置	19,686
固定資産の種類ごとの内訳 建物　　　　3百万円 構築物　　　0百万円 機械装置　19,682百万円			

出所：東京電力有価証券報告書、2014年3月期、95頁の一部を抜粋。

　最後に、2015年改正後の会計処理の事例として関西電力美浜原子力発電所1・2号機の廃炉会計を取り上げる。2015年の改正は「電気事業会計規則等の一部を改正する省令」（平成27年経済産業省令第10号）の施行に伴うものである。そこでは、「原子力廃止関連仮勘定」という新しい概念が導入された。原子力廃止関連仮勘定は、発電のみに使用される資産のほか、従来であれば廃炉に伴い一括して損失計上されたものをすべて統合して資産に計上するものである。そしてこの仮勘定は、「料金回収に応じて、原子力廃止関連仮勘定償却費により償却する」（関西電力有価証券報告書、2015年3月期）こととなった。

　美浜原子力発電所1・2号機を廃止した2015年3月期の関西電力の有価証券報告書をみると、連結損益計算書に特別損失は見つからない。これは、もはや、原発を廃止しても特別損失は生じなくなったことを意味する[3]。原発を廃止したことにより一括して計上すべき費用または損失がなくなったのである。より詳細に関西電力有価証券報告書の記述をみると、原子力廃止関連仮勘定は「原子力発電設備等簿価」と「原子力廃止関連費用相当額」に区分される。さらにその内容を

3）なお、2015年以降も原子炉の廃止に関連して特別損失を計上している例もある。例えば、2019年3月期に女川原子力発電所1号機の廃止を決定した東北電力の例がある。ここでは、当該1号機のシュラウド取替関連除却工事に係る冶具の製作費用等について他号機への転用の可能性を検討したものの、その見込みがないことから2,145百万円を女川1号廃止関連損失として特別損失に計上している（東北電力有価証券報告書、2019年3月期、72頁）。ただしこの特別損失は例外的なものであり、廃炉会計一般の問題ではないといってよいであろう。

みると、前者は上述の「発電のみに使用される資産」に「当該原子力発電設備に係る建設仮勘定」と「当該原子炉に係る核燃料の帳簿価額」を加えたものであり、後者は「当該原子炉の廃止に伴って生じる使用済燃料再処理等費及び当該核燃料の解体に要する費用に相当する額」とされる。つまり、廃炉に伴う、廃止措置資産以外の項目がすべて原子力廃止関連仮勘定に含まれるという区分の変更が行われている。これにより、廃炉に関連する項目は、廃止措置資産と原子力廃止関連仮勘定という2つになったが、いずれも特別損失には計上されない。

（会計方針の変更）

1．廃止を決定した原子炉に関連する会計処理の適用

　「電気事業会計規則等の一部を改正する省令」（平成27年経済産業省令第10号　以下「改正省令」という。）により、「電気事業会計規則」が改正されたため、改正省令の施行日（平成27年3月13日）以降は、エネルギー政策等の変更等に伴って原子炉を廃止する場合において、当該原子炉に係る原子力発電設備（原子炉の廃止に必要な固定資産、原子炉の運転を廃止した後も維持管理することが必要な固定資産及び資産除去債務相当資産を除く。）、当該原子力発電設備に係る建設仮勘定及び当該原子炉に係る核燃料の帳簿価額（処分見込額を除く。以下「原子力発電設備等簿価」という。）並びに当該原子炉の廃止に伴って生ずる使用済燃料再処理等費及び当該核燃料の解体に要する費用に相当する額（以下、「原子力廃止関連費用相当額」という。）については、経済産業大臣の承認に係る申請書を提出のうえ、原子力廃止関連仮勘定に振り替え、又は計上することが可能となった。また、振り替え、又は計上した原子力廃止関連仮勘定は、同承認を受けた日以降、料金回収に応じて、原子力廃止関連仮勘定償却費により償却されることとされた。

　これに伴い、当連結会計年度において、廃炉を決定した美浜松伝書1・2号機に係る原子力発電設備等簿価20,346百万円および原子力廃止関連費用相当額7,749百万円を対象とし、平成27年3月17日に経済産業大臣の承認に係る申請書の提出を行ったため、原子力廃止関連仮勘定に28,095百万円を振り替え、又は計上している。……なお、美浜発電所1・2号機に係る原子炉の廃止に必要な固定資産及び原子炉の運転を停止した後も維持管理することが必要な固定資産については、当連結会計年度末の原子力発電設備に含まれている。

出所：関西電力有価証券報告書、2015年3月期、71頁より一部抜粋。

表9-5　廃炉会計における項目と区分の変化

改正前	2013年改正後	2015年改正後
① 原子力発電設備 （建設仮勘定を含む） に関する減損損失	①-1 原子力発電設備 （廃止措置資産）	①-1 原子力発電設備（廃止措置資産）
	①-2 原子力発電設備 （廃止措置資産を除く） に関する減損損失	①-2 原子力発電設備等簿価* （廃止措置資産・資産除去債務 相当資産を除く、建設仮勘定を 含む）
② 原子力発電施設の 解体費用	－	－
③-1 核燃料の損失	③ 核燃料の損失及び処 理費用	③-1 核燃料の帳簿価額* （処分見込額を除く）
③-2 核燃料の処理 費用		③-2 核燃料の処理費用* （使用済燃料再処理等費 及び解体に要する費用）

*①-2と③-1と③-2を合わせて「原子力廃止関連仮勘定」とされている。
注：網掛けは特別損失として計上されたもの。
出所：筆者作成。

　以上3つの廃炉に係る会計処理の特徴をまとめたものが**表9-5**である。表9-5において、網掛けの部分は、原発廃止にあたり特別損失として計上された項目である。改正前・2013年改正後・2015年改正後、と時間を追うにつれて、特別損失に計上される項目が消滅していったことがわかる。こんにち、原発を廃止しても特別損失が計上されないのはこのためである。これは、本来であれば減損すべきものを減損せずに、損失計上の先送りをする処理であるといえる。かつてのように廃炉によって巨額の損失が特定の会計期間に一括して計上されるという事態は生じなくなっている。

2.2　原発を廃止した場合の現行制度

　前節において、過去の廃炉に係る会計処理の実例から、2013年と2015年に行われた変更の特徴を確認した。その特徴は、従来は廃炉に伴い特別損失として計上されていた項目を、新たに資産として計上し、損失の計上を将来に繰り延べ、営業費用として償却するという方向性にあった。

本節では、全原発を廃止した場合の財務的影響を検討するにあたり、現行制度をより詳細に確認する。以下、2015年改正後の分類（表9-5）に従い、廃止措置資産、原子力廃止関連仮勘定、原子力発電施設の解体費用、の順に会計処理に関する規定を確認する。

　まず廃止措置資産に係る費用であるが、電気事業会計規則では、この廃止措置資産が原子力発電設備に含まれることを規定している（電気事業会計規則、別表第1）。したがって、原子力発電設備として、あたかも稼働中の原子力発電設備であるかのように、減価償却の対象となる。なお、こんにち廃止措置資産という用語は使用されていない。「原子炉の廃止に必要な固定資産、原子炉の運転を廃止した後も維持管理することが必要な固定資産」（同上）という表現になっている。ただし、本章では便宜上、廃止措置資産という用語を使用する。

　次に、原子力廃止関連仮勘定については、発電事業者が小売供給を行う場合とそれ以外の場合で規定が異なる。発電事業者が小売供給を行う場合には、「……特定小売供給約款を変更する日の属する月の翌月から十年間、十年間均等償却するものとして算定した額」を償却するとされている（同上、第7条7項の二）。それ以外の場合には、「……供給の相手方であるみなし小売電気事業者が特定小売供給約款を変更する日の属する月から十年間、十年間均等償却するものとして算定した額」を償却するとされている（同上、第7条8項の二）。いずれにしても、10年間で均等償却すると考えられる。

　最後に、原子力発電施設の解体費用については、2013年改正により「原子力発電施設解体引当金に関する省令」（平成元年通商産業省令第30号）（以下、解体引当金省令）が改正され、解体費用（資産除去債務）の費用化が生産高比例法から定額法に変更された（解体引当金省令、第3条）。生産高比例法の場合、廃炉するともはや生産高は見込めないため、費用化は断念せざるをえず、その結果、未引当残高を一括損失計上しなければならない。これが東京電力福島第一原子力発電所1～4号機の廃止時の状況であった。しかし、定額法で費用化するという改正が行われたことにより、未引当残高を一括損失計上することなく、分割計上することが可能になった[4]。現行制度の引当期間は、「当該廃止が行われる日の属する月から起算して十年を経過する月までの期間」（解体引当金省令、第2条の2）とされているため、10年間で費用化すると考えられる。

　以上をまとめると、廃止措置資産については稼働中と同様に減価償却、原子力

廃止関連仮勘定については10年にわたり均等償却、解体費用についても10年にわたり均等償却、というのが現行制度である。

　この現行制度は、2013年と2015年の廃炉会計制度の改正により構築されたが、2回の改正は、いずれも「廃炉を円滑に進めるため」であると説明された。これは、経済政策上の特別な配慮であり、その狙いは、廃炉による巨額損失が損益計算書に計上されて電力会社が債務超過に陥ることを、回避させるところにある。本章は、全原発を廃止した場合の財務的影響を検討するものであるが、本章での検討によって、新しい廃炉会計制度が実際にどのくらい廃炉を円滑化するのかを確認することができる。

　なお、本章では詳しく立ち入らないが、このような現行制度に対して、会計理論から正当性を与えることは不可能である。通常の会計理論においては、発生した損失はその期に認識するのが原則であり、安易な繰延経理を容認すれば、資産の定義・概念にそぐわない項目が比較的長期間にわたり貸借対照表に記載されるため、資産・負債アプローチあるいは収益・費用アプローチのいずれによったとしても、理論的に説明することはできない。また、そのような会計処理は、企業の経済的実態との乖離を生じさせるおそれがあり、会計基準のコンバージェンス

4）大手電力会社原発事業者における解体費用の会計は複雑であるので、この点を詳細に確認すると以下のとおりである。原発の廃炉は、「核原料物質、核燃料物質及び原子炉の規制に関する法律」（昭和32年6月10日法律第166号）（以下、原子炉等規制法）における特定原子力発電施設の廃止措置として規定されており、「資産除去債務に関する会計基準」（企業会計基準第18号、平成20年3月31日）（以下、資産除去債務会計基準）の定める「法律上の義務」に該当する。したがって、原子炉等規制法に規定された廃止措置に要する費用すなわち解体費は、資産除去債務会計基準に基づき、資産除去債務として、総見積額の現価相当額（割引率2.3%）が電力会社の貸借対照表に計上されている。なお、総見積額およびその内訳は公表されておらず、割引後の現価相当額が公表されているのみである。資産除去債務は、原発設備の取得原価に加算された資産除去債務相当資産と同時計上され、通常であれば、この資産除去債務相当資産は原発設備の減価償却に伴って費用化される。しかし、原発事業においては、資産除去債務会計の例外措置、すなわち、「資産除去債務に関する会計基準の適用指針」（企業会計基準適用指針第21号平成20年3月31日）第8項が適用される。その結果、資産除去債務相当資産は、解体引当金省令により費用化されている。そしてこの解体引当金省令では、2013年改正において、本文にあるとおり生産高比例法から定額法へと引当方法が変更された。期間は、発電設備の見込運転期間（40年）に安全貯蔵予定期間（10年）を加えた50年が原則とされたが、廃炉する場合は廃炉から10年にわたって費用計上することとされた。なお、2018年に再び改正が行われ、引当期間が原則として見込運転期間である40年とすることとされた。

あるいはアドプションが議論されるようになっている昨今の状況において、海外諸国からの会計不信も招きかねない。さらに、いわゆる「臨時巨額の損失」の処理においては、繰り延べられた損失は、保守主義の観点から可及的速やかに償却されるべきであり、もともと臨時損失が損益計算書の特別損失の区分に計上される性質のものであるから、償却額も特別損失とするのが相当である（増子（2012）128頁）のに、この新廃炉会計制度では、特別損失が営業損失に振り替えられてしまっている。したがって、現行制度は、会計上、多面的なリスクをもたらしているといわなければならない。

2.3 本章における分析方法

大手電力会社等の2019年3月期の有価証券報告書を利用し、実績にもとづく分析を行う。金森・大島（2014）では個別財務諸表の数値を利用したが、大手電力会社が持ち株会社形態になったことに鑑みて本章では連結財務諸表の数値を利用する。なお、電力会社の場合、連単倍率（連結ベースの数値と個別ベースの数値の比率）は1に近いので、大きな影響はない。

分析方法は、廃炉にあたって考慮する項目別に計算し、最終的にそれを合計する方法をとる。廃炉にあたって考慮する項目として、前節では①廃止措置資産、②原子力廃止関連仮勘定、③原子力発電施設の解体費用の現行制度を確認したが、本章の分析においては、①廃止措置資産と②原子力廃止関連仮勘定の2つとする。③原子力発電設備の解体費用は現時点ですでに定額法で計上されており、原発事業からの撤退を決定しても追加的な費用にはならないため除外する。

①廃止措置資産の金額については、原子力発電設備の87.5％とした[5]。実際には、原子炉ごとに廃止措置資産と発電のみに使用される資産との区分比率が異なるであろうが、これは外部からは不明であるからである。また、あたかも稼働中の原子力発電設備であるかのように、減価償却の対象となるということであるが、

5）金森・大島（2014）に従う。2013年3月末の福島第一原発5・6号機の残存簿価は1564億円であった（資源エネルギー庁、2013）。他方、2014年3月末には、5・6号機の廃止決定に伴い、廃止措置資産に該当しない発電設備196億円が損失計上されている（東京電力有価証券報告書、2014年3月期、95頁）。つまり、5・6号機の12.5％（＝196/1564）は廃止措置資産に該当しない発電設備であるため損失処理され、残り87.5％は廃止措置資産に区分されたといえる。

廃止措置資産の償却年数および償却方法が不明である。これはこれを10年にわたり定額償却するものとする。

　②原子力廃止関連仮勘定については、以下のように金額を推計した。まず、原子力廃止関連仮勘定は、②a 発電のみに使用する資産、②b 建設仮勘定における原発設備、②c 核燃料の転売可能価額、②d 核燃料の処理費用から構成される。これらの金額は外部からは不明である。したがって、便宜上、以下のとおりとする。②a 発電のみに使用する資産は、原子力発電設備の12.5%とする（廃止措置資産を87.5%としたことから）。②b 建設仮勘定における原発設備の金額は計算から除外する（金額的にはそれほど重要性が高くないと思われる）。②c 核燃料の転売可能額については不明なため核燃料簿価の100%を含める（転売可能額をゼロとする）。②d 核燃料の処理費用については核燃料の帳簿価額の32.6%とする[6]。また、原子力発電設備における土地は計算から除外する[7]。②a から②d を合計した金額を原子力廃止関連仮勘定とし、これを10年にわたり定額償却するものとする。

　したがって、本章における分析はあくまでも仮の計算であり、便宜的なものである。あえて計算するのは、原発事業から撤退した場合における財務的影響のおおまかな規模感を把握し、議論の手掛かりを提供するためである。そこで、補足的な分析として、規模感を把握するために、純資産・当期純利益・原子力発電費などとの比較を行う。

　本章の分析における最大の特徴は、2015年の廃炉会計制度改正と2016年の再処理等拠出金の制度を盛り込んでいることである（金森・大島（2014）では、2013年の廃炉会計制度改正のみを反映していた）。2015年の廃炉会計制度改正については既述のとおりであるので、以下、2016年の再処理等拠出金の制度について説明する。本章の分析にかかわる点について結論を先に述べると、再処理に関する

6）核燃料の処理費用はまったくもって不明であるため、便宜上、唯一入手可能である福島第一原子力発電所1〜4号機の核燃料の処理費用の核燃料の帳簿価額に対する割合を利用する。周知のとおり、福島第一原子力発電所の廃炉は他の発電所とは決定的に異なる性格を有するためこの想定が適切とはいえないが、これ以外に方法がない。

　これは建物や構築物が解体されても土地は残って価値を有すると考えられることから通常行われる会計処理である。

7）これは建物や構築物が解体されても土地は残って価値を有すると考えられることから通常行われる会計処理である。

資産と負債が各社の貸借対照表から消去され、原発を廃止するにあたって再処理に関連する勘定科目をどのように扱うかについて考慮する必要がなくなった。分析がよりシンプルにできるようになったといえる。

　原子力発電における使用済燃料の再処理等の実施に要する費用は、「原子力発電における使用済燃料の再処理等のための積立金の積立て及び管理に関する法律の一部を改正する法律」（平成28年法律第40号）および「電気事業会計規則等の一部を改正する省令」（平成28年経済産業省令第94号）に基づいている。そこでは、改名された「原子力発電における使用済燃料の再処理等の実施に関する法律」（平成17年法律第48号）（以下、再処理等拠出金法）により使用済燃料再処理機構が設立され、使用済燃料再処理拠出金という制度が創設された。従来の使用済燃料再処理等（準備）引当金と使用済燃料再処理等積立金は廃止され、大手電力会社原発事業者は、法定の使用済燃料再処理拠出金を、運転に伴い発生する使用済燃料の量に応じて費用計上することになった。これは、拠出金の支払いによって事業者の責任が果たされたとみなし、事業者のリスクを軽減する措置である。それまで計上されていた積立金は引当金と相殺され、引当金側に生じた差額はその他固定負債に振り替えられた（東京電量ホールディングス有価証券報告書、2017年3月期、85頁）。

　これにより、貸借対照表から使用済燃料の再処理に関連する項目がほぼなくなった。原発を廃炉するにあたって再処理に関連する項目がもたらす影響を考慮する必要がなくなったのである。ただし、使用済燃料再処理拠出金の一部については、使用済燃料再処理関連加工仮勘定として資産計上されている。これは、再処理費用の範囲が変更され、2017年3月期からMOX燃料加工事業費が含まれるようになったためである[8]。MOX燃料加工事業費は、バックエンドではなくフロントエンドと考えられることから、拠出金を構成するものの、費用ではなく資産として計上されるのである。ただし使用済燃料再処理事業が大手電力会社原発事業者の事業から離れ、拠出金の支払いのみで責任を果たしたとみなされるように

8）具体的には、改正前の「原子力発電における使用済燃料の再処理等のための積立金の積立て及び管理に関する法律」では、「再処理等」とは「一　再処理、二～四（省略）」（第二条の4）とされていた。これに対し、改正後の再処理等拠出金法では、「再処理等」とは、「一　再処理及び再処理に伴い分離された核燃料物質の加工（原子炉等規制法第二条第9項に規定する加工をいう。以下、再処理関連加工）、二～四（省略）」（第二条の4）と定義された。

なったことや、当該事業の撤退時期や方法については法律上の改正が必要なことから、本章では、使用済燃料再処理関連加工仮勘定については大手電力会社等の裁量外であるとして分析には含めないこととした。

　なお、大阪府市エネルギー戦略会議（2013）ならびに金森・大島（2014）では、日本原電や日本原燃に対する債務保証や長期投資、ならびに再処理工場の廃止コストなどを分析に加えており、また金森・大島（2014）では、直接処分コストを分析に加えていたが、本章ではこれらを分析に含めない。また、原子力にかかわる研究開発予算や立地対策費が不要になったりする等の行政コストの節約も分析に含めない。いずれも重要な論点であるが、大手電力会社原発事業者が自身の裁量で決定できる範囲を超えていること、また、それぞれが単独で取り上げられるべき大きな問題であり、すべてを本章で扱うことができないことがその理由である。また、これらの項目を考慮するかしないかで本章での試算が左右されることはなく、これらの項目を考慮する必要がある場合には、本章での分析結果に費用を追加するかたちで計算できるからである。

　同様に、本章で行うのは、あくまでも、大手電力会社等における財務的影響を分析するものであり、日本経済全体に及ぶ経済影響を総体的に評価するものではない。つまり、原発ゼロを実現すれば、使用済核燃料がこれ以上増えなくなったり、原子力にかかわる研究開発予算や立地対策費が不要になったりする等の影響もあるが、ここでは考慮していない。以上より、本章においては、あくまでも大手電力会社等の裁量の範囲内で行える会計処理に限定して試算を行っている。

3　分析結果

　分析結果は以下のとおりである。分析とはいえ、これまででみたとおり、原発事業の外部者にとって入手可能な情報は限られており、法規制の文言からも明らかにならないことは多いので、あくまでもざっくりした暫定的な結果であることは強調されるべきである。

　表9-6は、後述する前提のもとで計算した、全原発を廃止した場合の単年度の費用である。10社合計で5,900億円程度を10年間負担すれば全原発を廃止することができる。

　単年度で5,900億円という数字が大手電力会社等の経営にとってどの程度のイ

表9-6　全原発を廃止した場合の財務的影響（2019年3月期）

（単位：億円）

		北海道	東北	東京HD	中部	北陸	関西	中国	四国	九州	日本原電	計
廃止措置資産	原子力発電設備（土地を除く）の87.5%を10年で定額償却(a)	153	226	846	142	116	323	84	97	299	73	2,360
原子力廃止関連仮勘定	原子力発電設備（土地を除く）の12.5%を10年で定額償却	22	32	121	20	17	46	12	14	43	10	337
	核燃料の帳簿価額（100%）を10年で定額償却	197	165	657	185	98	506	159	106	268	116	2,456
	核燃料の処理費用を10年で定額償却	64	54	214	60	32	165	52	34	87	38	801
	原子力廃止関連仮勘定合計を10年で定額償却(b)	283	251	992	265	146	717	223	154	398	165	3,594
費用合計 (a) + (b)		436	477	1,838	407	262	1,041	307	251	697	238	5,954

出所：筆者作成。

表9-7　純資産と株主資本

（単位：億円）

	北海道	東北	東京HD	中部	北陸	関西	中国	四国	九州	日本原電	計
純資産	2,284	8,337	29,036	18,443	3,269	15,329	5,586	3,211	6,652	1,642	93,789
株主資本	2,203	7,663	28,896	17,371	3,100	14,388	5,485	3,095	6,571	1,641	90,413

出所：各社有価証券報告書より筆者作成。

ンパクトがあるのかを、純資産との比較・当期純利益との比較・原子力発電費との比較の3点から比較する。

　まず純資産との比較である。純資産は表9-7のとおり、10社合計で9.3兆円ある。したがって、単純計算で、5,900億円程度を10年間（つまり5.9兆円）支払っても債務超過には陥らない。株主資本でみても同様である。ただし、会社別にみると、北海道・九州・日本原電が債務超過に陥る可能性がある。

　次に、当期純利益との比較である。当期純利益に先立ち、本業の利益である営業利益でみると、10社合計で2019年3月期に9,200億円の営業利益が出ているので、5,900億円の費用を計上してもなお黒字を保つことができる（表9-8）。当期純利益は10社合計で5,700億円であるが、繰り返すように5,900億円はあくまでも暫定的な数字なので、ほぼ同じ大きさの規模であるといってよいだろう。例えば核燃料の処分見込額や処理費用の見込額の設定いかんで5,700億円よりも小さ

表9-8　営業利益と当期純利益

(単位：億円)

	北海道	東北	東京HD	中部	北陸	関西	中国	四国	九州	日本原電	計
営業利益	422	836	3,122	1,259	128	2,048	195	257	865	74	9,206
当期純利益	228	508	2,325	829	38	1,157	109	171	325	33	5,723

出所：各社有価証券報告書より筆者作成。

表9-9　原発廃止によって不要になる費用

(単位：億円)

	北海道	東北	東京HD	中部	北陸	関西	中国	四国	九州	日本原電	計
燃料費	0	0	0	0	0	229	0	23	249	0	501
修繕費	75	149	409	68	39	424	62	145	500	104	1,975
委託費	70	124	668	116	40	245	101	63	150	197	1,774
減価償却費	207	260	1,010	157	136	431	100	152	455	119	3,027
合計	352	533	2,087	341	215	1,329	263	383	1,354	420	7,277

出所：各社有価証券報告書より筆者作成。

くしようと思えばできるであろうから、やはり黒字を確保することは不可能ではない。会社別にみると、営業利益段階でさえ赤字に転落するのは北海道・北陸・中国・日本原電である。

　最後に、原子力発電費との比較をしてみる。実は、この5,900億円は全原発を廃止した場合の単年度の費用であるから、原発を維持するために必要であった費用を、廃止することによって節約することができる。ここでは、燃料費・修繕費・委託費・減価償却費が不要になるとする。それ以外の人件費・使用済燃料再処理等拠出費・特定放射性廃棄物処分費・諸税・すでにある固定資産除却費・原子力損害賠償廃炉等支援機構負担金・原子力発電施設解体費についてはここでは据え置くことにする。使用済燃料再処理等拠出金と特定放射性廃棄物処分費は、原発を廃止することにより不要になると考えられるが、いずれも法律で拠出を定められたものであり、国が実施するものとされているから、この扱いについては国のアクションを待たなければならないため、ここでは据え置くこととする。

　すると、上述の4つの費用が不要になるとして、合計で7,200億円の費用が節約できることになる（表9-9）。つまり、5,900億円支払ってもなお、原発事業から撤退すれば7,200億円が浮くのである。つまり、10社合計で見ると、原発を

廃止したほうが費用は少なくて済むのである。会社別にみると、北海道・中部・北陸・中国の各社が、節約できる金額よりも廃止した場合の費用のほうが大きい。

4 結論

　以上、全原発を廃止した場合の単年度の費用は大手電力会社等10社合計で5,900億円程度となることを試算した。実際には、原発事業の外部者には不明な点が多すぎて、正確な計算は不可能である。本章における試算もあくまでもひとつの試みに過ぎない。しかし、おおまかな規模感をつかみ、議論の手掛かりを提供する目的で、あえて数値化したものである。現在の大手電力会社等の業績は手放しで良好とはいえないが、堅調に推移している。また、大手新電力とのROAの比較においては、大手電力会社等の水準の低さが際立っており、ROAを改善するためには、資産規模を削減することが有効であることも示された。本書の地域分散型エネルギー社会の観点から、中央集権型エネルギーシステムである原発設備を削減することの影響が試算されたが、その結果、全体としてみると債務超過には陥らないことが明らかになった。もちろん、個別電力会社においては単純計算で債務超過に陥る危険性が示唆されたが、新会計制度の影響で、原発廃止の影響が10年にわたって平準化されることになっているため、今後10年間における業績の確保次第で債務超過を免れることも不可能ではないといえる。

　総じて、電力会社の貸借対照表から使用済燃料の再処理に関係する資産・負債がほぼなくなったことにより、廃炉にあたっての会計処理はよりシンプルになった（ただしこれが経済的実態を表しているかどうかはまた別問題である）。日本原燃・日本原電の清算に係るコスト（債務保証、長期投資等）、再処理工場の廃止コスト、直接処分コスト、ならびに原子力にかかわる行政コストについては別途考慮が必要であるが、原発事業からの撤退は現実的な選択肢となっているといえるだろう。

参考文献

大阪府市エネルギー戦略会議（2013）『大阪府市エネルギー戦略の提言』冨山房インターナショナル。

金森絵里・大島堅一（2014）「2014年3月期に原発をすべて廃止した場合における電力

会社の経営への影響」立命館大学国際関係学部ワーキングペーパー、IR2014-2。

木村啓二・大島堅一（2019）「日本の固定価格買取制度における回避可能費用の計算に関する問題点」『環境経済・政策研究』第12巻第1号、33-43頁。

経済産業省（2013）「原子力発電所の廃炉に係る料金・会計制度の検証結果と対応策」総合資源エネルギー調査会　電力・ガス事業部会　電気料金審査専門小委員会　廃炉に係る会計制度検証ワーキンググループ、2013年9月。

経済産業省（2015）「原発依存度低減に向けて廃炉を円滑に進めるための会計関連制度について」総合資源エネルギー調査会　電力・ガス事業分科会　電気料金審査専門小員会　廃炉に係る会計制度検証ワーキンググループ、2015年3月。

経済産業省（2016）「中間報告　新たな環境下における使用済燃料の再処理等について」総合資源エネルギー調査会　電力・ガス事業分科会　原子力小委員会　原子力事業環境整備検討専門ワーキンググループ、2016年2月。

経済産業省（2017）「電力システム改革貫徹のための政策小委員会中間とりまとめ」総合資源エネルギー調査会基本政策分科会　電力システム改革貫徹のための政策小委員会、2017年2月。

谷江武士・田村八十一（2018）『電力産業の会計と経営分析』同文館出版。

平野智久（2014）「原子力発電施設の廃止措置に関する会計問題—経済産業省『原子力発電所の廃炉に係る料金・会計制度の検証結果と対応策』に着目して—」『福島大学商学論集』第83巻第3号、1-22頁。

細野祐二（2013）「原発による不良資産を隠蔽する虚妄の廃炉会計改定骨子案」『世界』848号、126-133頁。

増子敦仁（2012）「東日本大震災に対する特例的会計処理：危機を乗り越えるための手段として『臨時巨額の損失』の活用を」『東洋大学経営論集』第79号、125-138頁。

村井秀樹（2018）「核燃料サイクルと再処理等拠出金法における会計問題」『日本大学商学研究』第34号、83-99頁。

第10章 **地域分散型エネルギーと
電力市場**

安田陽

　第2章では、**分散型電源**（DG: Distributed Generation）や**分散型エネルギー
源**（DER: Distributed Energy Resource、以下 DER）の課題とその解決方法につ
いて、主に技術的観点から基礎理論と国際動向を交えて概観した。本章は第2章
と対になる形で、分散型電源や分散型エネルギー源が大量導入された電力システ
ムにおける課題解決の方法として、制度設計、特に**電力市場**（power market,
electricity market）の設計と運用の観点から海外動向を紹介し、日本への示唆を
探ることとする。

1　電力市場から見た分散型電源の特徴：VPP と BRP

　本節では、分散型電源の電力市場から見た特徴について述べる。特に日本では
電力市場が十分成熟しておらず、分散型電源に関する議論は第2章で述べたよう
な技術的な議論に終始しがちであるが、分散型電源の導入が先行する欧州では既
に電力市場を通じた電力取引が盛んになっており、その中で分散型電源がどのよ
うに役割を担うか、といったことをめぐる議論はとても重要である。以下では、
デンマークの事例を紹介しながら、電力市場における分散型電源の特徴とあり方
を議論する。

1.1　デンマークの分散型電源プロジェクトと電力市場取引

　デンマークでは1980年代初頭には大規模集中電源しか存在しなかったものが、
その後風力発電と**コジェネレーション（熱電併給）**（CHP: Combined Heat and
Power、以下 CHP）といった分散型電源が多数建設され、2000年代に**図10-1**の

図10- 1　デンマークの電源構成の変遷（左：1980年代初頭、右：2000年代後半）

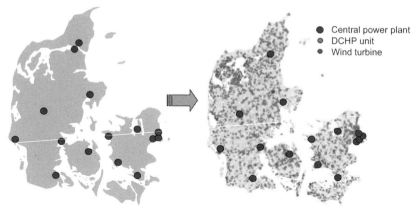

出所：Energinet.dk, 2011.

ように大きく電源構成とその地理的分散の変革を進め、2011年の時点では既に表
10- 1に示すように多数の分散型電源が設置されていた。

　表10- 1に見る通り、デンマークにはCHPだけでも2011年時点で既に700基以
上のプラントがあるため、これらが直接、送電系統運用者（TSO: Transmission
System Operator、以下TSO）と通信をやり取りして監視制御するのは煩雑を極
める。したがって、TSOと各発電所の間に**需給調整責任会社**（BRP: Balance Re-
sponsible Party、以下BRP）という代行業者（日本で言うところの「アグリゲ

表10- 1　2011年時点のデンマーク分散型電源導入状況

管轄	電圧階級	基数		容量 [MW]		平均容量 [MW/基]	
		風力	CHP	風力	CHP	風力	CHP
TSO（集中型）	400kV	—	4	—	1,488		372
	150kV	80	6	160	2,014	160*	336
DSO（分散型）	60kV	34	17	41	569	1.2	33
	10～20kV	2,180	457	1,597	991	0.7	2.1
	400V	1,860	260	576	83	0.3	0.3

＊設備容量160MWの洋上風力発電所

出所：Energynet.dk（2008）のデータより筆者まとめ。

図10-2　デンマークのセルコントローラ・パイロットプロジェクトの運用システム

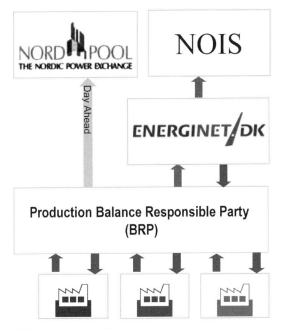

出所：Energinet.dk, 2011.
注：Nord Pool は北欧の電力取引所、NOIS は北欧４ヶ国の
TSO の共同系統管理システム、Energinet.dk はデンマークの
TSO。

ーター」に相当）が存在し、複数の小規模な分散型電源を管理しながら TSO だ
けでなく電力市場と通信するサービスを行っている。BRP の意義と役割につい
ては、次項で詳述する。

　図10-2は2000年代後半にデンマークの TSO である Energinet.dk（現・Ener-
ginet）を中心に実施された「セルコントローラ・パイロットプロジェクト（Cell
Controller Pilot Project）」と呼ばれる実証研究の概念図である。セルコントロー
ラ・パイロットプロジェクトでは、セルコントローラという通信機器を具備した
多数台の分散型電源と TSO を通信で結んだ運用システムが提案されているが、
注目すべきはそこに**電力取引所**（power exchange）[1]との通信や市場参加者とし

1）　一般に経済学では交換が起こる状況はすべて市場とみなされるが、本節では、電力の売買
　が行われる場所としての電力取引所を（狭義の）「電力市場」として取り扱っている。

図10-3　デンマークのCHPの自動運転プログラム例

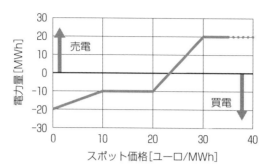

出所：Andersen（2007）の図を元に筆者作成。

てのBRPが明記されていることである。

　実際、デンマークのCHPは例えば**図10-3**に示すような電力市場と連動した売電・買電の自動プログラムが搭載されており、常に電力市場価格を監視しながら自動運転されているものが多い。例えば風が吹いて風力発電の出力が増えてスポット市場価格が低下すると、CHPプラントは発電機（内燃式もしくはガスタービン）による発電を中止し、電熱器やヒートポンプで電力を消費しながら温水をつくり、温水貯蔵タンクに備蓄する。また、需要が多くかつ風が吹かない場合はスポット価格が高騰するが、その場合は発電機を起動させ高値で市場に買電する。必要があれば、前掲の図10-2にある通りBRPが直接CHPプラントを遠隔操作することも可能である。

　分散型電源としてのCHPがこのような制御を行うことで、風力発電の出力が時々刻々変動したとしても、分散型電源が市場シグナルに基づき出力を調整する。そのため、TSOが大規模集中電源にディスパッチ（給電指令）[2]を出して周波数制御（第2章3.1項参照）を行わなくても、ある程度はローカルな分散型電源が自律的に需給調整に貢献することが可能となっている。さらに必要な場合は、図10-2で見た通りTSOはBRPに指令を出し、BRPが契約する多数台のCHPを直接遠隔操作することで、大規模集中電源に対するディスパッチとほぼ同等の（あるいはその一部を補完する）需給調整も可能である。

2）「ディスパッチ」については、第2章注1を参照のこと

　また、CHP の所有者や利用者にとっては、電力市場と連動する自動運転や第三者による遠隔操作が行われたとしても、温水貯蔵というバッファがあるため室温がほとんど変わらず、利用者は CHP の出力が時々刻々と変化したことに気がつかずに快適な生活が可能となっている。

　このように、従来は「分散型電源はパラサイト」（飯島、2003）と揶揄されていた分散型電源（第 2 章3.2項参照）が、TSO や電力市場と適切に通信を行うシステムを構築することで大規模集中電源に匹敵する需給調整能力を持ち、電力の安定供給に貢献することが、デンマークでは既に可能となっている。特に熱供給との組み合わせは第 2 章2.2項で述べたセクターカップリングの好例とも言え、このようなシステムが既に10年前に実証研究が行われ実用化されているという欧州の先行事例を知ることは重要である。

　このように小規模な分散型電源を通信で結びあたかも一つの発電所のように運用する考え方は、**仮想発電所**（VPP: Virtual Power Plant、以下 VPP）と呼ばれ、日本でも目下開発が盛んである。しかし、VPP は特段新しい技術ではなく、欧州では既に10年前に主要プロジェクトが終了して実用化（日常的な市場取引）のフェーズに入っていることは日本ではあまり知られていない。現在日本で盛んに行われている VPP 開発やそれを担うアグリゲーターの役割は、どちらかというと閉じたシステム内での通信機器や通信システムの開発といった技術的研究開発が主であり、外部との信号のやりとりが考慮されたとしても一般送配電事業者との通信や相対契約を念頭においたものが多く、市場取引までを想定した実証実験や経済分析、制度・政策設計に関する研究はあまり多く見当たらない。

　VPP 以前にも**スマートグリッド**（smart grid）や日本では特に**スマートコミュニティ**（smart community）という用語も盛んに取り上げられ研究開発が進められてきたが、日本におけるスマートグリッド研究も VPP 同様に市場取引の概念が希薄なものが多い。例えば、日本と欧州における代表的な国家プロジェクトレベルのスマートグリッド事業報告書を比較してみると、**表10-2**のように興味深い結果を得ることができる。同表は日欧のスマートグリッド事業の報告書の中で蓄電池（battery）という用語と電力市場（power market）という用語の出現頻度を比較したものであるが、日本の報告書が蓄電池という技術デバイスを多く着目しているのに対し、電力市場という用語は 1 回も登場しないことがわかる。一方、欧州の報告書では蓄電池はほとんど言及されず、電力市場という用語が多用

表10- 2　日欧スマートグリッド事業における用語出現頻度調査

文献	日本		欧州	
	経済産業省 (2010)	経済産業省 (2016)	JRC (2011)	Energinet.dk (2011)
蓄電池（battery）	186	31	6	0
市場（market）	0	0	173	52

出所：筆者作成。

されていることがわかる。

　表10- 2の比較は日欧の代表的な報告書を選んで比較しただけであるので、関連分野の全ての論文や報告書で必ずしも同じ傾向があると結論づけるものではないが、日欧の方向性の違いを端的に象徴しているものといえよう。VPP もスマートグリッドも、欧州と日本で用語は同じものの、電力市場取引を想定しているか否かで、研究開発の目的や方向性が大きく異なることが暗示される。欧州ではVPP の担い手が BRP であり、VPP で集約された電力は市場を通じて取引されることが前提である。一方、表10- 2で示唆される通り、日本では地域熱供給があまり進んでいないせいかセクターカップリングの議論も低調で、市場取引も想定されていないものが多く、「スマートグリッドや VPP といえば蓄電池」であるかのような要素技術開発の先入観が拭えない。後発者としての日本は、いつまでも要素技術や技術開発だけに注力している場合でなく、欧州で先行する VPPやスマートグリッドの開発の意義と設計思想を適切に理解し、市場取引や市場参加者の行動も含めた社会制度・政策の枠組みについて議論をしなければならない時に来ているのではないだろうか。

1.2　分散型電源と BRP の役割

　本項では、前項で登場した BRP について、その特徴と電力系統・電力市場における役割を詳細に議論する。

　BRP は欧州特有の用語であり、2017年に発行された EU の規則2017/2196では、以下のようにシンプルに定義されている（筆者仮訳）（EU, 2017）。

● 需給調整帰任会社とは、インバランス（imbalance、ここでは供給／需要計画
と実供給／需要の差のこと。筆者注）に責任を持つ市場参加者または選ばれ
た代表者を意味する。

　欧州の BRP は日本で言うところの**バランシンググループ**（BG: Balancing
Group）の幹事会社に相当し、機能と役割はほぼ同じと考えられるが（欧州でも
BG という用語は用いられる）、その名称や定義に「責任 responsible」という文
字が明記されているところが重要である。また、BRP はシンプルに「市場参加
者」であると定義されるのも重要である。これらの文字があるかないか（そして
当の市場参加者にその意識があるかないか）は、実際の運用や市場参加者の行動
に当然ながら大きな影響を及ぼすことになる。

　本章でテーマとなっている分散型電源の所有者・運用者も、電力系統に接続し
電力市場に参加する限りは、需給調整に責任を持つことが要求される。需給調整
に責任を持たない分散型電源は文字どおり「分散型電源はパラサイト」となって
しまうからである。

　BRP は前述の EU（2017）の定義の通りインバランスに責任を持つことが要求
されている。それは具体的には、自らが**前日市場**（日本では**1日前市場**）（day-
ahead market）や**当日市場**（日本では**時間前市場**）（intraday market）に入札す
る際に立てた計画値通りにディスパッチができない場合、ペナルティーとしてイ
ンバランス料金が徴収されることを意味する（計画値同時同量）。発電や需要の
予測や管理が悪くインバランスを頻繁に起こすと多くのインバランス料金が課せ
られるため、BRP は自己利益最大化のためにインバランスを最小化しようと行
動する。また、インバランスを頻発させる BRP は TSO や規制機関から警告を
受け、重大もしくは悪質な瑕疵があればライセンスを取り消されることもある。

　このような形で BRP は法的・経済的にインバランスに責任が課せられている
ため、適切な規制が行われた電力市場では、複数の市場参加者が自己利益最大化
の行動を取ることで市場取引を通じて需給調整が行われることになる。もちろん、
TSO の中央給電指令所はその取引を監視しており、予想外のインバランスの逸
脱や送電混雑や不測の系統事故の際には、民間の電力取引所ではなく TSO 自身
が開設する**需給調整市場**（balancing market）を通じて**予備力**（reserve）を調
達して電力の安定供給の最終責任を負う。しかし、需給調整の大部分は TSO で

図10-4 電力市場を中心とした市場参加者とBRPの関係

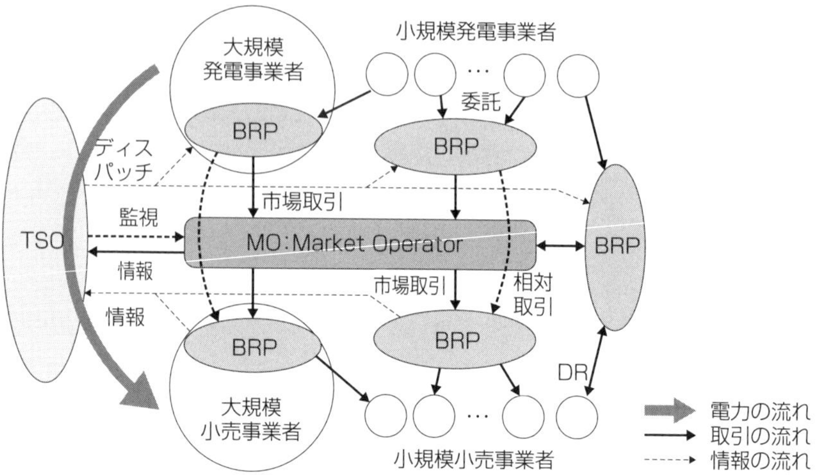

出所：筆者作成。

なく複数の市場参加者が担っているのが本来の電力自由化のあるべき姿である。

もちろん、表10-1のデンマークの例で示したように、配電線に接続される数MW以下の小規模な分散型電源の所有者が自ら専門技術者を雇用して需給調整業務や市場取引を行うことは技術的にも経済的にも現実的ではない。したがって、それらの小規模な分散型電源を束ねてTSOや電力市場とやりとりする代行業者（もしくはアグリゲーター）の存在が必要となる。それがBRPの役割である。BRPについて書かれた数少ない日本語の文献である八田他（2013）にも、「BRPは大口ユーザーや発電所等の各社と契約を結び、それらのインバランスを一旦束ねる。それによって、各社のインバランスは相殺され、小さくまとめられる。TSOは、BRP各社とそのようにまとめられたインバランスの精算を直接に行う。このようにインバランス精算に当たっては、TSOとの間を卸業者のような形で仲介するのである」と説明されている。

図10-4に電力市場を中心とする市場参加者とBRPの関係の概念図を示す。電力系統を表す図はよくTSOを中心に描かれることが多く、確かに技術的な考察をする場合はその観点で全体のシステムを俯瞰することは重要である。しかし、世界的に電力自由化が進み、電力取引の多くが市場を通じて行われる現在では、

市場参加者と市場の関係を無視して電力系統の運用を語ることはもはや不可能である。

　この図では、電力市場（電力取引所）を中心に各市場参加者がどのように市場に参加しているかが示されている。大規模発電事業者や大規模小売事業者は、自社で需給調整のコントロールルームを持ったり、多数のパワートレーダー（電力取引の専門実務者）を雇用できるため、自らが BRP となって市場に参加し、場合によっては他の小規模発電事業者や小規模小売事業者から委託を受けて需給調整や市場取引業務を請け負うこともある。

　一方、前項のデンマークの小規模 CHP の所有者などの小規模発電事業者は自前で需給調整や市場取引業務を遂行することは困難であるため、アグリゲーター的な役割を担う BRP と契約し、需給調整および市場取引業務を委託する。小規模小売事業者も同様である。このような BRP は需給管理および取引専門の代行業者として発電設備や蓄電設備などのアセットを持たずサービスを提供し、手数料や定額報酬を受け取ることでビジネスが成り立っている。BRP の中には、小売事業者と契約し、**デマンドレスポンス**（DR: demand response）も調整力として活用したり、場合によっては蓄電池や他のエネルギー貯蔵装置を用いて（それらを所有している事業者と契約して）需給調整のためのポートフォリオ（電源種や容量、ロケーションの組み合わせ）を多様化することを行う事業者もいる。

　BRP は欧州のほとんどの国で規制機関や TSO がライセンスを発行する仕組みになっており、TSO が定める一定の技術や要件を持つことが要求される（例えば、Energinet（n. a.）などを参照のこと）。例えば、デンマークでは現在、47社がデンマークの TSO である Energinet によってライセンスを与えられ、そのうち発電部門を持ち小売部門を持たない BRP が4社、小売部門を持ち発電部門を持たない BRP が6社、発電部門と小売部門の両者を持つ BRP が14社、発電部門も小売部門も持たず取引業務のみの BRP が22社（および不明1社）が登録されている（Energinet, ca 2019）。

　ここで注目すべきは、発電部門も小売部門を持たず取引業務のみの BRP が22社と、デンマークで登録されている BRP の半数近くを占めていることにある。これが日本で言うところのアグリゲーターに相当するが、これらの発電設備や蓄電設備などのアセットを持たない取引専門の BRP が表2-6にあるような数百の分散型電源の所有者と契約し、TSO との通信や電力市場を通じた入札・生産業

務を代行している。これは、個人の資産家が自ら市場で売買せず、証券会社に資産運用を委託するシステムと似ている。実際、筆者が欧州の複数のBRP関係者にインタビューした際に、彼らも「アセット」「ポートフォリオ」「リスクヘッジ」「デリバティブ」など、金融用語を多用しているという点は興味深い。

　なお、以上のBRPの説明はデンマークやノルウェーなど北欧諸国での運用形態を念頭に説明したものであり、欧州の中でもBRPの位置付けや実際の運用は国によって異なることに注意が必要である。例えばドイツではBRPの登録数は2,000以上にも上る。ドイツのBRPの数が欧州の他国に比べ例外的に多い理由は、約800社あると言われている**シュタットベルケ**（Stadtwerke）と呼ばれる自治体出資の公社（経営は民間企業として実施）がそれぞれ発電部門、小売部門、配電部門を持ち、それぞれ3つも別のBRPとして登録されているからである（配電部門がBRPに登録するのは、配電損失分を電力市場で補填するため[3]）。ドイツでは、小規模発電事業者も法的にはインバランスに責任を負うが、実質的にはVPP事業者がシュタットベルケを含む多数の小規模発電事業者と契約し、VPP事業者が民間契約上インバランスの責任を負い、多数のポートフォリオを有効活用しながら市場運用と需給調整業務を行っている[4]。ドイツに関しては、図10-4の一部を描き改めて**図10-5**のように説明することが可能である。

　いずれにしても、このような代行業者としてのBRP（ドイツではVPP事業者）の存在こそが分散型電源の（間接的な）市場参加を可能にしていると言える。日本でも今後、**固定価格買取制度**（FIT: Feed-in Tariff、以下FIT）の買取期間が終了したり**フィードインプレミアム**（FIP: Feed-in Premium）など直接市場取引が必要となる分散型電源が爆発的に増えることが予想され、分散型電源の普及と主力電源化のためには日本においてもBRPが活躍できる制度設計とパワートレーダーの人材育成が急務であると考えられる。

2　柔軟性の供給源としての分散型電源

　第2章3節では、分散型電源の電気的な特徴を述べ、電力の安定供給に貢献で

3）筆者によるドイツネットワーク規制庁Bundesnetzagentureへの聞き取り調査（2019年8月）による。
4）筆者によるNext Kraftwerke社への聞き取り調査（2019年8月）による。

図10-5　デンマークとドイツのBRPの位置付けの違い

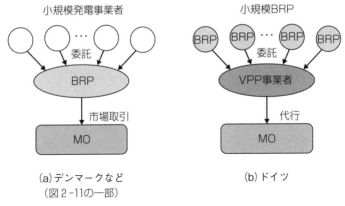

(a)デンマークなど
（図2-11の一部）

(b)ドイツ

出所：筆者作成。

きない存在として「分散型電源はパラサイト」であるという批判を紹介した。しかしながら、前節では、BRPのような代行業者（VPP事業者やアグリゲーター）の存在により、TSOや電力市場と情報をやり取りし、市場を通じて小規模な分散型電源でも需給調整に貢献できるような仕組みが既に欧州で実現されていることを説明した。本節ではさらに一歩進んで、これまでパラサイトと揶揄されてきた分散型電源が**柔軟性**（flexibility）も供給可能であり、電力の安定供給に積極的に貢献できる能力があることと、その能力を活かすための制度設計について紹介する。

　柔軟性の供給源となる設備としては、既に第2章1.3項で説明した通り、①ディスパッチ可能な電源（水力発電、ガスタービン、CHPなど）、②エネルギー貯蔵、③連系線、④デマンドサイド、が挙げられる。ここで重要なのは、日本でよく言われる「不安定な再エネを火力でバックアップ」という従来の垂直統合時代の電力系統の発想ではなく、柔軟性の供給源は火力発電の調整以外にもさまざまな選択肢があるということである。

　欧州のTSOの連盟である**欧州送電系統運用者ネットワーク**（ENTSO-E: European Network for Transmission System Operator of Electricity）では、VRE（Variable Renewable Energy、変動性再生可能エネルギー）が大量に導入される将来を見越して、上記の①〜④のような柔軟性の供給源を確保するために、**柔軟**

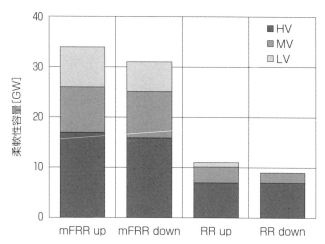

図10-6　欧州系統に接続された柔軟性容量

出所：ENTSO-E（2017）の図を元に筆者作成。
注：ただし、オーストリア、ベルギー、ドイツ、デンマーク、フランス、ハンガリー、オランダ、スペイン、グレートブリテン島の合計。
mFRR: manual Frequency Restriction Reserve ＝手動周波数制限予備力、RR: Replacement Reserve ＝置換予備力、up ＝上方予備力、down ＝下方予備力[6]

性市場（flexibility market）の創設が議論されている。ENTSO-E では、柔軟性を供給する分散型電源を**分散型柔軟性供給源**（DFR: Distributed Flexibility Resource、以下 DFR）と呼び、DFR を効果的に調達するための枠組みが現在議論されている。ENTSO-E（2017）によると、現在、系統に接続され供給が可能な柔軟性の容量は**図10-6**に示す通りであり、低圧（LV）および中圧（MV）[5]といった DSO（DSO: Distribution System Operator、以下 DSO）が管轄する線路に接続されている DFR も決して無視できない。したがって、配電線レベルに接続された多数の DFR を如何に効率良く市場参加させ活用するかが課題となる。その点で、TSO と DSO の連携および市場の活用を提案する提言書を TSO の連盟である ENTSO-E が公表しているという事実は、TSO が如何に DFR を重視して

5）日本には存在しない「中圧」という電圧階級区分については第2章表2.4を参照のこと。
6）欧州の予備力（mFRR や RR など）について日本語で読める文献としては、安田（2019）などを参照のこと。

図10-7　ENTSO-E による柔軟性市場の概念図

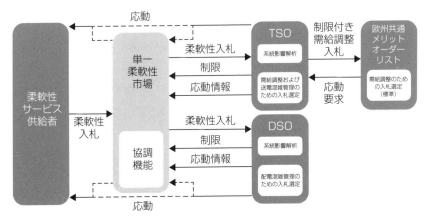

出所：ENTSO-E（2017）の図を元に筆者作成。

いるかということを示唆しており、興味深い。

　図10-7 は同じく ENTSO-E（2017）に掲載された概念図であり、柔軟性を取引する市場の役割と TSO/DSO との協調が提案されている。ここでは共通メリットオーダーリスト（入札された発電所の限界発電費用ごとに昇順で並べたリスト）による欧州全体の TSO 間の協調から、ローカルな DSO との協調まであらゆるレベルで柔軟性が取引され情報がやりとりされるシステムが描かれている。このような全体システム設計を構築することで、小規模な分散型電源でも電力の安定供給に貢献できる柔軟性を提供できるようになる。

　さらに、SmartNet と呼ばれる欧州のプロジェクトでは、柔軟性市場の複数の形態を比較検討し、それぞれのメリットや制度設計上の障壁を分析している。SmartNet プロジェクトは正式名称を "Smart TSO-DSO interaction schemes, market architectures and ICT Solutions for the integration of ancillary services from demand side management and distributed generation"（デマンドサイトマネジメントおよび分散型電源からのアンシラリーサービスの統合のためのスマートな TSO-DSO 相互スキームおよび市場アーキテクチャ、ICT ソリューション）といい、欧州委員会が出資する2015〜2018年の 3 年間に実施された総額約1,300万ユーロ（約16億円）のプロジェクトである（SmartNet, ca 2015）。

　図10-8 に、同プロジェクトで比較検討された複数のモデルのうちから 2 例の

図10-8 SmartNet プロジェクトによる柔軟性市場の概念図

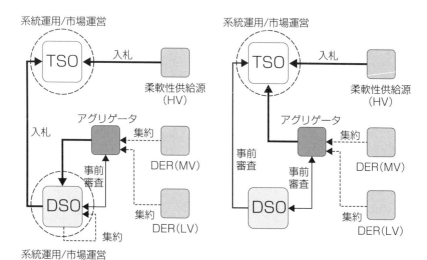

(a)ローカル柔軟性市場モデル　　(b)統合柔軟性市場モデル

出所：SmartNet（2016）の図を元に筆者作成。

概念図を示す。図(a)は TSO が開設する中央柔軟性市場のほか、ローカルな DSO も個別に柔軟性市場を開設するモデルである。低圧（LV）・中圧（MV）に接続する DER を集約するアグリゲーターは一旦ローカルな柔軟性市場に入札し、DSO がさらにそれらを集約して中央市場に入札を行う方法がとられている。ここでは、高圧（HV）に接続された大規模集中電源は、中央市場に直接入札する。

　一方図(b)では、単一の統合柔軟性市場が開設され、低圧・中圧に接続する DER を集約するアグリゲーターや大規模集中電源が対等に市場参加者として統合柔軟性市場に入札する方法である。このモデルは、図10-7 で示した ENTSO-E の提言に最も近いものになっている。

　いずれの選択肢もメリットと障壁はトレードオフの関係にあるが、このような形で小規模な分散型電源から供給される柔軟性を如何に活用するかという制度設計が欧州で目下進められているのは、今後の日本の電力市場の制度設計にも大きな示唆を与えてくれるものと考えられる。

図10- 9　ドイツと日本の電力自由化および再生可能エネルギー促進政策の歴史

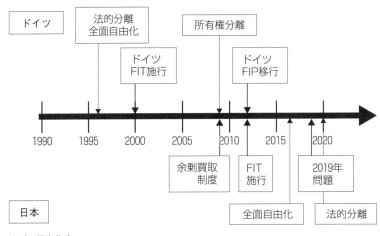

出所：筆者作成。

3　日本の現状と将来展望

　ここまでの節では、海外（特に欧州）の BRP の役割や柔軟性市場の最新動向について紹介した。おそらく、このような情報に初めて接し、海外と日本の隔世の感に愕然としている読者も少なくないであろうと予想される。分散型電源を取り巻く日本の現状と海外（特に欧州）のそれとの間には、歴然とした大きなギャップが存在する。何故そのようなギャップが発生するかという理由は、**図10- 9**のような電力自由化と再生可能エネルギー促進政策の歴史的経緯を俯瞰すると分かりやすい。

　図10- 9 はドイツ（一部 EU）および日本の電力自由化および再生可能エネルギー促進政策に関する重要な法令・制度の施行状況を時系列にまとめたものである。図からわかるとおり、EU では1996年の自由化指令96/92/EC（EU, 1996）によって小売全面自由化に移行したが（図にはないが北米も1996年に小売全面自由化と発送電分離が多くの州で採用されている）、日本は欧州・北米に遅れること実に20年、2016年になってようやく小売全面自由化が実現したばかりである。再生可能エネルギー促進政策の一環としての FIT の施行もドイツから約10年遅

れで、日本では21世紀も10年以上が過ぎてからようやく導入されたに過ぎない。さらに、電力システム改革の大きな山場である発送電分離に至っては、日本は2020年にようやく**法的分離**（legal unbundling）が施行されるに過ぎず（欧州より24年遅れ）、**所有権分離**（ownership unbundling）の議論は未成熟の段階である。

　EUでは電力自由化が一足早く進んだため、FITの施行が比較的早いドイツでもFITが施行されたのは小売全面自由化から4年後であり、さらにFITからFIPに移行したのは15年というかなりの時間が経過してからである。FIPではFITと違い、発電事業者が自ら（もしくはアグリゲーターに委託して）**直接市場取引**（direct marketing）しなければならない。小売全面自由化後15年も経てば電力市場が十分成熟しているため、ドイツではFITからFIPに移行する時点でBRPやそこに所属する多くのパワートレーダーも既に需給調整や市場取引に十分高度に習熟し、変動するVREを予測しインバランスを最小にするように市場に入札する十分な技術と経験を有していたと容易に推測できる。

　一方、日本では2016年の小売全面自由化から数えてたった5年しか経過しておらず、多くの小売事業者が需給調整や市場取引に習熟していると期待するのは酷な話である。人間に例えると、5歳児に対して地球の裏側に住む25歳の青年と同じことをせよと要求するようなものであろう。しかし残念ながら現実には、多くの分散型電源を持つ市場プレーヤーが、十分な市場取引の経験を積まないうちから、小売全面自由化から数えてたった5年の未成熟な市場に放り出されることになる。

　さらには、屋根置き太陽光も10年という短いFIT買取期間が終了し、本来発電事業者ではない屋根置き太陽光の所有者（プロシューマー）が発電事業者よりも先に市場に放り出される結果となっている（いわゆる2019年問題）。日本で電力自由化の議論が遅れに遅れたツケが、今ここに顕在化しているともいえる。

　図10-10は住宅用太陽光発電の設備容量の推移（予測含む）を示したグラフであるが、図からFITによらない自由取引が2019年より発生し、徐々に増えていくことがわかる。FIT適用（正確には2009年11月からスタートした住宅用太陽光発電の余剰電力買取制度から移行した特例）の期限が2019年に切れる太陽光が出始めることから、「2019年問題」と言われている所以である。FIT適用の期限が切れ、あとは市場原理に基づいて自由取引が行われるということは、本来、

図10-10　太陽光発電の FIT 適用および自由取引容量の推移

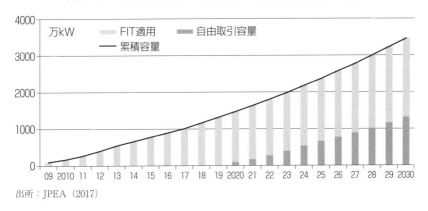

出所：JPEA（2017）

図10-11　FIT 電源および FIT 卒業電源 /FIP 電源が取りうる電力販売の選択肢

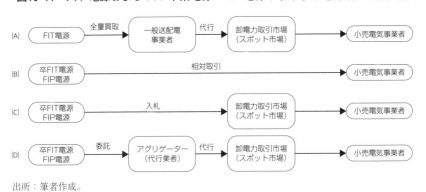

出所：筆者作成。

「FIT を卒業して自立する」という点で喜ばしいことである。しかしそれは、受け皿となる市場が成熟しており、市場取引の経験豊富なアグリゲーターが多数存在していればの話であり、受け皿の整っていない未成熟な市場に一般消費者と同じ立場のプロシューマーが放り出されることから問題視されるのが、「2019年問題」の本質的な構造といえる。

　図10-11は、FIT から FIP に移行した場合の電源（発電事業者）や FIT の適用期間が終了した屋根置き太陽光が取れる市場行動の選択肢を示した図である。図中（A）は FIT 制度の下での行動であり、ほとんどの FIT 電源は一般送配電事業者が全量買取した後、卸電力市場に入札される（後述の「特例制度②」など

の例外を除く）。

一方、FIP に移行したり FIT 期間が終了した電源は、図中（B）～（D）の選択肢から自身の発電した電気の販売先を選ぶことになる。ここで大規模な発電事業者であれば（B）や（C）の選択肢も可能だが、専門のパワートレーダーを雇用する余力のない小規模発電事業者や屋根置き太陽光発電設備の個人所有者が（B）や（C）を選択するのは現実的ではなく、それゆえ、（D）の選択肢である市場取引の代行業者としてのアグリゲーターの存在が極めて重要となる。

図から明らかなとおり、実は（D）の選択肢におけるアグリゲーターは、これまで FIT 電源を全量買取していた一般送配電事業者と同じ役割を担っている。FIT 卒業電源 /FIP 電源の事業者にとっては、これまで全量買取してもらっていた一般送配電事業者に代わる市場プレーヤーを自らの手で探さなければならないことになり、アグリゲーターにとっては、これまで一般送配電事業者が法律に定められたルールにより肩代わりしていた発電計画作成とインバランスのリスクを負うことを意味している。

現在、日本が採用している計画値同量制度においては、インバランスが発生しないことが発電事業者に求められ、発電計画作成と発電インバランスリスクは原則として発電事業者が負担しなければない。しかし同時に FIT では、FIT 電源（その多くが小規模な分散型電源）はインバランス特例制度により需給調整の責任を担うことが免除されている。したがって、一般送配電事業者が発電事業者に代わって発電計画とインバランスのコストを担っており、これは「インバランス特例制度①」として知られている（**図10-12**上段）。

一方、日本の FIT では FIT 発電事業者が発電した FIT 電気を一般送配電事業者に全量買取してもらうのではなく、電源を特定（特定契約）した上で小売事業者に相対（あいたい）供給することも可能で、その場合、図10-12下段のように小売電気事業者が発電事業者に代わって発電計画とインバランスのコストを負う選択肢（すなわち「特例制度②」）も選択可能である（その他、電源を特定せず小売に相対供給する場合の「特例制度③」も存在する）。

アグリゲーターが取りうる選択肢として、「特例制度②」という制度を利用した小売事業者（アグリゲーター業務を兼ねる）による FIT 電気の需給管理も可能だが、現状では全ての小売事業者やアグリゲーターが VRE の出力予測や市場入札に十分習熟しているとはいえず、大きなインバランスリスクの可能性を懸念

図10-12　FITインバランス特例制度（不足インバランスが生じた場合）

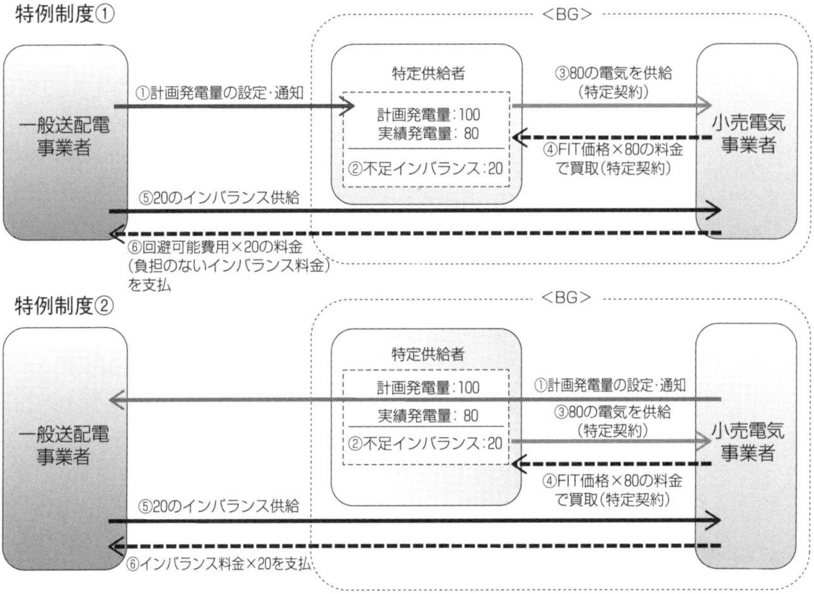

特例制度①

| 一般送配電事業者 | ①計画発電量の設定・通知 | <BG> 特定供給者 計画発電量：100 実績発電量：80 ②不足インバランス：20 | ③80の電気を供給（特定契約）④FIT価格×80の料金で買取（特定契約） | 小売電気事業者 |

⑤20のインバランス供給
⑥回避可能費用×20の料金（負担のないインバランス料金）を支払

特例制度②

<BG> 特定供給者 計画発電量：100 実績発電量：80 ②不足インバランス：20
①計画発電量の設定・通知
③80の電気を供給（特定契約）
④FIT価格×80の料金で買取（特定契約）
⑤20のインバランス供給
⑥インバランス料金×20を支払

出所：経済産業省（2014）

しているせいか、実際にはその制度は十分活用されているとは言い難い（電力・ガス取引監視等委員会、2018）。

　このような状況の中で、経済産業省でもFITの抜本的見直しとして、FIPに移行して再生可能エネルギー電気の直接市場取引を検討しており（経済産業省、2019）、インバランス特例制度も近い将来廃止または大幅縮小される可能性も高いと予想できる。

　前述のドイツでは図10-13に見る通り、2012年の再生可能エネルギー法（EEG）の改正によりFITからFIPに移行した後、急激に市場直接取引が増え、FIP移行後わずか5年で8割近くの再生可能エネルギー電源が市場直接取引に移行していることがわかる（ただし2012年の段階ではFIPは選択制、2014年から屋根置き太陽光を除くほぼ全てがFIP義務化。2011年以前の直接市場取引はFIT適用外の相対取引）。日本においても、FIPへの移行が決った場合には、それからわずか数年で直接市場取引が急激増加することが予想される。さらに、前

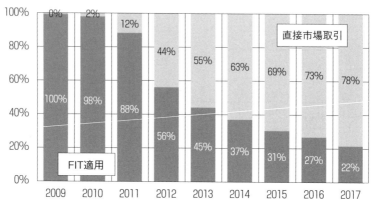

図10-13 ドイツの再生可能エネルギー発電電力量における FIT と直接市場取引の割合の推移

出所：Bundesnetzagenture（2019）のデータを元に筆者作成。

述の「2019年問題」として知られる FIT の期間が切れた屋根置き太陽光からの余剰電力が大量に市場に出回ることも予想されている。

このような急激に市場環境が変化する状況において、分散型電源を持つ小規模発電事業者は、生き残りをかけ何を準備してどのような行動に出るべきであろうか。

一つ目の選択肢としては、自社でパワートレーダーを早急に育成することである。現在の FIT 下でも特例制度②を用いて FIT 電気の予測と計画値提出は可能である。この制度は前述の通り FIT 発電事業者や小売事業者にとってあまり魅力がなく十分インセンティブが働いていない状態にあるが、FIP が始まる前に一部でもこの制度を用いてトレーニングを行っておくということも一つの戦略である。また、制度設計者や規制機関にとっては、特例制度②を通じて多くの市場プレーヤーがトレーニングを積めるよう、FIP に移行する前の段階的方策についても検討する価値はある。

二つ目の選択肢としては、特に小規模発電事業者・小売事業者がアライアンスを組んでアグリゲーター的組織を作り、資金や人材・知見を持ち寄ってパワートレーダーを育成することである。もしくは、信頼できる既存のアグリゲーターを探し、協力体制を作ることである。まさにそのような組織が、欧州で言うところの BRP の役割に相当することになる。

　一方、VPP 事業者やアグリゲーター事業者から見れば、この二つ目の選択肢は多数の小規模発電事業者と協業して顧客を拡大できるチャンスでもある。アグリゲーターは、多くの小規模事業者の信頼を勝ち得る魅力的なサービスやプラットフォームを開発し、多くの顧客を取り込んで代行業としての電力取引ビジネスを拡大させる戦略を取らざるを得ない。アグリゲーターが取引代行事業や VRE 出力予測・市場情報の情報サービス業である以上、主な収入源は取引手数料であるからである。

　自前でパワートレーダーを雇用できない小規模な発電事業者・小売事業者、さらに屋根置き太陽光発電設備の個人所有者こそがアグリゲーターの顧客であり、逆に情報を読みインバランスリスクを低減する優秀な VPP 事業者やアグリゲーターが小規模事業者にとっての救世主である。小規模事業者とアグリゲーターはウィン＝ウィンの関係を構築しながら共存することになる。特に日本では、VPP やアグリゲータービジネスと言った場合に、表10-2で見た通り蓄電池を始めとする技術的要素技術だけが過度に注目される傾向にあるが、<u>「市場取引」とその代行サービスこそが VPP 事業者やアグリゲーターの存在意義であり、さらに分散型電源が市場参加や需給調整に参加できる手段である</u>ということを認識する必要がある。

　三つ目の選択肢として、昨今は再生可能エネルギー電気の長期相対取引としての**電力購入契約**（PPA: Power Purchase Agreement、以下 PPA）も脚光を浴びつつあるが、相対契約を主流にしたとしても VRE 電源の予測外れや計画外停止のリスクヘッジのために、市場取引は避けて通れない。取引の大部分を PPA にしたとしても、市場取引を通じた需給調整（同時同量達成）にも貢献しなければならず、やはり一つ目の選択肢（自社でパワートレーダーを育成）か二つ目の選択肢（アグリゲーターに委託）のどちらかを選択しなくてはならなくなるだろう。

　「地産地消」や「地域エネルギー自治」を掲げる地域主体のコミュニティパワーの担い手も、単に理念先行型の「名誉ある独立」で外部との取引を途絶させた「鎖国」を志向するのではなく、持続可能な発電と消費を続ける限り、否応にもビジネスとしての市場取引に巻き込まれる（もしくはその経済システムを上手く利用する）ことを覚悟しなければならない。地域密着型の発電・小売事業であったとしても、このような市場取引に習熟したパワートレーダーを育成するか、さもなければ信頼できる外部のアグリゲーターと契約するか、いずれにしても市場

取引という枠組みの中で電力の安定供給に貢献する分散型電源の運用を考えなければならない。

このように、市場取引を通じた需給調整（同時同量達成）の能力とその知見や人材に対する適切な投資こそが、今後の日本における分散型電源の生き残りの分水嶺になると予想される。

4　まとめ

本章では、電力市場を中心とした電力の取引という観点から、欧州において分散型電源の市場参加の鍵となる BRP の特徴と役割を概観し（1 節）、欧州の最新の議論として柔軟性市場の概念についても紹介した（2 節）。また、3 節では日本の FIT 電源を取り巻く状況と、小規模な分散電源事業者やアグリゲーターが今後取りうる選択肢について議論した。

本節では本章を締めくくるにあたって、これまでの節で議論した海外の事例も踏まえ、日本の今後の電力系統および電力市場のあり方を議論するために示唆となる情報を整理することとする。

まず、分散型電源はただ分散しているとか小規模であるということで例外的な特別扱いされるものでなく、市場参加者である限り需給調整に責任を負う主体である（1.2 項）ということを、新規参入者である分散型電源所有者／運用者は肝に命じなければならない。また、市場参加者がそのように行動するような制度設計を構築するための議論が必要であろう。分散型電源の事業者が何もせず、単に利潤追求の観点から満足な監視・制御・通信機能を持たず、需給調整に貢献しない発電所を量産するとしたら、それは「分散型電源はパラサイト」と揶揄された古い時代の古い考え方を新規参入者が自ら再生産してしまうことになりかねない。

1 節で議論したとおり、分散型電源の大量導入を促進し、分散型電源電力の安定供給に貢献するための手段は、柔軟性の市場取引にある。また、その主要な担い手がアグリゲーターとしての BRP である。このような欧州における BRP のあり方は、近い将来の日本の市場関係者にとって大いにお手本になるものと考えられる。

現状の日本では、VRE を始めとする分散型電源の多くが FIT という支援制度に守られているが、市場参加者の育成と市場活性化の観点からは、いつまでも

FIT に付随するインバランス特例制度を続けることが望ましいとはいえない。そもそも FIT は10〜20年という終了期間が当初から厳密に決められており、支援制度の中では比較的珍しい有限的措置が本来の FIT の理念である。この制度を利用する新規参入者はその理念を肝に命じて、FIT の下で事業リスクが緩和されているうちに、技術を磨き人材育成に適切な先行投資をしなければならない。

　一方で、この急激な市場環境の変化の際には、ややもすればこれまで知見が蓄積している従来型の大規模事業者に有利になりやすいが、規制の観点からは小規模事業者でも適切な規模で適切な技術力で達成可能な、公平で透明性の高い市場設計が必要となる。成長途中にある新規参入者の芽を摘まず、努力する者に報い、既存の市場参加者に過度に有利な形にならずに円滑にポスト FIT に移行するにはどうすればよいか、新規市場参加者（分散型電源所有者／運用者）のマインドセットの向上と政策・制度の全体最適システム設計の両面から、議論をさらに深めていく必要がある。

参考文献

飯島昭彦（2003）「分散型電源はパラサイト-電力系統からの警告」エネルギーフォーラム。

経済産業省（2010）「次世代エネルギー・社会システム実証マスタープラン 4 事業（2020年 1 月15日確認）http://www.meti.go.jp/policy/energy_environment/smart_community/community.html

経済産業省（2014）「第10回制度設計ワーキンググループ 事務局提出資料 〜同時同量制度・インバランス制度に関わる詳細制度設計について〜」資料6-2（平成26年11月27日）https://www.meti.go.jp/shingikai/enecho/kihon_seisaku/denryoku_system/seido_sekkei/pdf/010_06_02.pdf

経済産業省（2016）「次世代エネルギー・社会システム協議会 第18回資料6-1〜 4 」（2020年 1 月15日確認）http://www.meti.go.jp/committee/summary/0004633/018_haifu.html

経済産業省（2019）論点1.「電源の特性に応じた制度構築」 総合資源エネルギー調査会 基本政策分科会 再生可能エネルギー主力電源化制度改革小委員会（第 1 回）、資料 4 （令和元年 9 月19日）

電力・ガス取引監視等委員会（2018）インバランスリスク料について（FIT 制度のインバランス精算への影響）第31回制度設計専門家会合、資料8-1（平成30年 6 月19日）

八田達夫他（2013）電力自由化に関わる市場設計の国際比較研究 ～欧州における電力の最終需給調整を中心として～、独立行政法人経済産業研究所、RIETI Discussion Paper Series 13-J-075

安田陽（2019）「世界の再生可能エネルギーと電力システム ～系統連系編」インプレス R&D。

Andersen, A. N.（2007）CHP-plants with big thermal stores balancing fluctuating productions from Wind turbines, WP4 report of DESIRE project.

Bundesnetzsagenture（2019）Monitoring Report 2018.

Energinet.dk（2008）Cell Controller Pilot Project - Intelligent Mobilization of Distributed Power Generation.

Energinet.dk（2011）Cell Controller Pilot Project - Smart Grid Technology Demonstration in Denmark for Electric Power Systems with High Penetration of Distributed Energy Resources. 2011 Public Report.

Energinet（n.a.）How to become a Balance Responsible Party（2020年1月15日確認）https://en.energinet.dk/Electricity/New-player/How-to-become-a-balance-responsible-party

Energinet（ca2019）Balance Responsible Parties in Denmark（2020年1月15日確認）https://en.energinet.dk/Electricity/New-player/Oversigt-over-BA

ENTSO-E（2017）Distributed Flexibility and the value of TSO/DSO cooperation - A working paper for fostering active customer participation.

EU（1996）Directive 96/92/EC of the European Parliament and of the Council of 19 December 1996 concerning common rules for the internal market in electricity.

EU（2017）Commission Regulation（EU）2017/2195 of 23 November 2017 establishing a guideline on electricity balancing.

JPEA（2017）JEPA PV OUTLOOK ～太陽光発電2050年の黎明～〈脱炭素・持続可能社会実現に向けて〉http://www.jpea.gr.jp/pvoutlook2050.pdf

JRC（2011）Smart Grid projects in Europe, JRC Reference Report, Joint Research Centre of European Union

SmartNet（ca2015）SmartNet（2020年1月15日確認）http://smartnet-project.eu

SmartNet（2016）Basic schemes for TSO-DSO coordination and ancillary services provision, D1.3

第11章　**セクターカップリングの
エネルギー政策論**

電力システム改革からエネルギーシステム改革へ

高橋洋

　炭素排出ゼロに向けて再生可能エネルギー（以下、再エネ）の導入が着実に進む欧州において、ここ数年の間に注目されるようになったのが、セクターカップリング（Sector Coupling）である。セクターカップリングは、電力部門を運輸や産業といった他のエネルギー消費部門と連結させることで、再エネを軸として社会全体の脱炭素化を進める、エネルギーインフラ改革の構想である。近年の欧州では、セクターカップリングが高い注目を集め、企業レベルでの取り組みも進んでいる。これとは対照的に、日本ではセクターカップリングが未だ十分に知られておらず、その背景には電力システム改革が進んでいないという現実もある。

　本章の目的は、セクターカップリングとは何かを説明した上で、そのエネルギー政策論上の意義を考察することにある。予め筆者の結論を示せば、セクターカップリングは電力システム改革の発展形態であり、エネルギー転換のためのシステム改革を、電力部門からエネルギー消費部門全体に拡大するものと位置付けられる。また本書の共通テーマである地域分散型エネルギーシステムの観点からは、その具体的な社会システム像の一例と説明できる。これらの理解の上、セクターカップリングが有する日本への示唆についても考えたい。

1　セクターカップリングとは何か

　本節では、欧州流のセクターカップリングを理解する。再エネによって発電された電力（以下、再エネ電力）の大量導入というその背景を踏まえ、その課題をエネルギーシステム全体として解決すると同時に、その成果をエネルギーシステム全体として共有しようとする発想を確認する。それは、他の消費部門の電化（electrification）とPtX（Power-to-X）の2種類の手法によって可能になる。

1.1 セクターカップリングの定義と先行研究

　セクターカップリングについて、国際的に確立された定義はない。IRENA et al.（2018: 93）によれば、「電気、熱、燃料といったエネルギーの需要と供給の多様な形態を、共同生産し、併用し、変換し、代替すること」とされる。直接的な電化と間接的な電化に分けることができる。

　Van Nuffel et al.（2018: 9）によれば、欧州委員会はセクターカップリングを、「脱炭素化をより経済効率的に実現するため、エネルギーシステムの柔軟性を高めるための戦略」と位置付けているという。セクターカップリングはドイツで考案された概念で、元々は熱消費部門や運輸部門の電化による再エネ導入の拡大を意味していたが、近年は電力とガスといった供給部門間の統合まで包含するようになった。

　そのドイツの連邦経済エネルギー省（以下、BMWi）のエネルギー転換に関するウェブサイトによれば[1]、「電力部門だけでなく熱冷部門や運輸部門の脱炭素・再エネ化を進めるため」、「再エネ電力をこれら部門でも使うこと」を指す。電力部門において低コスト化などにより再エネの大量導入が進んでいることを受けて、熱部門において石油やガスを再エネ電力に置き換え、また運輸部門においても電化を進めるという。ドイツ政府のエネルギー政策の一環に位置付けられている。

　セクターカップリングに関する先行研究は、欧州において多数存在する。理論的かつ政策提言的なものとして、Perner and Bothe（2018）や Van Nuffel et al.（2018）、運輸部門との連結（PtM）に関して Robinius et al.（2017）、熱部門との連結（PtH）に関して Bloess et al.（2018）、水素変換（PtG）に関して Blanco and Faaji（2018）など、枚挙に暇がない。学問分野としても、政策論から経済的シミュレーション、工学的分析まで多岐にわたり、百家争鳴という様相を呈している。

　確立された定義がないものの、概念としては概ね共通している。筆者なりにセクターカップリングを定義すれば、「再エネの導入が進む電力部門を、運輸や産業、熱といった他のエネルギー消費部門と連結・統合させること」を指す。これにより、今後供給過剰が頻繁に起きるであろう再エネ電力を有効活用するととも

---

1) BMWi, Energiewende direkt, https://www.bmwi-energiewende.de/EWD/Redaktion/EN/Newsletter/2016/13/Meldung/direkt-answers.html

に、社会全体の脱炭素化を進めることができる。

1.2　セクターカップリングの背景

　欧州でセクターカップリングへの注目が高まっている背景には、エネルギー転換の進展、特に再エネ電力の発電電力量における割合（電源構成）の高まりがある。そもそも再エネには、エネルギー自給率を高め、かつ温室効果ガスをほとんど排出しないという長所があったが、さらに近年は劇的にコストが下がっていることが、この流れを後押ししている（第4章）。他方で、気象条件に応じて出力が変動するという安定供給上の問題は残る。この出力変動性の問題は、再エネ電力の割合が高まれば高まるほど深刻化する。

　出力変動性の問題に対し、過去10年程度の間に欧州は、送電会社を中心として電力システムの「柔軟性：flexibility」を高めることで対応してきた。柔軟性とは、火力発電などの出力調整運転、揚水の活用、広域運用など、様々な手法を組み合わせて需給調整することを指し、次節で詳述するが、電力システム改革（高橋、2016b）の一環である。その結果、例えばドイツでは、再エネの電源構成が42.1％（図11-2）、その内風力と太陽光が30％ポイントに達しても[2]、年間の出力抑制の割合は2％台に止まっている[3]。再エネが増えても安定供給は維持されているのである。そして2030年に65％、2050年に80％まで割合を増やす国家目標を堅持している。

　しかし、風力や太陽光といった変動性再エネの電源構成が50％を超えてくると、さすがに従来の手段では対応し切れない（第2章図2-1）[4]。50％というのは発電電力量（kWh）の年間平均値であるから、瞬間的には200％といった電力

2）2019年のドイツの再エネの電源構成は42.1％であり、この内風力は21.8％ポイント、太陽光は8.2％ポイントで、両者を合わせると30％ポイントになる。BMWi ウェブサイト。https://www.erneuerbare-energien.de/EE/Navigation/DE/Service/Erneuerbare_Energien_in_Zahlen/Zeitreihen/zeitreihen.html

3）Bundesnetzagentur（2019）Monitoring report 2019-Key findings and summary.

4）尚、世界で変動性再エネの電源構成が最も高い国はデンマークである。2018年には、風力だけで発電電力量の40％を供給し、バイオマスなども含めると再エネの割合は60％を超す（Danish Energy Agency, Energy Statistics 2018）。しかし本章では、日本との比較という観点からドイツを中心的に取り上げる。

図11-1　ドイツの発電設備容量と設備利用率の推移

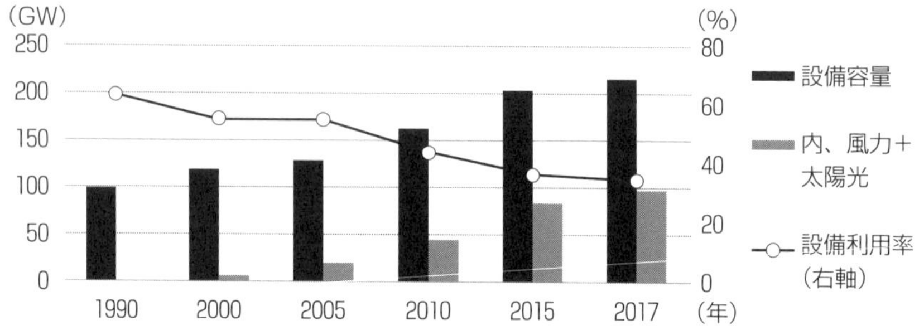

出所：IEA（2019）より筆者作成。

（kW）が発生する時間帯があることになる。変動性再エネは設備利用率が低いため、この発電（kWh）の割合が増えれば増えるほど、全体としての設備容量（kW）が増える（**図11-1**）。結果として、全体としての発電電力量が同じでも、極端な供給過剰が生じやすくなるのである。

　例えばドイツにおいて、2050年の政府目標である再エネの電源構成80％を実現するには、水力やバイオマスには大きな増加が見込めないため、風力と太陽光を現状の2倍以上に増やす必要がある。仮に2倍とすれば、設備利用率が変わらなければ[5]設備容量も2倍になるため、風力が118GW、太陽光が91GWとなる[6]。要するに変動性再エネ電源だけで200GWを超えるわけだが、ドイツの年間最大需要は80GW程度であるから、供給過剰が日常化することになる。

　ドイツのような再エネ先進国だけでなく、全世界で見ても同様の傾向がある。IRENA（2020: 25, 27, 69）による2050年時点の予測では、気候変動枠組条約のパリ協定が目指す、いわゆる「2度目標」を達成する"エネルギー転換シナリオ"において、世界の発電電力量は2017年に対して約2倍に増える（後述の電化）のに対して、変動性再エネの設備容量は2019年比で約12倍に増大する。この際、再エネの電源構成は2018年の26％に対して2050年時点で86％になるという。

　このように、電力システムの再エネ化が進めば進むほど、供給過剰が頻繁に生

5）近年は風況に恵まれた洋上風力の導入が進んでおり、この設備利用率は陸上風力より高い。
6）2018年のドイツの風力の設備容量は59GW、太陽光の設備容量は45.3GWである。BMWi（2018）。

じるようになる。しかしドイツだけでなく周辺国も似たような状況になるため、国際送電による広域運用にも限度がある。いくら再エネ電源を増やしても、出力抑制が年間数10％に達するようであれば、経済性が著しく低下し、事業として成り立たなくなってしまう。

1.3　電力部門と他部門との連結

　この問題をどう解決するか。再エネ電力の供給過剰が日常化するのであれば、これを電力部門以外の消費部門で活用すれば良い。電力需要を部門外にまで拡大するのである。例えば、これまでガソリンに依存してきた運輸部門において、電気自動車に再エネ電力を使うことが想定される。これまで各々独立していた電力部門（セクター）と運輸部門（セクター）が連結するから、セクターカップリングと呼ばれるのである。

　これは、単純に電力需要の絶対量（分母）が増えることにより、変動性（分子）を緩和するだけの話ではない。例えば、オフィスビルにおける電化製品の電力需要が２倍に増えると、その分再エネの設備容量も増やす必要があるため、変動性に由来する供給過剰の問題は本質的には解決されない。しかし電気自動車の電力需要は、車に搭載された蓄電池を介することになる。日本国内だけで何千万台[7]もの大型蓄電池が電力網に接続されることになり、時間帯に応じて充放電すれば、莫大なエネルギー貯蔵機能が発揮される。要するに、電力部門外から新たな柔軟性が提供されることを意味する。

　セクターカップリングは、電力部門にとって都合の良いアイディアかもしれないが、運輸部門にとってはどうなのか。実は、運輸部門にとっても再エネ電力は「渡りに船」なのである。運輸部門も脱炭素化が求められているが、再エネ先進国のドイツですら再エネの導入割合は5.6％と、電力部門と比べて極端に低い上、過去10年程度増加していない（**図11-2**）。言うまでもなく、電化は始まったばかりで、運輸部門の過半を占める自動車は、2021年現在でもほぼ石油のみに依存しているからである。

　同様のことは、熱部門についても言える。バイオマスや地熱は熱供給も可能で

---

7 ）自動車検査登録情報協会のウェブサイトによれば、2019年８月末時点の自動車保有台数（二輪除く）は7,856万台。

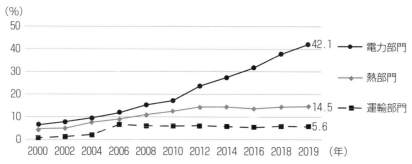

図11-2　ドイツにおける消費部門別の再エネ導入割合の推移

出所：BMWi（2018）。2019年のみ BMWi ウェブサイト。

あり、ドイツでは比較的再エネによる熱の導入が進んでいるが、それでも14.5%に止まる（図11-2）。これは、熱が主として天然ガスによって供給されているからであり、再エネの割合を電力部門と同様に50%や80%といった水準に高めることは、バイオマスなどの賦存量を考えると現実的ではない。

そもそも最終エネルギー消費に占める電力の割合（電化率）は、先進国でも20〜30%に止まる[8]。そのため BMWi（2018）によれば、再エネの導入が進むドイツでも、最終エネルギー消費全体に占める再エネの割合は16.7%に過ぎない。その再エネ化によって回避された2018年の温室効果ガスの排出量は、電力部門で1億4,400万 CO_2トン相当であるのに対して、熱部門では3,550万 CO_2トン、運輸部門では770万 CO_2トンに止まる。熱部門と運輸部門では風力や太陽光が寄与しないからであり、電力部門のみ再エネ化を進めても、社会全体の脱炭素化には遠く及ばないのだ。

1.4　消費の電化と Power-to-X

電力以外のエネルギー消費部門の脱炭素化のため、セクターカップリングは2種類の手法を提供してくれる。第1に消費の電化である。これまでガソリンや都市ガス、灯油で賄っていたエネルギー消費を再エネ電力の消費に置き換える。ガ

8）日本の2017年の数値は28%。ドイツは20%、英国は20%、米国は21%。IEA（2019）。

図11-3　日本の消費部門別電化率の推移

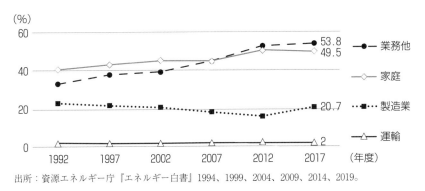

出所：資源エネルギー庁『エネルギー白書』1994、1999、2004、2009、2014、2019。

ソリン自動車を電気自動車へ、石油ストーブをヒートポンプ式エアコンに置き換えれば、電化が進む。

　日本国内について電化率を消費部門別に見れば、家庭部門や業務部門は既に50％前後の水準に達している（**図11-3**）。家庭やオフィスビルでは、年々電化製品の利用が進んでいるからであり、この電力需要が再エネ化されれば脱炭素化が進む。一方、製造業などの産業部門や運輸部門はそもそも電化率が低い（図11-3）。例えば製鉄の高炉を電炉に置き換えれば電化率が上がり[9]、ここに再エネ電力を使うことができる。

　とはいえ、電化が容易でない領域もある。運輸部門で言えば、比較的負荷の小さな自家用車などを電気自動車に置き換えるのは技術的に難しくない。しかし、大型の船舶や飛行機など高負荷の運輸機械を電化するのは技術的に困難と言われる[10]。特に長距離を運行する場合には巨大な蓄電池が必要になるからである。そこで求められるのが、過剰になりがちな再エネ電力を他のエネルギー媒体に変換し、高負荷の領域で間接的に利用することである。これが、第2の手法のPower-to-X（PtX, P2X）である。

9）そもそも日本は高炉鋼比率が高く、電炉鋼比率は先進国の中で最低水準である。日本の2017年の電炉鋼比率が24.2％であるのに対して、米国は68.4％、EU28は40.3％、韓国は32.9％である。普通鋼電炉工業会ウェブサイト。http://www.fudenkou.jp/about_03.html

10）飛行機などのエネルギー源として藻類などに由来するバイオ燃料という選択肢も期待されているが、2021年現在で商業化されているとは言えない。

Xにはいくつかのエネルギー媒体が入る[11]。例えば、Power-to-Gas は電力を
ガス、即ち気体に変換する。この場合の気体とは、水素や合成メタンが想定され
ている。特に水素は、水の電気分解により生成でき、水素自動車や製鉄にも活用
できる。その過程で二酸化炭素を排出しない上、気体として貯蔵も容易であるた
め、未来のエネルギーとしての期待が高い。

　Power-to-Liquid はメタノールなどの液体燃料への変換を指す。電化が難しい
ジェット燃料の代替エネルギーとして期待されている。Power-to-Heat もある。
電気ボイラーによって熱を作り出し、それを既存の地域熱供給網などで送る。前
述のエアコンでは蓄電・蓄熱機能はほぼないが、地域熱供給網であれば蓄熱槽を
活用することもできる。電力システムでは瞬時瞬時に需給バランスを合わせる必
要（同時同量）があるが、過剰な再エネ電力を水素や熱に変換すれば、貯蔵が容
易になるため、これらは柔軟性を提供してくれるのである。

1.5　セクターカップリングの具体像

　このようなセクターカップリングが実現した近未来の状況を、もう少し具体的
に示してみたい。

　第1に、欧州電気事業連合会（Eurelectric）による消費電力量の予想を紹介す
る。セクターカップリングによって社会全体の脱炭素化・再エネ化を進めること
で、電力の消費量は増える。欧州電気事業連合会によれば、2050年時点に二酸化
炭素の95％削減を達成しようとすれば、2015年時点の欧州の消費電力量2.9兆
kWh に対して、2倍以上の6兆 kWh に達し、その内4.9兆 kWh が直接的な電
力消費に、1.2兆 kWh が PtX 等の追加的な電力消費に使われるという（**図11-
4**）。図11-4からは、既に電化率が高い「家庭・業務部門」の消費電力量が横ば
いである一方、「運輸部門」の消費電力量が大幅に増えることが読み取れる。電
化が進むのである。

　第2に更に具体的にエネルギーシステム全体を見たものとして、Blanco et al.
（2018）による2050年の水素社会を想定したコスト最適化シミュレーションを紹

11）先述の PtM（Mobility）は、電気自動車や燃料電池車など自動車の電化の総称であり、M
　はエネルギー媒体ではない。単純な電気自動車であれば第1の電化に含まれ、エネルギー変
　換を意味する狭義の PtX とは異なるが、このような使い方もされている。

図11-4　セクターカップリングと消費電力量

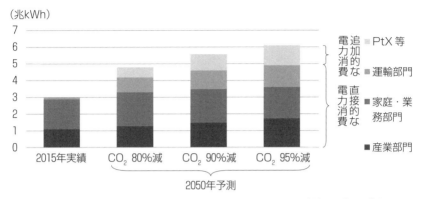

出所：Eurelectric（2018）。「家庭・業務部門」とは、"buildings" を読み替えた。「PtX 等」とは、PtX に使われる電力だけでなく、バイオ燃料の製造や CCS に要する電力も含む。

介する。これは、TIMES ソフトによる未来予測で、欧州（EU28＋スイス、ノルウェー、アイスランド）のエネルギーシステム全体を対象としている。

　当該シミュレーションの想定は、2050年までの二酸化炭素80〜95％削減（1990年比）である。そのため再エネ電力の水素変換（PtG）が十分に実現され、合成燃料の生成（PtL）も可能との前提を置いている。再エネ導入量や PtL のコストを想定し、その他の技術条件や経済条件、政策条件も入力し、80％削減か95％削減か、CCS（炭素回収・貯留）の有無などに応じて、複数のシナリオを設定した。その上で、2050年時点の最終消費のエネルギー構成やコストなどを試算した。

　その試算結果を簡単に示すと、2050年までに家庭のエネルギー消費は40％減り、そこにおける電化率は75％に上昇する。運輸部門の中の家庭向けでは、電気自動車の市場シェアが60〜70％に上昇した結果、エネルギー消費は60％減となっている[12]。最終エネルギー消費全体では、電力は40〜50％を占め、次いで15〜25％を PtL による液体燃料が占めている。電力需要の半分近くが水の電気分解用途であり、それによって生成された水素は主として運輸と製鉄に使われている。

　このようなエネルギーシステムを構築・維持するには、家庭部門から産業部門まで、ヒートポンプから地域熱供給網などの設備、断熱対策まであらゆるものを

12）モーターを使う電気自動車は、エンジンを使うガソリン車よりもエネルギー効率が高いため。

包含した費用として、年間3.5～4兆ユーロが必要という[13]。その全体費用の内、半分程度は車両の調達費用が大きい運輸部門が占め、続いて電力部門であった。また全体費用のうち水素関連が占める割合は、BAUの場合は0.3％程度に対して、シナリオの制約条件に応じて0.9～3.4％であった。2050年の欧州連合の経済規模は約28兆ユーロと予想されているため、上記のエネルギーシステムの全体費用はその12～14％に該当する規模になる。CCSが無い場合、バイオマスの利用量が小さい場合には、より水素の重要性が高まるという。

2　セクターカップリングのエネルギー政策論

　前節で説明したセクターカップリングは、ドイツを中心とした欧州で近年注目を集めているエネルギーインフラの構造改革の構想であり、関連する技術革新や新たな産業の源泉として振興の対象でもある。これをエネルギー政策の新たな施策と位置付けた場合に、政策論としてどのような解釈が可能だろうか。本節では、電力システム改革論、産業振興論、地域分散型エネルギーシステム論という3つの観点から考察する。

2.1　セクターカップリングの電力システム改革論

　第1節でも触れた電力システム改革は、再エネ電力の導入を促進するための、系統運用から市場制度にわたる電力システムの構造改革である。それは、1990年代の電力自由化に淵源を持ちつつも、同時期に始まった固定価格買取制度などの再エネ導入政策の影響も受け、限界費用ゼロの再エネ電力を優先的に受け入れるとともに、出力変動性に対処してきた。

　1990年代までの自由化以前の電力システムは、国や地域によって違いがあるものの、概ね地域独占と発送電一貫体制を前提とし、原子力や大規模石炭火力といったベースロード（集中型）電源を重視し、一方で地域をまたぐ広域運用を重視しない、閉鎖的な仕組みを維持してきた。これを高橋（2016a）は「集中型電力システム」と呼んだわけだが、1990年代以降に電力自由化や再エネの導入が進め

---

13) BAU（現状維持）シナリオの場合でも3.2兆ユーロ程度が必要である。したがって、セクターカップリングのための追加費用分は10～25％となる。

図11-5　集中型、競争型、分散型電力システムの構図

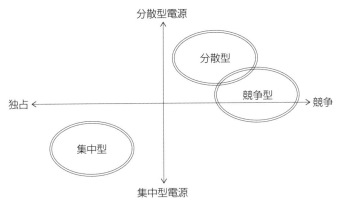

出所：高橋（2016a）

られた際には、風力や太陽光といった変動性再エネは、この仕組みとの相性が悪く、既存事業者から敬遠されることが多かった。これを再エネに親和的な仕組みへと改めたのが、欧州流の「分散型電力システム改革」である（**図11-5**）。

　具体的には、送電会社の独立性を高めた上で、接続・給電ルールを新規参入者にも不利にならないよう変更するとともに、出力変動対策として、石炭火力の出力調整運転、揚水による電力貯蔵機能の精緻な活用、国外も含む他地域への送受電（広域運用）とそのための送電網の拡充、更に需要側の調整力（デマンドレスポンス[14]）の活用、場合によっては再エネ電力の出力抑制などを、多面的に実施してきた。これらが「柔軟性」であり、電力システム全体として需給調整に関する「引き出し」を多く用意し、それらを経済効率性も考えて組み合わせるようになった。こうして固定価格買取制度の下で特別扱いされてきた再エネ電力は、経済合理的に（限界費用ベースで）給電され、強制買取でなく市場での直接販売が中心となりつつある（第1章）。

　このように電力システムが、ベースロード電源重視から柔軟性重視に移行した結果[15]、再エネ電力が増加しているにも関わらず、低い出力抑制率のまま安定

14）需給逼迫時や電力価格高騰時などに、電力需要家に経済的な誘因を与えることにより、消費行動の即応的な変化（ピークカットや消費電力増）を促し、需給調整の手段とすること。スマートグリッド（後述）における代表的な手段。

供給の維持に成功している。電力システム改革が効果を発揮しているわけだが、変動性再エネ電力の割合が20年後や30年後に80％に近づくと柔軟性が足りなくなることは、第1節で触れた。電力システムの中で更なる柔軟性を確保するには限界があるため、エネルギーシステム全体として柔軟性を大規模に調達するのが、セクターカップリングなのである[16]。電力の広域運用という柔軟性が、需給調整範囲の地理的な拡大によるとすれば、セクターカップリングという柔軟性は、部門横断的かつエネルギー媒体横断的な拡大によるとの解釈ができよう。要するにセクターカップリングとは、電力システム改革の発展形態として、「エネルギーシステム改革」への進化を意味する。

エネルギーシステム全体として部門横断的に柔軟性を確保することには、大きな合理性がある。電力システムでは、前述の同時同量の原則が強く働く一方で、揚水や蓄電池といった電力貯蔵設備は高価だった。これは需給調整に大きなコストがかかることを意味する。対照的に都市ガスや熱では、ガス貯蔵所や蓄熱槽を使うことで貯蔵はそれほど難しくない。だからこそ、電力網を家庭部門や業務部門のガス網や熱供給網と連結することで、更なる柔軟性の調達が低コストで可能になるのである。

そもそもエネルギー転換とは、社会全体の脱炭素化を目的としており、経済効率性やエネルギー安全保障を確保しつつ、再エネを主力にしたエネルギーシステムの再構築を目指している。そのように考えた場合、電力部門で先行したシステム改革をエネルギー部門全体に拡大させることは、自然の流れとも言える。そしてこの流れは、省エネルギー政策などとも組み合わされることで（第7章）、エネルギー需給をめぐる社会全体の構造改革に繋がるのである。

2.2 セクターカップリングの産業振興論

欧州でセクターカップリングが注目されている理由の1つに、産業振興として

---

15) 電力システムの再エネ化の一つの帰結として、近年の欧州では「ベースロード電源不要論」が叫ばれている。24時間運転を原則とするベースロード電源は、燃料費ゼロの再エネを中心とする新たな電力システムにおいて設備利用率が下がる一方で、出力調整運転が苦手な不都合な電源となりつつある。

16) このような指摘は、例えば Blanco et al.（2018）においてもなされている。

の期待を指摘できる。ドイツなどでは、エネルギー転換に際して以前よりいわゆる「グリーン成長」論[17]が唱えられ、再エネ産業などを成長分野と位置づけて振興に取り組んできた。今般のセクターカップリングも、そのような有望産業分野の1つとして期待されているのである。

　ドイツ連邦政府のエネルギー転換政策の基本方針となる2010年の"Energy Concept"では、「将来のエネルギー供給の礎となる再生可能エネルギー」の章から始まり、「エネルギー効率」などにも触れる中で、「運輸部門の挑戦」を明記し、更にこれらのための「技術革新に向けたエネルギー研究開発」を強調している[18]。政府が脱炭素化を進める場合には、通常は「国内経済を犠牲にしてでも」といった姿勢を取らないのであり、むしろ再生可能エネルギーや電気自動車、スマートグリッド（後述）といった新規分野に積極的に先行投資することで、自国産業の国際競争力を強化しようというのである。

　エネルギー転換への投資が経済にプラスの影響を与えるという期待は、その後の政府文書でも強調されている。例えば、再エネの導入状況の年次報告であるBMWi（2017）では、再エネによる雇用数（2016年度に33.87万人）が継続的に示されているし、BMWi（2018）では、再エネ発電所への建設投資額（2018年度に135億ユーロ）やその運営による経済効果（2018年度に168億ユーロ）が強調されている。

　特にドイツについていえば、自動車産業に高い国際競争力があることが重要である。これまでの電力部門での再エネ導入においては、例えばエネルコンやシーメンスといったドイツの製造業が、風力発電機や長距離送電網といった分野において競争力を発揮してきた。しかしそれ以上にドイツといえば、フォルクスワーゲンやBMWといった自動車産業の存在感が大きいことは、論を待たないだろう。近年の運輸部門については、電化に止まらないCASE[19]と呼ばれる大変革

17）グリーン成長とは、自然環境や自然資源を維持しつつ経済成長を実現することを指す。生産性の向上や環境分野の技術革新、これら分野への投資により、環境保護と経済成長の両立が可能と考えられている。

18）同文書では、「セクターカップリング」という語句こそ登場しないものの、「電気自動車は再生可能エネルギーと組み合わせる（※筆者注：coupled with）ことにより、真にゼロエミッション自動車となる」と表記されている。セクターカップリングの萌芽が見られる。

19）Connected：インターネットを通した情報やサービスのネットワーク化、Autonomous：自動運転、Shared & Service：共有化・サービス化、Electrified：電化を意味する。

期にあると指摘され、注目が集まっている。セクターカップリングはそのような産業転換の構想の一断面と捉えられている。

例えばシーメンスのウェブサイトには、エネルギー転換を実現する上での「新たなビジネスモデル」として、「セクターカップリングのビジネスチャンス」が説明されている[20]。ここでは、PtG、PtH、PtM などの語句が解説され、自社が手掛けている事例が紹介されている。シーメンスにとって、セクターカップリングは重要な事業領域になろうとしているのだ。

同様にスウェーデンの国営電力会社で、ドイツでも大手の一角を占めるヴァッテンフォールのウェブサイトでは、PtG の事例が「大きなビジネスチャンス」として紹介されている[21]。再エネ電力を使っていわゆる「グリーン水素」（後述）や合成メタンを生成するプロジェクトとして、ドイツのバス・トラックメーカーの MAN などと提携した北ドイツにおける事例が宣伝されている。

もっとも後述の通り、これらは未だ実証実験の域を出ていない。企業の新規事業としても産業振興政策としても、成功したか否か判断するのは時期尚早である。とは言え、CASE や Industry 4.0[22]といったアイディアと結びつく形で、新たな成長産業としての期待が大いに高まっている。それは、後述のスマートシティについても言えることであり、政策の推進力となっている。

2.3　セクターカップリングの地域分散型エネルギーシステム論

本書の共通テーマである「地域分散型エネルギーシステム」の観点から、セクターカップリングはどう位置付けられるだろうか。結論を先取りすれば、セクターカップリングは地域分散型エネルギーシステムの将来像の1つの現れであるというのが、筆者の解釈である。

地域分散型エネルギーシステムについては、前著の高橋（2016c: 17）において定義した。「分散型エネルギー[23]」を主要な構成要素とし、それ自体が分散型の特

20）シーメンス・ウェブサイト。https://new.siemens.com/global/en/markets/municipalities-dsos/business-models.html
21）ヴァッテンフォール・ウェブサイト。https://group.vattenfall.com/press-and-media/newsroom/2019/hydrogen-an-important-step-towards-independence-from-fossil-fuels
22）製造業や工場の ICT による効率化、生産性の向上を促進するドイツ連邦政府の戦略。第 4 次産業革命とも呼ばれる。

徴を有し、地域との親和性が高い、エネルギー需給の仕組み」が、それである。しかしこれには、理論上の話が中心で具体性に欠ける、電力中心で熱や運輸への言及はほぼないという課題があったことを認めざるを得ない。5年前の時点では、欧州でも未だ再エネを中心とした分散型エネルギーの導入量には限りがあり、消費者の関与といった分散型の仕組みは具現化されていなかった。

　これに対して2017年頃から唱導されるようになったセクターカップリングの構想は、地域分散型エネルギーシステムの様々な要素を具備している。例えば、高橋（2016c）でも重視された分散型エネルギーの柱としての再エネ電力が、明確に主力に位置付けられている。自動車に内蔵された蓄電池も分散型エネルギーの一種である。分散型システムは市場メカニズムに依拠するが、再エネ電力と水素の間でPtGを行うには、価格指標を基にした市場取引を介することになる。また、消費部門間の連結は地域の現場での消費活動に根差す必要があり、地域企業や自治体の役割が期待される。

　だとすれば、本書の戦略提言の1つとして、「セクターカップリングの実現」を挙げたい。前著の高橋（2016c）では、地域分散型エネルギーシステムの社会像を十分に示すことができず、また系統運用上の問題が、再エネ電力の割合が「80%となっても生じないという保証はない」と、慎重な表現に止まらざるを得なかった。それから5年が経過し、欧州で地域分散型エネルギーシステムが発達した結果、これまで分断されてきた複数のエネルギー消費部門が、分散型の再エネ電力を通して連結・ネットワーク化される社会像が見えてきたのである。

2.4　セクターカップリングの課題

　このようにセクターカップリングは様々な可能性を有した政策アイディアだが、それでも率直にいって構想の初期段階にあり、課題も少なくない。

　第1に、本格的な実用化には更なる技術革新が求められる。例えば、運輸部門の電化は電気自動車などの形で部分的に実用化されているものの、未だ限られた数量に止まる[24]。蓄電池の更なる価格低減とともに、航続距離の延長や充電時間の短縮が不可欠という。更に再エネ電力の水素化（PtG）は、実証実験の域を

23）前著では、各種の「分散型エネルギー」について、設備容量規模、設備所有者などの観点から整理・分類した上で、再エネと省エネルギーを2本柱とした。

出ておらず、現段階で採算が取れる状況にはない。変換効率の向上なども含めた大幅な低コスト化のための技術革新が不可欠である。

　例えば、Van Nuffel et al.（2018: 33）における電気自動車や燃料電池車などの電動車の間のエネルギー利用効率の比較によれば、電気自動車は再エネ電力の69％を実質的に利用できるが、燃料電池車は再エネ電力から水素変換やその輸送を経ることで26％しか、合成燃料自動車では水素変換と PtL に加えて内燃機関のため13％しか利用できないという。いくら再エネ電力の余剰分を使うといっても、利用効率を大きく高めなければ、コストが極めて高くなってしまう。

　第2に、社会インフラを再構築するには莫大な投資と時間がかかる。例えば、いわゆる「水素社会」を実現するには、水素を供給する物理的インフラが必要だが、安全性の問題などもあり、特に日本では数年間で整備できるような話ではない。これまで道路は公共財として原則的に行政が税金で建設してきたが、電力網や都市ガス網は公益事業として（民間）企業が建設し、利用料金から費用回収してきた。セクターカップリング後のインフラの費用を誰がどのように回収するか、あるいは水の電気分解事業を誰が運営するかは、明確でない部分が多い。またセクターカップリング後のインフラでは、これまで以上に情報通信技術（ICT）の役割が大きくなるが、そうすると情報セキュリティの強化も求められる。インフラが連結するがゆえに、サイバー攻撃などを受ければその影響は多岐にわたることが懸念され、十分な対策が不可欠である。

　第3に、第2の点とも関連して、新たな市場制度や規制ルールの制定が求められる。例えば、数少ないとはいえ電気自動車が走り始めているが、再エネ電力との間で双方向のやり取りになっていない。これを実現するには、充放電のために電気自動車（の蓄電池）が送配電網に接続されるだけでなく、所有者が卸電力取引市場を通して自由に電力を売買できなければならない。ここにおいても、余剰電力の価格や蓄電機能の価値をどう設定するかは、既存の業界を跨いだ調整が必要になる。電力部門内に限っても、自由化が始まってから現在の市場制度が形作られるのに20年程度かかった。更に莫大な利害が絡むセクターをまたぐ制度設計には、大変な調整作業が必要であり、技術の標準化などにも政府の役割が求められるだろう。

24）次世代自動車振興センターのウェブサイトによれば、2019年度末の日本の電気自動車保有台数は12.4万台、プラグインハイブリッド車は13.6万台、水素自動車は3,695台である。

3　日本から見たセクターカップリング

　欧州の盛り上がりとは対照的に、日本ではセクターカップリングが注目されていない。2018年に策定された政府の「エネルギー基本計画」にも、2050年を展望したエネルギー情勢懇談会「提言」にも、セクターカップリングという言葉は登場しない[25]。資源エネルギー庁の『エネルギー白書』についても同様である。日本の先行研究についても、学術論文検索の CiNii で「セクターカップリング」を検索すると、5件しか該当しなかった[26]。本節では、欧州で注目されているセクターカップリングがどうして日本で注目されないのか、日本にどのような示唆を与えるか、検討する。

3.1　セクターカップリングが注目されない理由

　日本でセクターカップリングが注目されない理由は3つ考えられる。第1の本質的理由は、その必要性が低いからであろう。前述の通り、現状のドイツで再エネ電力の割合は42.1％（図11-2）であり、2050年に80％といった国家目標を前提として、近い将来に必要になるセクターカップリングを議論している。再エネの大量導入を経てセクターカップリングへと進むわけだが、日本はこのような必要に迫られた状況にない。

　2019年度の日本の再エネ電力の導入率は18.1％で、水力を除けば10.3％に止まる（『エネルギー白書2021』）。固定価格買取制度により太陽光発電の導入が進んだ結果、九州電力管内では再エネ電力の出力抑制が始まったが、電力システム改革の徹底によって改善できる部分も少なくない（第2章）。そして2030年の再エネ電力の導入目標は22～24％（「第5次エネルギー基本計画」）と、ドイツの現状すら大きく下回り、2050年の数値目標は不確実との理由で設定されていない。2018年に策定された「第5次エネルギー基本計画」に、「再生可能エネルギーの

25）　なお、2018年策定の第5次エネルギー基本計画には、水素エネルギーの振興の文脈で1箇所のみ「P2G技術」への言及がある。

26）　河野（2019）など、欧州の状況報告の文脈のものが2件、国内の特定地域への再エネ導入を進める文脈のものが3件。

表11- 1　日本・ドイツ・英国・フランスの脱炭素化目標

	温室効果ガス削減目標 （2030年時点）	石炭火力の目標	再エネ電力の目標
日本	46%減（2013年比）	2030年：26%	2030年：22-24%
ドイツ	65%減（1990年比）	2038年：0％（脱石炭火力）	2030年：65%
英国	68%減（1990年比）	2024年：0％（脱石炭火力）	2030年：52%
フランス	40%減（1990年比）	2022年：0％（脱石炭火力）	2030年：40%

出所：資源エネルギー庁『エネルギー白書2021』などをもとに筆者作成。2021年4月に菅首相が、それまでの温室効果ガスの26％の削減目標の、46％への引き上げを国際公約した。これに応じて政府は、再エネ電力の目標を含む電源ミックスの見直しを進めている。

主力電源化」という語句は入ったものの、そもそも脱炭素化の政策的優先順位が欧州諸国と比べて低く（**表11- 1**）、再エネ電力の供給過剰が日常化することを想定していない。第2章の図2- 1にもある通り、日本はセクターカップリングを必要とする段階にないのだ。必要ないのだから、注目が高まるはずがない。

　第2の付随的理由は、社会インフラの相違にある。欧州でセクターカップリングが注目される背景の1つに、既存インフラを活用しやすいという理由がある。例えば既に国境を超えて整備されているガス網は、水素網としてPtGに活用できる。北欧などでは都市に地域熱供給網が広く整備されているが、これはPtHに活用できる。しかし日本では、都市ガス網が不十分で、地域熱供給網はわずかしか存在しない。エネルギー媒体を連結させようにもこれら供給網の整備費用が大きくかかり、セクターカップリングはコスト的にも障壁が高い。

　第3に全く異なる考え方として、日本でも以前から別の名称で同様の構想を推進してきたとの理由が考えられる。それが、スマートコミュニティあるいはスマートシティの構想であり、単に呼称の違いに過ぎず、いずれ一本化されるという反論になる。これらセクターカップリングと類似した政策構想について、項を移して検討したい。

3.2　スマートコミュニティ構想の経緯

　まずスマートコミュニティは、経済産業省（以下、経産省）によれば、「スマートグリッドを基盤として、電気の有効活用に加え、熱の有効活用も行うととも

に、交通システムや都市計画も含め、地域の人々のライフスタイルにまで視野を広げ」た次世代エネルギー・社会システムと定義されている（資源エネルギー庁2016）。この実現のため、経産省は2009年11月から次世代エネルギー・社会システム協議会を設置して議論を開始し、次世代エネルギー・社会システム実証事業のマスタープランを策定し、神奈川県横浜市、愛知県豊田市、京都府けいはんな学研都市、福岡県北九州市で、2010年頃から実証事業が始まった。

　例えば北九州市の実証事業では、2010年度から5年間に渡り、太陽光や風力といった再エネ電力を導入するとともに、蓄電池や燃料電池、スマートメーターを使ったデマンドレスポンスと組み合わせることで、八幡東区東田地区でエネルギーマネジメントを行った。これにより、「最先端の省エネ装置が開発・設置・接続され、技術的なプラットフォームが整備された」、「需要側が一定の力を持つことを確認した」といった成果が得られたという（北九州市2015）。電力中心で消費部門横断的とまではいかないが、考え方はセクターカップリングに近い。

　スマートコミュニティ構想は、2000年代後半に米国においてスマートグリッドが注目を集めたことに触発され、日本でも取り組みが始まったようだ。一般にスマートグリッドとは、スマートメーターを含むICTの力を借りて需要の平準化などを行うことで、電力需給を精緻に最適化できる送配電網を指す。これは再エネの変動対策としても有効で、次世代エネルギー・社会システム協議会によれば、2010年当初の「日本版スマートグリッド」の定義は、「再生可能エネルギーが大量に導入されても安定供給を実現する強靱な電力ネットワークと地産地消モデルが相互補完する」ものであった（資源エネルギー庁2016）。

　ところがその後の議論を経て、2011年6月の再整理では、スマートグリッドの目的は、「再生可能エネルギーを需要家サイドで無駄なく効率的に活用し、系統への負荷を低減する」（資源エネルギー庁2016）ことへ変化した。1年前の定義では送配電網全体のICTによる高度化を指していたようだが、再エネを家庭などと組み合わせて分離することで、基幹送電網を既存の（集中型の）状態のままで守ろうとする意図が読み取れる。再エネは不安定な「負荷」という発想に基づいているのであろう。

　さらに2014年のエネルギー基本計画では、改めてスマートコミュニティについて、「様々な需要家が参加する一定規模のコミュニティの中で、再生可能エネルギーやコージェネレーション等の分散型エネルギーを用いつつ、ITや蓄電池等

の技術を活用したエネルギーマネジメントシステムを通じて、分散型エネルギーシステムにおけるエネルギー需給を総合的に管理し、エネルギーの利活用を最適化する」と再定義された。これは、2011年のスマートグリッドの再整理の趣旨を更に具体化し、集中型エネルギーシステムの大宗を維持しつつ「分散型の器を部分的に用意する意図」の現れと言え、このような「分散型エネルギーシステム」の定義が、「本書が提案するものとは本質的に異なる」（高橋 2016c: 34）ことは、既に前著で指摘した。

3.3　スマートコミュニティからスマートシティへ

　スマートコミュニティが主として経産省の用語であるのに対して、スマートシティは国土交通省（以下、国交省）や総務省が使っている。国交省の定義は、「都市の抱える諸課題に対して、ICT 等の新技術を活用しつつ、マネジメント（計画、整備、管理・運営等）が行われ、全体最適化が図られる持続可能な都市または地区」（国土交通省、2018）である。経産省のスマートコミュニティと比べると、水道事業や運輸部門などまで射程が広がり、エネルギー分野に限らない都市全体の課題解決の視点が強い。

　時系列的に見れば、経産省のスマートコミュニティが2010年頃から先んじ、国交省などが追随した経緯がある[27]。安倍晋三政権の成長戦略として内閣官房で取りまとめた「未来投資戦略2018」（2018年6月15日）において、「まちづくりと公共交通・ICT 活用等の連携によるスマートシティ」として取り上げられた[28]。

　更に内閣府の科学技術政策系の「統合イノベーション戦略2019」（2019年6月21日閣議決定）において、「スマートシティ構想を通じた Society 5.0の実現」として具現化された。これは、ICT やビッグデータによる都市機能やインフラの高度化・最適化という新たな産業政策的領域の出現に対して、省庁間で所管を巡る省際紛争が生じ、内閣において総合調整した結果と推察される。このような新たな政策領域に対して、複数の省庁が個別に予算を獲得して縄張り争いをすることは、1980年代の地域情報化構想など省庁縦割りの典型事例として以前からよく

---

27) 国土交通省（2018: 5）でも、スマートシティは2010年前後から「個別分野特化型」の手法を用いて始まり、近年では「分野横断型」が増えていると指摘している。
28)「未来投資戦略2017」でもスマートシティに言及されているが、ごく限定的な扱いであった。

ある[29]。それだけ省庁にとって魅力的な政策アイディアということなのだろう。

　その傍証として、前述の内閣府の統合イノベーション戦略推進会議が2019年3月に決定（Society 5.0実現加速タスクフォース合意）した、「府省連携したスマートシティ関連事業の推進に関する基本方針」を挙げることができる。この基本方針では、「スマートシティのデータ利活用基盤の構築」は総務省、「エネルギーを対象とした実証・実装」は経産省、「交通を対象とした実証・実装」は国交省といったように、役割分担が整理された。その上で「統合イノベーション戦略2019」を受けて、2019年8月に「スマートシティ官民連携プラットフォーム」が設立され、内閣府の他、経産省、国交省、総務省が横並びでこの事務局となったのである。

　このように、経産省はスマートコミュニティを先駆けたかもしれないが、その対象はエネルギー以外にも拡大し、スマートシティと呼ばれるようになった一方で、エネルギー分野でスマート化が進んだとは言い難い状況にある[30]。野村総合研究所（2019）のスマートシティに関する調査報告書も、この辺りの変遷を裏付けている。「第一世代」は、「特に日本ではエコとスマートなエネルギーをテーマに」し、「スマートコミュニティと呼ばれることも多かった」。それが、「第二世代」になると「電子政府」や「セキュリティ」へと分野が広がり、更に現在の「第三世代」では、「GAFA」のようなICT企業が取り組み、「AI及びビッグデータを活用し、接続された全システムの統合・連携制御を目指している」という。そして、日本企業にとって「複数事業連携の難しさ」や、「コスト・技術面でのGAFA対抗の難しさ」などが、障壁になっていると指摘している。

3.4　海外におけるスマートシティ

　スマートシティは海外においても広く振興されている。スマートシティの起源

---

29) 1980年代にはデータ通信や付加価値通信網に注目が集まり、郵政省はテレトピア構想、通産省はニューメディア・コミュニティ構想、建設省はインテリジェント・コミュニティ構想、農水省はグリーンピア構想を掲げ、地域の情報化の実証実験を競ったが、ほとんど普及せずに終わった。

30) 「エネルギー基本計画」では過去にスマートシティに言及されたことはない。スマートコミュニティについては、2018年のエネルギー基本計画では言及が2か所しかなく、2014年よりも注目が低下した印象がある。

については、1970年代の米ロサンゼルスの "computer city" に求める声もあるが（Cugurulio, 2018）、呼称として Smart City が使われた例として、Giffinger et al.（2007）による欧州の中規模都市のランキングを確認できる。また2008年に米IBM が、新規事業として "Smarter Planet" の概念を提唱したことに始まるとの説もある（Swabey, 2012）。これらからすれば、2000年代に概念として確立したと言え、前述の日本のスマートコミュニティがこれに触発されたとの話とも符合する。2000年代には ICT インフラの整備という側面が強かったが、2010年代にはそれを手段として運輸部門や環境問題の課題解決を目指す方向へ進化していったと考えられる。

　中でも米国は、IBM 以外にもシスコやグーグルといった ICT 関連の世界的企業が数多く存在し、新規起業やイノベーションが起きやすい事業環境にあることから、以前からスマートグリッドやスマートシティへの関心が高い。ドイツと同様に自動車産業が重要であるのみならず、世界最大級の自動車社会であることから、特に運輸分野のスマート化への関心が高いことも特徴であろう[31]。

　欧州でも2000年代からスマートシティへの関心が高まった。後述の首都など大都市が取り組むだけでない。前述の Giffinger et al.（2007）は、中規模都市を対象にしたランキングであった。そして2010年代に入ると、中国など発展途上国へも広がった。先進国より深刻な電力不足や交通渋滞といった都市問題の解決策として、スマートシティへの期待が高いのである。なお、海外では Smart City という用語が大勢を占め、Smart Community は一般的ではない[32]。

　海外のスマートシティについて、2つのランキング報告書を通してもう少し具体的に見たい。エデン戦略研究所（2018: 5）によれば[33]、スマートシティとは、「デジタル技術、知識、その他の資源を統合し、利用者のニーズに適切に応え、行政サービスを向上させ、愛すべきものとした、都市生態系」である。主として都市行政の取り組みの観点からランキングすると、1位がロンドン、2位がシンガポール、3位がソウル、4位がニューヨークであった。ランキングの50位以内

31）例えば U.S. Department of Transportation（2016）では、米運輸省が3億5千万ドルを投じて各都市のスマートシティ実証実験を振興したことが報告されている。

32）2000年前後の初期には Smart Community との呼称も使われていたが、2010年前後以降は Smart City が一般的になったと思われる。Smart Community については、Lindskog（2004）。

33）Eden Strategy Institute（2018）。シンガポールのイノベーション関連のコンサルティング会社によるスマートシティのランキング。

に米国から12都市、中国から香港、台北を除く3都市が入っている。なお、日本からは28位の東京のみであり、日本への評価は高くない。ドイツからも29位のベルリンのみであった。

　一方、IMDのスマートシティの調査指標は住民の認識に基づいたランキングである[34]。これによれば、1位がシンガポール、2位がチューリヒ、3位がオスロ、4位がジュネーブであった。IMDが欧州の大学だからか、こちらは欧州都市の評価が比較的高いが[35]、ドイツからはハノーバーが26位にランクインした。日本からは東京が62位であった。これらの限りでは、日本の評価もドイツの評価も高くないようだ。

　以上の議論を整理すれば、海外のスマートシティは、ICTを活用して都市機能を高度化させるという点では日本のスマートシティと共通しており、同義と言ってよい。しかし日本のスマートコミュニティのようにエネルギー需給の最適化に力点はなく、交通渋滞の軽減など交通システムの最適化や水事業のマネジメントなど、その対象は多岐にわたる包括的な概念と言えよう。欧州で上位に取り上げられたコペンハーゲン[36]といった都市でも、必ずしもエネルギーに対する取り組みが評価されているわけではない。そしてセクターカップリングは、スマートシティの理念を受け継ぎつつも、エネルギーシステムの再エネ化というより実際的な要請から、必要性に迫られて、エネルギーに特化したものとしてドイツから発生したのである。

　なお、米国ではSector couplingという用語は余り聞かれない。その背景には、再エネ電力の割合が未だ低い、特に前トランプ政権において脱炭素化の優先度が低かったといった、日本と類似した背景があるのではないか。

3.5　日本のスマートコミュニティ・スマートシティ構想の今後

　このように各国でスマートシティあるいはセクターカップリングが盛り上がりつつあるものの、まだどの国・都市においても、いずれの構想に基づいても、実

34）IMD（2019）。IMDは国際競争力調査で著名なスイスのビジネススクール。
35）20位以内に欧州から12都市が、50位以内に24都市がランキング。
36）IMDの5位、エデン戦略研究所の24位。デンマークが変動性再エネの先進国であることは前述した。

証実験レベルが中心であり、本格的に実用化されているわけではない。日本のスマートシティへの評価は高くないが、近年開始された実証実験も多く、評価を下すには時期尚早であろう。またそもそもこのような取り組みは、この水準まで来れば完成と断定できるものでなく、技術革新の進展度合いに応じて形態が進化していくと考えられる。その限界を認識した上で、日本のスマートコミュニティあるいはスマートシティ構想の今後を評価してみる。

　第1に、都市機能のICTによる高度化という包括的な意味では、世界各地のニーズに応じて様々なアプリケーションが考えられるのであり、スマートコミュニティを含めて以前から取り組んできた日本の都市にも可能性がある。換言すれば、まだ世界のどの都市もスタート地点に立っている状態にあり、また多様なゴールが設定されうる中で、スマートシティの今後の展開は予測困難ということでもあろう。

　第2に、日本版のスマートコミュニティは欧州流のセクターカップリングとは明確に異なる。セクターカップリングは、脱炭素化に必須の再エネの大量導入を前提とし、実際に変動性再エネ電力の割合が30%に達した現状を踏まえた、必要性に迫られた政策構想である。これは、技術的にはスマートシティの一種と呼ぶことも可能だが、エネルギー分野から出発して社会システム全体を脱炭素化する具体的なアイディアであり、集中型エネルギーシステムから分散型エネルギーシステムを分離するような発想の日本版スマートコミュニティとは、似て非なるものである（図11-6）。日本はセクターカップリングを必要とする状況になく、だから推進していないのであり、日本が今後いくらスマートコミュニティあるいはスマートシティを推進したところで、欧州流のセクターカップリングとは合流しないだろう。

　更に付け加えれば、スマートシティとも関連するエネルギーとして、経産省は10年以上前から他国に先駆けて水素を振興してきた[37]。欧州でも近年セクターカップリングとともに俄かに水素（PtG）が注目されるようになってきたが、前述の通り欧州の水素は再エネ電力由来のグリーン水素を基本とする。日本政府が想定する水素とは、例えばオーストラリアから輸入する褐炭由来の水素であり[38]、これにCCS（炭素回収・貯蔵）を付けるとしても、両者は本質的に異な

---

37) 例えば、『エネルギー白書2007』では、第3部第3章「多様なエネルギー開発・導入及び利用」の中で、水素エネルギーの振興策に何度も触れている。

図11-6　スマートシティ、スマートコミュニティ、セクターカップリング

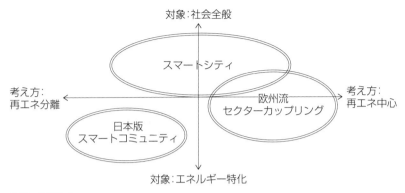

出所：筆者作成。

る。ここにも再エネを問題視する日本版スマートコミュニティと、再エネを中心に据える欧州流セクターカップリングの違いが、如実に現れているのである。

4　セクターカップリングの今後の展望

　本章では、欧州で注目が高まっているセクターカップリングを取り上げ、その目的や背景を紹介し、政策論上の意義を議論してきた。セクターカップリングは、再エネ電力の大量導入が進展しているドイツなど欧州において、その変動対策としての柔軟性を、電力部門の外部からも調達する手段であると同時に、運輸部門など他の消費部門の脱炭素化を実現する手段でもある。それは、100％再エネ化の目処が立ちつつある電力システムの改革の発展形態として、他部門も含めたエネルギーシステム改革を意味する政策手段であり、産業振興的な期待も高い。また本書の主題である地域分散型エネルギーシステム論の立場からは、筆者らが考える新たなエネルギーシステムを具現化した１つの姿と言えるだろう。

　今後欧州諸国は、セクターカップリングの実現に向けて、産官学一体となって精力的に取り組むことは間違いない。欧州は、世界で最も再エネの導入が進み、

---

38) 例えば、資源エネルギー庁ウェブサイト、「石炭が水素を生む！？褐炭水素プロジェクト」を参照のこと。https://www.enecho.meti.go.jp/about/special/johoteikyo/kattansuisoproject.html

脱炭素化にも前向きで、電力の市場制度や系統運用手法の高度化が進んでおり、また規格の標準化にも熱心な地域として、新たなエネルギーシステムの仕組み作りを先導しようとするだろう。そこに自動車産業や都市計画も絡み、エネルギーシステム改革は経済社会全体の構造改革へと発展する可能性が高い。様々な課題や不確実性はあるものの、新たな産業分野を切り拓くためにも、実証実験から実用化へ、そのための制度設計へと展開していくだろう。

　一方で日本は、現時点でセクターカップリングを必要とせず、従って追求しようともしていない。再エネの導入は未だ限定的であり、遅れている電力システム改革（第2章）を徹底することが先決であろう。一方でスマートコミュニティやスマートシティ、あるいは水素エネルギーを、以前から政府が産業政策的に推進してきたが、これらは欧州流のセクターカップリングとは相容れない構想である。

　とはいえ日本もあるいは米国も、将来的に再エネを中心としたエネルギーシステムに移行しないとは考えづらい。再エネ電力のコストの大幅低減が世界的に進み、運輸部門や産業部門の脱炭素化の有効な手段が他に見えてこない状況で、名称はともかく、セクターカップリング以外の手段が見当たらない。藻類を使ったバイオ燃料の低コストでの大量生産が可能になり、あるいは極めて低コストで環境影響もない CCS が可能になったとしても、セクターカップリングを併用する可能性が高いだろう。セクターカップリングにも不確実性は多いものの、現時点でエネルギー転換を社会全体で実現する最有力な政策手段なのである。

　2020年10月に菅義偉首相が、2050年までのカーボン・ニュートラル（排出量実質ゼロ）を宣言し、日本のエネルギー政策は遂に大きく動き出した。政府が期待した原発の再稼働が進まない中で、再エネの主力電源化の大幅な加速が不可避な状況にある。2021年4月に、菅首相が2030年の温室効果ガス排出量の46%削減（2013年比）を国際公約したことも、再エネを中心としたエネルギー転換を後押ししている。

　それでも2021年6月現在、第6次エネルギー基本計画は議論中だが、再エネの優先順位は十分に高まっているようには見えない。2050年の再エネの電源構成目標のたたき台として、50〜60%という数値が示されているが、これはドイツが2030年以前に達成しそうな数値である。残りについては、原子力や火力の集中型電源に期待しているという観点からも、政府の頭の中には、分散型のエネルギー転換が、従ってセクターカップリングが、明確に描かれていないのだろう。第6

次エネルギー基本計画（案）の詳細は、間も無く公表される。世界の最先端の動向を認識し、日本もセクターカップリングが体現する地域分散型エネルギーシステムを追求することを期待したい。

参考文献

北九州市環境局環境未来都市推進室（2015）「北九州スマートコミュニティ創造事業」。

河野丈治（2019）「ドイツにおける低炭素社会システムの構築に向けた取り組み：運輸・燃料分野とのセクターカップリングの動向」『海外電力』61（3）、海外電力調査会、45-59頁。

国土交通省都市局（2018）「スマートシティの実現に向けて　中間とりまとめ」。

資源エネルギー庁『エネルギー白書』各年版。

資源エネルギー庁省エネルギー・新エネルギー部（2016）「次世代エネルギー・社会システム実証事業～総括と今後について～」（平成28年6月7日）。

高橋洋（2016a）「日本の電力システム改革の形成と変容―分散型・競争型・集中型―」『環境と公害』46巻1号、岩波書店、14-21頁。

高橋洋（2016b）「進展する電力システム改革　分散型の安定供給を目指して」大島堅一・高橋洋編『地域分散型エネルギーシステム』日本評論社、215-237頁。

高橋洋（2016c）「地域分散型エネルギーシステムを定義する」大島堅一・高橋洋編『地域分散型エネルギーシステム』日本評論社、17-37頁。

野村総合研究所（2019）「スマートシティ　報告書―事業機会としての海外スマートシティ―」。

Blanco, Herib, Andre Faaji (2018) A review at the role of storage in energy systems with a focus on Power to Gas and long-term storage, *Renewable and Sustainable Energy Reviews 81,* pp.1049-1086.

Blanco, Herib, Wouter Nijs, Johannes Ruf, Andre Faaij (2018) Potential for hydrogen and Power-to-Liquid in a low-carbon EU energy system using cost optimization, *Applied Energy 232,* pp.617-639.

Bloess, Andreas, Wolf-Peter Schill, Alexander Zerrahn (2018) Power-to-heat for renewable energy integration: A review of technologies, modeling approaches, and flexibility potentials, *Applied Energy 212,* pp.1611-1626.

BMWi (2017) Renewable Energy Sources in Figures, 2017.

BMWi (2018) Development of Renewable Energy Sources in Germany in the year 2018.

Cugurulio, Federico (2018) The Origin of the Smart City imaginary: from the dawn of modernity to the eclipse of reason. In Lindner C. and Meissner M. (eds) *The Routledge Companion to Urban Imaginaries*. London: Routledge.

Eden Strategy Institute and ONG&ONG Pte Ltd. (2018) TOP 50 Smart City Governments.

Eurelectric (2018) "Sector Coupling electricity – The electricity industry perspective," 32nd European Regulatory Gas Forum, 5 June 2019.

Giffinger, Rudolf, Christian Ferner, Robert Kalasek, Nataša Pichler Milanović (2007) Smart cities - Ranking of European medium-sized cities, Center of Regional Science, Vienna UT.

IEA (2019) Electricity Information 2019.

IMD (2019) Smart City Index 2019.

IRENA (2020) Global Renewables Outlook - Energy Transformation 2050.

IRENA, IEA, REN21 (2018) Renewable Energy Policies in a Time of Transition.

Lindskog, Helena (2004) Smart communities initiatives.

Perner, Jenis, David Bothe (2018) International Aspects of a Power-to-X Roadmap, frontier economics.

Robinius, Martin, Leander Kotzur, Lara Welder, Peter Markewitz (2017) Linking the Power and Transport Sectors – Modeling a sector coupling scenario for Germany.

Swabey, Pete (2012) IBM, Cisco and the business of smart cities, Information Age. https://www.information-age.com/ibm-cisco-and-the-business-of-smart-cities-2087993/.

U.S. Department of Transportation (2016) Smart City Challenge.

Van Nuffel, Luc, João GORENSTEIN DEDECCA, Tycho SMIT, Koen RADEMAKERS (2018) Sector coupling: how can it be enhanced in the EU to foster grid stability and decarbonise?, European Parliament.

索　引

執筆者一覧（執筆順）

大島堅一（おおしま・けんいち）　龍谷大学政策学部教授。
編者、はじめに・第1，6，8章執筆。

安田　陽（やすだ・よう）　京都大学大学院経済学研究科再生可能エネルギー経済学講座特任教授。
第2，10章執筆。

竹濱朝美（たけはま・あさみ）　立命館大学産業社会学部現代社会学科教授。
第3章執筆。

歌川　学（うたがわ・まなぶ）　国立研究開発法人産業技術総合研究所安全科学研究部門主任研究員。
第3，6，7章執筆。

木村啓二（きむら・けいじ）　公益財団法人自然エネルギー財団上級研究員。
第4章執筆。

上園昌武（うえぞの・まさたけ）　北海学園大学経済学部経済学科教授。
第5，6章執筆。

林　大祐（はやし・だいすけ）　立命館大学国際関係学部国際関係学科准教授。
第6章執筆。

下田　充（しもだ・みつる）　株式会社日本アプライドリサーチ研究所主任研究員。
第6章執筆。

稲田義久（いなだ・よしひさ）　一般財団法人アジア太平洋研究所数量経済分析センター　センター長・甲南大学名誉教授。
第6章執筆。

金森絵里（かなもり・えり）　立命館大学経営学部経営学科教授。
第9章執筆。

高橋　洋（たかはし・ひろし）　都留文科大学地域社会学科教授。
第11章執筆。

●編著者紹介

大島堅一（おおしま・けんいち）

1967年生まれ。1992年一橋大学社会学部卒業。1997年一橋大学大学院経済学研究科博士課程単位取得退学。高崎経済大学専任講師、立命館大学国際関係学部教授を経て、2017年より龍谷大学政策学部教授。博士（経済学）。専攻は環境経済学、環境政策、エネルギー・環境政策論。主な著作に、『地域分散型エネルギーシステム』（日本評論社、2016年、共編著）、『原発のコスト』（岩波新書、2011年、第12回大佛次郎論壇賞受賞）、『原発はやっぱり割に合わない』（東洋経済新報社、2012年）、『原発事故の被害と補償──フクシマと「人間の復興」』（大月書店、2012年）、『再生可能エネルギーの政治経済学』（東洋経済新報社、2010年、環境経済・政策学会奨励賞受賞）など。

炭素排 出 ゼロ時代の地域分散型エネルギーシステム

2021年7月30日　第1版第1刷発行

編著者───大島堅一
発行所───株式会社日本評論社
　　　　　〒170-8474　東京都豊島区南大塚3-12-4　電話 03-3987-8621（販売）、8595（編集）
　　　　　振替　00100-3-16
　　　　　https://www.nippyo.co.jp/
印　刷───精文堂印刷株式会社
製　本───株式会社難波製本
装　幀───Atelier Z たかはし文雄
検印省略　© K. Oshima, 2021
Printed in Japan
ISBN978-4-535-55958-5